CÓDIGO DE OBRAS E EDIFICAÇÕES DO MUNICÍPIO DE SÃO PAULO

LEI E REGULAMENTO

LEI N° 11.228, DE 25 DE JUNHO DE 1992
Atualizada até a Lei n° 16.131, de 12.3.2015

DECRETO N° 32.329, DE 23 DE SETEMBRO DE 1992
Atualizado até o Decreto n° 55.131, de 20.5.2014

O livro é a porta que se abre para a realização do homem.

Jair Lot Vieira

3ª EDIÇÃO
2015

Supervisão editorial
JAIR LOT VIEIRA

CÓDIGO DE OBRAS E EDIFICAÇÕES DO MUNICÍPIO DE SÃO PAULO

LEI E REGULAMENTO

LEI Nº 11.228, DE 25 DE JUNHO DE 1992
Atualizada até a Lei nº 16.131, de 12.3.2015

DECRETO Nº 32.329, DE 23 DE SETEMBRO DE 1992
Atualizado até o Decreto nº 55.131, de 20.5.2014

edipro

Grafia conforme o novo Acordo Ortográfico da Língua Portuguesa.

3ª edição 2015 – Revista, ampliada e atualizada até o *DOM* de 13.3.2015

Editores: Jair Lot Vieira e Maíra Lot Vieira Micales
Coordenação editorial: Fernanda Godoy Tarcinalli
Editoração: Alexandre Rudyard Benevides
Revisão: Sandra Cristina Lopes Conesa
Arte: Karine Moreto Massoca

Dados Internacionais de Catalogação na Publicação (CIP)
(Câmara Brasileira do Livro, SP, Brasil)

São Paulo – Município

Código de obras e edificações do município de São Paulo : lei e regulamento / supervisão editorial Jair Lot Vieira. 3. ed., rev., ampl. e atual. – São Paulo : EDIPRO, 2015. – (Série Legislação).

Lei nº 11.228, de 25 de junho de 1992. Decreto nº 32.329, de 23 de setembro de 1992.

ISBN 978-85-7283-901-3

1. Construção – Leis e legislação – São Paulo (SP) 2. Construção – Normas – São Paulo (SP) I. Vieira, Jair Lot.

12-00815 CDU-34:79(816.11)(094.4)

Índices para catálogo sistemático:
1. Código de edificações : São Paulo : Cidade : 34:79(816.11)(094.4)
2. Código de obras e edificações : São Paulo : Cidade : 34:79(816.11)(094.4)
3. São Paulo : Cidade : Código de obras e edificações : 34:79(816.11)(094.4)

EDITORA AFILIADA

edipro

São Paulo: (11) 3107-4788 • Bauru: (14) 3234-4121
www.edipro.com.br • edipro@edipro.com.br
@editoraedipro @editoraedipro

SUMÁRIO

DECRETOS

Código de Obras e Edificações

DO MUNICÍPIO DE SÃO PAULO

LEI Nº 11.228, DE 25 DE JUNHO DE 1992

Atualizada até a Lei nº 16.131, de 12.3.2015.

Dispõe sobre as regras gerais e específicas a serem obedecidas no projeto, licenciamento, execução, manutenção e utilização de obras e edificações, dentro dos limites dos imóveis; revoga a Lei nº 8.266, de 20 de junho de 1975, com as alterações adotadas por leis posteriores, e dá outras providências.

Luiza Erundina de Sousa, Prefeita do Município de São Paulo, usando das atribuições que lhe são conferidas por lei.

Faço saber que a Câmara Municipal, em sessão de 4 de junho de 1992, decretou e eu promulgo a seguinte Lei:

Art. 1º. Fica aprovado o Código de Obras e Edificações, que dispõe sobre as regras gerais e específicas a serem obedecidas no projeto, licenciamento, execução, manutenção e utilização das obras e edificações, dentro dos limites dos imóveis, no Município de São Paulo.

Parágrafo único. Integram a presente Lei os Capítulos e Seções do Anexo I e tabelas constantes dos Anexos II e III assim discriminados:

Anexo I

1. Objetivos
2. Direitos e Responsabilidades
3. Documentos para Controle da Atividade de Obras e Edificações
4. Procedimentos Administrativos
5. Preparação e Execução de Obras
6. Procedimentos Fiscais
7. Edificações Existentes
8. Uso das Edificações

9. Componentes – Materiais, Elementos Construtivos e Equipamentos
10. Implantação, Aeração e Insolação das Edificações
11. Compartimentos
12. Circulação e Segurança
13. Estacionamento
14. Instalações Sanitárias
15. Condições de Instalação e Armazenagem de Produtos Químicos, Inflamáveis e Explosivos
16. Exigências Específicas Complementares

Anexo II

Tabela de Taxas devidas para o exame e verificação de projetos e construções, fixando as alíquotas, bases de cálculo e período de incidência do fato gerador do tributo.

Anexo III

Tabela de Multas por desatendimento a disposições do Código de Obras e Edificações, fixando as alíquotas e bases de cálculo em razão do dispositivo infringido.

Art. 2º. Enquadram-se na categoria de especiais, regidos pela Lei nº 8.777, de 14 de setembro de 1978, os seguintes processos:

- *A Lei nº 8.777, de 14.9.1978, foi revogada pela Lei nº 14.141, de 27.3.2006.*
- *Art. 9º da Lei nº 14.141, de 27.3.2006.*

Art. 9º. Os processos especiais são aqueles disciplinados por normas próprias distintas das aplicáveis nos processos comuns, aplicando-se-lhes subsidiariamente os demais preceitos desta Lei.

Parágrafo único. Enquadram-se, dentre outros, na categoria de especiais, os processos referentes às seguintes matérias:

I – licenciamento ambiental, edilício, sanitário e urbanístico; (...).

I – Alvará de Alinhamento e Nivelamento;

II – Alvará de Autorização;

III – Alvará de Aprovação;

IV – Alvará de Execução;

V – Alvará de Funcionamento de Equipamentos;

VI – Certificado de Conclusão;

VII – Alvará de Licença para Residências Unifamiliares;

VIII – Certificado de Mudança de Uso.

Art. 3º. A execução de qualquer obra, em imóvel totalmente atingido por plano de melhoramento público e sem decretação de utilidade pública em vigor, será permitida pela Prefeitura do Município de São Paulo, observado o disposto na Legislação de Obras e Edificações e na Legislação de Parcelamento, Uso e Ocupação do Solo.

Parágrafo único. Considera-se como totalmente atingido o imóvel:

a) cujo remanescente não possibilite a execução de edificação que atenda ao disposto na Legislação de Obras e Edificações e na Legislação de Uso e Ocupação do Solo;

b) no qual, por decorrência de nova situação de nivelamento do logradouro, seja dificultada a implantação de edificações, a juízo da Prefeitura do Município de São Paulo.

Art. 4º. A execução de qualquer obra, em imóvel totalmente atingido por plano de melhoramento público e com decretação de utilidade pública em vigor, será permitida pela Prefeitura do Município de São Paulo, a título precário e observado o disposto na Legislação de Obras e Edificações e na Legislação de Parcelamento, Uso e Ocupação do Solo, não sendo devida ao proprietário qualquer indenização pela benfeitoria ou acessão quando da execução do melhoramento público.

Art. 5º. À execução das obras, em imóveis parcialmente atingidos por plano de melhoramento público aprovado por lei e sem decretação de utilidade pública em vigor, aplicam-se as seguintes disposições:

a) as edificações novas, e as novas partes das edificações nas reformas com aumento de área, deverão atender aos recuos mínimos obrigatórios, à taxa de ocupação e ao coeficiente de aproveitamento estabelecidos pela Legislação de Parcelamento, Uso e Ocupação do Solo, em relação ao lote original;

b) as edificações projetadas deverão observar soluções que garantam, após a execução do plano de melhoramento público, o pleno atendimento, pelas edificações remanescentes, das disposições previstas na Legislação de Obras e Edificações e na Legislação de Parcelamento, Uso e Ocupação do Solo, em relação ao lote resultante da desapropriação.

Parágrafo único. Observadas as disposições deste artigo, a execução de edificações na faixa a ser desapropriada de imóvel parcialmente atingido por plano de melhoramento público aprovado por lei e com decretação de utilidade pública em vigor poderá ser permitida pela Prefeitura do Município de São Paulo, a título precário, não sendo devida ao proprietário qualquer indenização pela benfeitoria ou acessão quando da execução do melhoramento público.

Art. 6º. Fica assegurado aos proprietários de imóveis, quando doarem à Prefeitura do Município de São Paulo a parcela necessária à execução do melhoramento, o direito de, no cálculo do coeficiente de aproveitamento, acrescer a área doada à área remanescente; nestas condições, a implantação do projeto far-se-á, unicamente, sobre a área remanescente.

Disposições Gerais

Art. 7º. As taxas para exame e verificação de projetos e construções, fundadas no poder de polícia do Município têm, como fato gerador, o pedido obrigatório de licenciamento.

§ 1º. Considera-se ocorrido o fato gerador no ato do protocolamento dos pedidos de:

I – Emissão de Ficha Técnica;

II – Análise de Diretrizes de Projeto;

III – Apresentação de Comunicação;

IV – Emissão de Alvará de Alinhamento e Nivelamento;

V – Emissão de Alvará de Autorização;

VI – Emissão de Alvará de Aprovação;

VII – Emissão de Alvará de Execução;

VIII – Emissão de Alvará de Funcionamento de Equipamentos;

IX – Emissão de Alvará de Licença para Residências Unifamiliares;

X – Emissão de Certificado de Mudança de Uso.

§ 2º. Fica adotada a tabela constante do Anexo II, para fixação das alíquotas, base de cálculo e ocorrência do fato gerador, correspondentes a cada espécie de pedido.

§ 3º. A taxa deverá ser integralmente recolhida, no momento da ocorrência do fato gerador, pelo proprietário do imóvel, titular do seu domínio útil, possuidor a qualquer título ou por quem efetivar o pedido respectivo.

§ 4º. Na omissão total ou parcial do recolhimento de eventual diferença, caberá lançamento de ofício, regularmente notificado o sujeito passivo, com prazo de 30 (trinta) dias para pagamento ou impugnação administrativa.

§ 5º. Os débitos resultantes do procedimento previsto no parágrafo anterior, não pagos nas épocas próprias, ficarão acrescidos de multas de 20% (vinte por cento) do valor, sujeitos a atualização monetária, além dos juros moratórios de 1% (um por cento) ao mês, contados estes últimos do mês seguinte ao do vencimento, sem prejuízo, quando for o caso, de honorários advocatícios, das custas e demais despesas judiciais, nos termos em que dispuser a legislação municipal pertinente.

Art. 8º. Ficam isentos do pagamento da taxa o requerimento de Alvará de Licença para Residências Unifamiliares, previsto no item 3.10 do Anexo I, quando se tratar de edificação de moradia econômica, bem como a comunicação de pequenas reformas previstas no item 3.3, letra "d", do Anexo I.

Parágrafo único. Para os efeitos desta Lei, considera-se moradia econômica a residência unifamiliar destinada ao uso do proprietário, de caráter popular, com área total não excedente a 80,00 m² (oitenta metros quadrados) cuja execução não exija cálculo estrutural e que não constitua parte de agrupamento ou conjunto de realização simultânea.

Art. 9º. As construções de moradia econômica poderão gozar de fornecimento gratuito, pela Prefeitura, de projetos de arquitetura e executivo.

Parágrafo único. Mediante convênio, a ser firmado com o órgão de classe dos engenheiros e arquitetos, a Prefeitura poderá ainda fornecer, gratuitamente, assistência e responsabilidade técnica de profissional habilitado, para o acompanhamento das obras.

Art. 10. O desatendimento às disposições desta Lei ensejará os procedimentos fiscalizatórios e aplicação das penalidades pecuniárias previstas no Capítulo 6 do Anexo I e no Anexo III.

Art. 11. Os prazos fixados pela presente Lei são expressos em dias corridos, contados a partir do primeiro dia útil após o evento origem, até o seu dia final, inclusive; quando não houver expediente neste dia, prorroga-se automaticamente o seu término para o dia útil imediatamente posterior.

Art. 12. Os projetos para áreas sob intervenção urbanística promovida pelo Poder Público, bem como os programas habitacionais de interesse social, poderão ser objeto de normas técnicas especiais diversas das adotadas por esta Lei e apropriadas à finalidade do empreendimento e fixadas por ato do Executivo.

Parágrafo único. São considerados programas habitacionais de interesse social, dentre outros, a reurbanização de favelas, intervenção em cortiços e construção organizada por mutirões.

Art. 13. O Executivo, à vista da evolução da técnica e dos costumes, promoverá a constante atualização das prescrições desta Lei fixando, para isso, os seguintes objetivos:

a) promoção de avaliações periódicas da legislação, reunindo os resultados dos trabalhos técnicos que serão desenvolvidos no sentido de sua modernização e atualização;

b) promoção dos remanejamentos e adequações administrativos necessários ao processo de modernização e atualização desta Lei, inclusive no que se refere à estrutura operacional de fiscalização;

c) estabelecimento de novos procedimentos, que permitam a reunião do maior número de experiências e informações de entidades e órgãos técnicos externos à Prefeitura;

d) estabelecimento de rotinas e sistemáticas de consulta a entidades representativas da comunidade.

Disposições Transitórias

Art. 14. Poderá haver opção pelo exame de projetos e execução da obra, integralmente de acordo com a legislação anterior ou, então, totalmente pelas normas da presente Lei, nos seguintes casos:

I – de pedidos, protocolados e numerados na Prefeitura até a data de início da vigência desta Lei, ainda sem despacho decisório ou com interposição de recurso dentro dos prazos legais, referentes a licenciamento das construções ou alterações de projetos com alvarás expedidos e ainda não caducos;

II – de pedidos, ingressados após a data da publicação desta Lei, de alteração ou modificação de projetos com alvarás expedidos em vigor.

Parágrafo único. No caso de opção pelo exame de acordo com a legislação anterior, não serão admitidas, seja durante o andamento do pedido referido no item I ou quando já exista licenciamento no caso do item II deste artigo, quaisquer mudanças, alterações ou modificações que impliquem no agravamento das desconformidades ou criação de novas infrações a esta Lei.

Disposições Finais

Art. 15. As regularizações das edificações continuam regidas, no que couber, pelas disposições do art. 5º da Lei nº 8.382, de 13 de abril de 1976, e legislação correlata posterior.

Art. 16. Fica constituída, pelo prazo de 1 (um) ano, Comissão Especial de Avaliação do Código de Obras e Edificações, coordenada pela Assessoria Técnica da Comissão de Edificações e Uso do Solo, CEUSO, da Secretaria da Habitação e Desenvolvimento Urbano, SEHAB, composta ainda por representantes de Entidades Civis e representantes das Secretarias Municipais das Administrações Regionais – SAR, do Planejamento – SEMPLA, de Serviços e Obras – SSO e das Vias Públicas – SVP objetivando:

a) avaliação do presente texto de lei e eventuais problemas decorrentes de sua aplicação;

b) propostas de remanejamentos e adequação administrativa, caso necessário, após aprovação do Plano Diretor e instalação das Subprefeituras, inclusive no que se refere à estrutura operacional de fiscalização.

Art. 17. O Executivo regulamentará a presente Lei no prazo de 90 (noventa) dias.

Parágrafo único. O Executivo fixará as Normas Técnicas Oficiais, ou emanadas da autoridade competente, a serem observadas no projeto e execução das edificações, conforme expressamente previsto nas disposições desta Lei ou sempre que sua aplicação seja conveniente.

Art. 18. Esta Lei entrará em vigor 90 (noventa) dias contados de sua publicação.

Art. 19. Revogam-se as disposições em contrário e, em especial, a Lei nº 8.266, de 20 de junho de 1975 e legislação modificativa posterior, bem como, no que for pertinente, a Lei nº 9.668, de 29 de dezembro de 1983.

Prefeitura do Município de São Paulo, aos 25 de junho de 1992, 439º da fundação de São Paulo.

Luiza Erundina de Sousa – Prefeita

DOM de 26.6.1992

ANEXO I

1. OBJETIVOS

Este Código disciplina, no Município de São Paulo, os procedimentos administrativos e executivos, e as regras gerais e específicas a serem obedecidas no projeto, licenciamento, execução, manutenção e utilização de obras, edificações e equipamentos, dentro dos limites dos imóveis em que se situam, inclusive os destinados ao funcionamento de órgãos ou serviços públicos, sem prejuízo do disposto nas legislações estadual e federal pertinentes, no âmbito de suas respectivas competências.

1.1. Conceitos

Para efeito de aplicação deste Código, ficam assim conceituados os termos:

Andar: volume compreendido entre dois pavimentos consecutivos, ou entre o pavimento e o nível superior de sua cobertura.

Área Edificada: área total coberta de uma edificação.

Ático: parte do volume superior de uma edificação, destinada a abrigar casa de máquinas, piso técnico de elevadores, caixas d'água e circulação vertical.

Coroamento: elemento de vedação que envolve o ático.

Demolição: total derrubamento de uma edificação; a demolição parcial ou o total derrubamento de um bloco de um conjunto de edificações caracteriza-se como reforma.

Edificação: obra coberta destinada a abrigar atividade humana ou qualquer instalação, equipamento e material.

Edificação Permanente: aquela de caráter duradouro.

Edificação Transitória: aquela de caráter não permanente, passível de montagem, desmontagem e transporte.

Equipamento: elemento destinado a guarnecer ou completar uma edificação, a esta integrando-se.

Equipamento Permanente: aquele de caráter duradouro.

Equipamento Transitório: aquele de caráter não permanente, passível de montagem, desmontagem e transporte.

Jirau: mobiliário constituído por estrado ou passadiço instalado a meia altura em compartimento, sem permanência humana prolongada.

- *Item com redação dada pela Lei nº 15.649, de 5.12.2012.*

Mezanino: pavimento que subdivide parcialmente um andar em dois andares.

Mobiliário: elemento construtivo não enquadrável como edificação ou equipamento.

Movimento de Terra: modificação do perfil do terreno que implicar em alteração topográfica superior a 1,00 m (um metro) de desnível ou a 1.000 m^3 (mil metros cúbicos) de volume, ou em terrenos pantanosos ou alagadiços.

Muro de Arrimo: muro destinado a suportar desnível de terreno superior a 1,00 m (um metro).

Obra: realização de trabalho em imóvel, desde seu início até sua conclusão, cujo resultado implique na alteração de seu estado físico anterior.

Obra Complementar: edificação secundária, ou parte da edificação que, funcionalmente, complemente a atividade desenvolvida no imóvel.

Obra Emergencial: obra de caráter urgente, essencial à garantia das condições de estabilidade, segurança ou salubridade de um imóvel.

Pavimento: plano de piso.

Peça Descritiva: texto descritivo de elementos ou serviços para a compreensão de uma obra, tal como especificação de componentes a serem utilizados e índices de desempenho a serem obtidos.

Peça Gráfica: representação gráfica de elementos para a compreensão de um projeto ou obra.

Perfil do Terreno: situação topográfica existente, objeto do levantamento físico que serviu de base para a elaboração do projeto e/ou constatação da realidade.

Perfil Original do Terreno: aquele constante dos levantamentos aerofotogramétricos disponíveis ou do arruamento aprovado, anteriores à elaboração do projeto.

Piso Drenante: aquele que permite a infiltração de águas pluviais no solo através de, no mínimo, 20% (vinte por cento) de sua superfície por metro quadrado.

Projeto Simplificado: peças gráficas demonstrativas das dimensões externas, implantação, volumetria, movimento de terra e índices urbanísticos de edificação projetada, dispensada a apresentação das disposições internas, dimensões e funções dos compartimentos.

- *Item acrescido pela Lei nº 15.831, de 24.6.2013.*

Reforma: obra que implicar em uma ou mais das seguintes modificações, com ou sem alteração de uso: área edificada, estrutura, compartimentação vertical, volumetria.

Pequena Reforma: reforma com ou sem mudança de uso na qual não haja supressão ou acréscimo de área, ou alterações que infrinjam as legislações edilícia e de parcelamento, uso e ocupação do solo.

Reconstrução: obra destinada à recuperação e recomposição de uma edificação, motivada pela ocorrência de incêndio ou outro sinistro fortuito, mantendo-se as características anteriores.

Reparo: obra ou serviço destinados à manutenção de um edifício, sem implicar em mudança de uso, acréscimo ou supressão de área, alteração da estrutura, da compartimentação horizontal ou vertical, da volumetria, e dos espaços destinados à circulação, iluminação e ventilação.

Restauro ou Restauração: recuperação de edificação tombada ou preservada, de modo a restituir-lhe as características originais.

Saliência: elemento arquitetônico proeminente, engastado ou aposto em edificação ou muro.

1.2. Siglas e Abreviaturas

Para efeito de citação neste Código, as seguintes entidades ou expressões serão identificadas por siglas ou abreviaturas:

COE: Código de Obras e Edificações

LOE: Legislação de Obras e Edificações

LPUOS: Legislação de Parcelamento, Uso e Ocupação do Solo

NT: Norma Técnica

NTC: Norma Técnica de Concessionária

NTO: Norma Técnica Oficial (registrada na ABNT)

PMSP: Prefeitura do Município de São Paulo

2. DIREITOS E RESPONSABILIDADES

Este Capítulo trata dos direitos e responsabilidades do Município, do proprietário ou do possuidor de imóveis, e dos profissionais atuantes em projeto e construção, observadas as disposições desta Lei e legislação complementar.

2.1. Do Município

Visando exclusivamente a observância das prescrições edilícias do Município, da LPUOS e legislação correlata pertinente, a PMSP licenciará e fiscalizará a execução, utilização e manutenção das condições de estabilidade, segurança e salubridade das obras, edificações e equipamentos, não se responsabilizando por qualquer sinistro ou acidente decorrente de deficiências do projeto, execução ou utilização.

2.2. Do Proprietário

Considera-se proprietário do imóvel a pessoa física ou jurídica, portadora do título de propriedade registrado em Cartório de Registro Imobiliário.

- *Ver Resolução CEUSO nº 65/1993.*

2.2.1. É direito do proprietário do imóvel neste promover e executar obras, mediante prévio conhecimento e consentimento da PMSP, respeitados o direito de vizinhança, as prescrições desta Lei e a legislação municipal correlata.

2.2.2. O proprietário do imóvel, ou seu sucessor a qualquer título, é responsável pela manutenção das condições de estabilidade, segurança e salubridade do imóvel, suas edificações e equipamentos, bem como pela observância das prescrições desta Lei e legislação municipal correlata, assegurando-se-lhes todas as informações cadastradas na PMSP relativas ao seu imóvel.

2.2.3. A análise dos pedidos de emissão dos documentos previstos neste COE dependerá, quando for o caso, da apresentação do Título de Propriedade registrado no Registro de Imóveis, respondendo o proprietário pela sua veracidade, não implicando sua aceitação por parte da PMSP, em reconhecimento do direito de propriedade.

2.3. Do Possuidor

Considera-se possuidor a pessoa física ou jurídica, bem como seu sucessor a qualquer título, que tenha de fato o exercício pleno ou não do direito de usar o imóvel objeto da obra.

2.3.1. Para os efeitos desta Lei, é direito do possuidor requerer, perante a PMSP, Ficha Técnica, Diretrizes de Projeto, Comunicação de serviços ou ocorrências que não impliquem em alteração física do imóvel, e Alvarás de Alinhamento e Nivelamento, Autorização e Aprovação.

2.3.1.1. O possuidor de áreas de até 400 m² (quatrocentos metros quadrados) gozará dos mesmos direitos do proprietário quando requerer Alvará de Licença para Residência Unifamiliar.

- *Item 2.3.1.1 acrescido pela Lei nº 11.948, de 8.12.1995.*

2.3.2. Poderá o possuidor exercer o direito previsto no item anterior, desde que detenha qualquer dos seguintes documentos:

a) contrato, com autorização expressa do proprietário;

b) compromisso de compra e venda, devidamente registrado no Registro de Imóveis;

c) contrato representativo da relação obrigacional, ou relação de direito existente entre o proprietário e o possuidor direto;

d) certidão do Registro Imobiliário contendo as características do imóvel, quando o requerente possuir escritura definitiva sem registro ou quando for possuidor *ad usucapionem* com ou sem justo título ou ação em andamento.

2.3.2.1. Quando o contrato apresentado não descrever suficientemente as características físicas, as dimensões e a área do imóvel, será exigida a certidão do Registro Imobiliário.

2.3.2.2. Em qualquer caso, o requerente responde civil e criminalmente pela veracidade do documento apresentado, não implicando sua aceitação em reconhecimento, por parte da PMSP, do direito de propriedade sobre o imóvel.

2.3.2.3. O possuidor ou o proprietário que autorizar a obra ou serviço serão responsáveis pela manutenção das condições de estabilidade, segurança e salubridade do imóvel, edificações e equipamentos, bem como pela observância das prescrições desta Lei e legislação municipal correlata, assegurando-se-lhes todas as informações cadastradas na PMSP relativas ao imóvel.

2.3.2.4. O possuidor de residência unifamiliar, para exercer os direitos previstos no item 2.3.1 e no subitem 2.3.1.1, poderá instruir os requerimentos com o compromisso ou promessa de compra e venda, de cessão de quaisquer direitos, ou recibo de pagamento de aquisição total ou parcial, independente de autenticação, reconhecimento de firma ou registro em cartório.

- *Item 2.3.2.4 acrescido pela Lei nº 11.948, de 8.12.1995.*

2.4. Do Profissional

Profissional habilitado é o técnico registrado junto ao órgão federal fiscalizador do exercício profissional, podendo atuar como pessoa física ou como responsável por pessoa jurídica, respeitadas as atribuições e limitações consignadas por aquele organismo.

2.4.1. É obrigatória a assistência de profissional habilitado na elaboração de projetos, na execução e na implantação de obras, sempre que assim o exigir a legislação federal relativa ao exercício profissional, ou a critério da PMSP, sempre que entender conveniente, ainda que a legislação federal não o exija.

2.4.2. O profissional habilitado poderá atuar, individual ou solidariamente, como Autor ou como Dirigente Técnico da Obra, assumindo sua responsabilidade no momento do protocolamento do pedido da licença ou do início dos trabalhos no imóvel.

2.4.2.1. Para os efeitos desta Lei, será considerado Autor o profissional habilitado responsável pela elaboração de projetos, que responderá pelo conteúdo das peças gráficas, descritivas, especificações e exequibilidade de seu trabalho.

2.4.2.2. Para os efeitos desta Lei, será considerado Dirigente Técnico da Obra o profissional responsável pela direção técnica das obras, desde seu início até sua total conclusão, respondendo por sua correta execução e adequado emprego de materiais, conforme projeto aprovado na PMSP e observância das NTO.

2.4.3. Será comunicado ao órgão federal fiscalizador do exercício profissional a atuação irregular do profissional que incorra em comprovada imperícia, má-fé, ou direção de obra sem os documentos exigidos pela PMSP.

2.4.4. É facultada a substituição ou a transferência da responsabilidade profissional, sendo obrigatória em caso de impedimento do técnico atuante, assumindo o novo profissional a responsabilidade pela parte já executada, sem prejuízo da atuação do profissional anterior.

2.4.4.1. Quando a baixa e a assunção ocorrerem em épocas distintas, a obra deverá permanecer paralisada até que seja comunicada a assunção de nova responsabilidade.

2.4.4.2. A PMSP se exime do reconhecimento de direitos autorais ou pessoais decorrentes da aceitação de transferência de responsabilidade técnica ou da solicitação de alteração em projeto.

3. DOCUMENTOS PARA CONTROLE DA ATIVIDADE DE OBRAS E EDIFICAÇÕES

Mediante requerimento padronizado ou formalização de processo e, pagas as taxas devidas, a PMSP fornecerá dados ou consentirá na execução e implantação de obras e serviços, através da emissão de:

a) Ficha Técnica;
b) Diretrizes de Projeto;
c) Comunicação;
d) Alvará de Alinhamento e Nivelamento;
e) Alvará de Autorização;
f) Alvará de Aprovação;
g) Alvará de Execução;
h) Alvará de Funcionamento de Equipamentos;
i) Certificado de Conclusão;
j) Alvará de Licença para Residências Unifamiliares;
k) Certificado de Mudança de Uso.

3.1. Ficha Técnica

Mediante procedimento administrativo e a pedido do interessado, a PMSP emitirá Ficha Técnica do imóvel, da qual constarão informações relativas ao uso e ocupação do solo, a incidência de melhoramentos urbanísticos e demais dados cadastrais disponíveis.

3.1.1. A Ficha Técnica prescreverá em 90 (noventa) dias a contar da data de publicação do despacho para sua emissão, garantido ao requerente o direito de solicitar análise de Diretrizes de Projeto, Alvará de Aprovação e Alvará de Licença para Residências Unifamiliares conforme a legislação vigente à época do protocolamento do pedido de Ficha Técnica, caso ocorra nesse período alteração da legislação e desde que a nova lei não disponha de modo contrário.

3.2. Diretrizes de Projeto

Mediante procedimento administrativo e a pedido do interessado, a PMSP analisará Diretrizes de Projeto em etapa anterior a seu desenvolvimento total e oportuno pedido de aprovação.

3.2.1. As peças gráficas do pedido, devidamente avalizadas por profissional habilitado deverão conter elementos que possibilitem a análise da implantação, movimento de terra, volumetria, aeração, previsão de vagas de estacionamento, índices urbanísticos e áreas da edificação a ser projetada.

3.2.2. A aceitação do Projeto de Diretrizes terá validade de 180 (cento e oitenta) dias a contar da data de publicação do despacho de sua emissão, garantido ao requerente, o direito de solicitar Alvará de Aprovação ou Alvará de Licença para Residências Unifamiliares conforme a legislação vigente à época do protocolamento do pedido de Diretrizes, caso ocorra nesse período alteração da legislação e desde que a nova lei não disponha de modo contrário.

3.3. Comunicação

Em função da natureza do serviço ou obra a serem executados, ou ocorrência a ser notificada dependerão, obrigatoriamente, de Comunicação prévia à PMSP:

a) execução de restauro em edificações tombadas ou preservadas, desde que obtida a prévia aprovação dos órgãos competentes;

b) execução de reparos externos em edificações com mais de dois andares;

c) execução de reparos externos em fachadas situadas no alinhamento;

d) execução de pequenas reformas;

e) execução de obras emergenciais;

f) execução de muros e gradis nas divisas do lote;

g) início de serviços que objetivem a suspensão de embargo de obra licenciada;

h) início, paralisação e reinício de obras para efeito de comprovação da validade do Alvará de Execução;

i) implantação de mobiliário;

j) transferência, substituição, baixa e assunção de responsabilidade profissional.

3.3.1. A comunicação será apresentada em requerimento padronizado, avalizada por profissional habilitado quando a natureza do serviço ou obra assim o exigir, e instruída com peças gráficas, descritivas ou outras julgadas necessárias para sua aceitação.

3.3.2. A comunicação terá eficácia a partir da aceitação, cessando imediatamente sua validade se:

a) constatado desvirtuamento do objeto da comunicação, adotando-se, então, as medidas fiscais cabíveis;

b) não iniciados os serviços, objeto da comunicação, 90 (noventa) dias após a aceitação, quando enquadradas nas letras “a”, “b”, “c”, “f”e “i”.

3.3.2.1. A comunicação terá eficácia a partir de seu protocolamento, independentemente de qualquer decisão ou despacho administrativo, nas situações previstas nas letras "b", "c", "e", "f", "g", "h" e "j".

- *Item 3.3.2.1 acrescido pela Lei nº 11.948, de 8.12.1995.*

3.4. Alvará de Alinhamento e Nivelamento

Mediante procedimento administrativo e a pedido do interessado, a PMSP emitirá Alvará de Alinhamento e Nivelamento.

3.4.1. O pedido de Alvará de Alinhamento e Nivelamento será instruído com documento de propriedade para verificação da confrontação do imóvel com o logradouro público; não sendo possível tal verificação através do documento de propriedade, será exigida a apresentação de levantamento topográfico que permita a exata localização do lote na quadra.

3.4.2. O Alvará de Alinhamento e Nivelamento somente perderá sua validade quando houver alteração do alinhamento do logradouro, aprovada por lei.

3.5. Alvará de Autorização

Mediante procedimento administrativo e a pedido do interessado, a PMSP concederá, a título precário, Alvará de Autorização, o qual poderá ser cancelado a qualquer tempo quando constatado desvirtuamento do seu objeto inicial, ou quando a PMSP não tiver interesse na sua manutenção ou renovação. Dependerão obrigatoriamente de Alvará de Autorização:

a) implantação e/ou utilização de edificação transitória ou equipamento transitório;

b) implantação e/ou utilização de canteiro de obras em imóvel distinto daquele onde se desenvolve a obra;

c) implantação e/ou utilização de estande de vendas de unidades autônomas de condomínio a ser erigido no próprio imóvel;

d) avanço de tapume sobre parte do passeio público;

e) utilização temporária de edificação, licenciada para uso diverso do pretendido;

f) transporte de terra ou entulho.

3.5.1. O pedido de Alvará de Autorização será instruído com peças descritivas e gráficas, e será devidamente avalizado por profissional habilitado quando a natureza da obra ou serviço assim o exigir, dependendo sua renovação de recolhimento semestral das taxas devidas.

3.6. Alvará de Aprovação

Mediante procedimento administrativo e a pedido do proprietário ou do possuidor do imóvel, a PMSP emitirá Alvará de Aprovação para:

a) movimento de terra;

b) muro de arrimo;

c) edificação nova;

d) reforma;

e) aprovação de equipamento;

f) sistema de segurança.

3.6.1. Um único Alvará de Aprovação poderá abranger a aprovação de mais de um dos tipos de projetos elencados no *caput* desta Seção.

3.6.2. O pedido de Alvará de Aprovação será instruído com:

a) documentação referente ao imóvel, contendo dados que permitam sua caracterização e a análise do projeto, inclusive nos aspectos relativos à LPUOS;

b) peças gráficas e descritivas que permitam a perfeita compreensão e análise do projeto, em especial quanto ao atendimento das condições mínimas previstas na LOE e na LPUOS;

c) apresentação de levantamento topográfico para verificação das dimensões, área e localização do imóvel, quando necessário.

3.6.2.1. Somente serão aceitas divergências de até 5% (cinco por cento) entre as dimensões e área constantes do documento de propriedade apresentado e as apuradas no levantamento topográfico. Quando, dentro deste limite, a área real apurada for superior à área do título de propriedade, os índices relativos à LPUOS serão observados em relação aos dados constantes do título.

3.6.2.2. Havendo divergência superior a 5% (cinco por cento) entre qualquer dimensão ou área constante do documento de propriedade e a apurada no levantamento topográfico, poderá ser emitido o Alvará de Aprovação, ficando a emissão do Alvará de Execução condicionada à apresentação de escritura retirratificada.

3.6.2.3. As peças gráficas previstas na letra "b" do item 3.6.2 deste capítulo deverão ser apresentadas na forma de Projeto Simplificado nos pedidos para edificação nova ou reforma:

a) (vetado);

b) de projetos cuja análise e decisão sejam de competência das Subprefeituras, conforme regulamentação;

c) (vetado);

d) (vetado);

e) (vetado);

- *Item 3.6.2.3 acrescido pela Lei nº 15.831, de 24.6.2013.*

f) de projetos de equipamentos públicos de assistência social, saúde e educação, promovidos pelo poder público.

- *Alínea "f" acrescida pela Lei nº 16.124, de 9.3.2015.*

3.6.2.4. (Vetado).

- *Item 3.6.2.4 acrescido pela Lei nº 15.831, de 24.6.2013.*

3.6.2.5. Será de total responsabilidade dos profissionais envolvidos, devidamente habilitados e com registro no conselho profissional, bem como do proprietário ou possuidor a definição dos compartimentos, suas dimensões e funções, observada a legislação aplicável, especialmente no que se refere à acessibilidade.

- *Item 3.6.2.5 acrescido pela Lei nº 15.831, de 24.6.2013.*

3.6.3. Quando a obra for constituída por conjunto de edificações cujos projetos foram elaborados por diferentes profissionais, estes responderão solidariamente apenas pela implantação do conjunto.

3.6.4. O Alvará de Aprovação prescreverá em 1 (um) ano a contar da data de publicação do despacho de deferimento do pedido, podendo ser prorrogado por iguais períodos, desde que o projeto atenda à legislação em vigor na ocasião dos pedidos de prorrogação

3.6.4.1. Quando se tratar de edificação constituída por um conjunto de mais de 1 (um) bloco isolado ou cujo sistema estrutural permita esta caracterização, o prazo do Alvará de Aprovação será dilatado por mais 1 (um) ano para cada bloco excedente, até o prazo máximo de 5 (cinco) anos.

3.6.4.2. A revalidação do Alvará de Aprovação não será necessária quando houver Alvará de Execução em vigor.

3.6.4.3. O prazo do Alvará de Aprovação ficará suspenso mediante comprovação, através de documento hábil, da ocorrência suspensiva, durante os impedimentos a seguir mencionados:

a) existência de pendência judicial;

b) calamidade pública;

c) declaração de utilidade pública ou interesse social;

d) pendência de processo de tombamento.

3.6.5. Poderão ser emitidos diversos Alvarás de Aprovação de projeto para um mesmo imóvel enquanto não for requerida a emissão de Alvará de Execução.

3.6.6. O Alvará de Aprovação poderá enquanto vigente o Alvará de Execução, receber termo aditivo para constar eventuais alterações de dados, ou a aprovação de projeto modificativo em decorrência de alteração do projeto original.

3.6.6.1. O prazo dos Alvarás de Aprovação e de Execução ficará suspenso durante o período de aprovação de projeto modificativo.

3.6.7. O Alvará de Aprovação, enquanto vigente poderá a qualquer tempo, mediante ato da autoridade competente, ser:

a) revogado, atendendo a relevante interesse público;

b) cassado, juntamente com o Alvará de Execução, em caso de desvirtuamento, por parte do interessado, da licença concedida;

c) anulado, em caso de comprovação de ilegalidade em sua expedição.

3.7. Alvará de Execução

Mediante procedimento administrativo e a pedido do proprietário do imóvel, a PMSP emitirá Alvará de Execução, indispensável à execução de:

a) movimento de terra;

b) muro de arrimo;

c) edificação nova;

d) demolição total;

e) reforma;

f) reconstrução;

g) instalação de equipamentos;

h) sistema de segurança.

3.7.1. Um único Alvará de Execução poderá abranger o licenciamento de mais de um tipo de serviço ou obra elencados no *caput* desta seção. Quando houver mais de um Alvará de Aprovação em vigor será concedido Alvará de Execução para um único projeto aprovado.

3.7.2. Os pedidos de Alvará de Execução, excetuados aqueles para demolição total e reconstrução, serão instruídos com:

a) título de propriedade;

b) projeto aprovado, devidamente avalizado pelo Dirigente Técnico da Obra;

c) Alvará de Aprovação;

3.7.2.1. Quando se tratar de demolição total serão instruídos com título de propriedade e, ainda, em se tratando de prédio com mais de 2 (dois) andares, aval do Dirigente Técnico da Obra.

3.7.2.2. Quando se tratar de reconstrução serão instruídos com:

a) título de propriedade;

b) laudo técnico de sinistros;

c) documentos comprovantes da regularidade da obra sinistrada;

d) peças descritivas, devidamente avalizadas pelo Dirigente Técnico da Obra.

3.7.3. O Alvará de Execução poderá ser requerido concomitantemente ao Alvará de Aprovação e seus prazos correrão a partir da data de publicação do despacho de deferimento do pedido.

3.7.4. Quando o Alvará de Execução for destinado ao licenciamento de um conjunto de serviços ou obras a serem executados sob a responsabilidade de diversos profissionais, dele constará a área de atuação de cada um.

3.7.5. Quando o Alvará de Aprovação compreender mais de um bloco de edificação, poderá ser requerido Alvará de Execução para cada bloco isoladamente, observado o prazo de vigência do Alvará de Aprovação.

3.7.6. Durante a vigência do Alvará de Execução somente serão permitidas alterações nas obras mediante prévia aprovação de projeto modificativo.

3.7.7. No expediente que originou o Alvará de Execução, será comunicado, pelo Dirigente Técnico da Obra, o andamento das obras ou serviços durante suas etapas, até a total conclusão, quando será requerida a expedição do Certificado de Conclusão.

3.7.7.1. Serão consideradas etapas da obra a conclusão:

a) do sistema estrutural da fundação;

b) da superestrutura da edificação, excluído o ático.

3.7.8. O Alvará de Execução, quando destinado exclusivamente a movimento de terra prescreverá em 1 (um) ano a contar da data de publicação do despacho de deferimento do pedido, podendo ser prorrogado, a pedido, por iguais períodos.

3.7.9. Para os demais casos, o Alvará de Execução prescreverá em 2 (dois) anos a contar da data de publicação do despacho de deferimento do pedido, se não for devidamente comunicada a conclusão do sistema estrutural de fundação.

3.7.9.1. Concluído o sistema estrutural de fundação, o Alvará de Execução prescreverá em 1 (um) ano se não forem devidamente protocolados comunicados que comprovem o andamento das obras.

3.7.9.2. Concluída a superestrutura da edificação, o Alvará de Execução não mais prescreverá.

3.7.9.3. Poderá ser revogado, atendendo a relevante interesse público, o Alvará de Execução de edificação cuja obra permanecer paralisada por um período superior a 5 (cinco) anos.

3.7.10. Quando se tratar de um conjunto de edificações, ou de uma edificação cujo sistema estrutural permita a execução em etapas, o Alvará de Execução prescreverá:

a) em 2 (dois) anos a contar da data de publicação do despacho de deferimento do pedido, desde que não tenha sido concluído o sistema estrutural de fundação de, pelo menos, um dos blocos;

b) em 1 (um) ano se não forem devidamente protocolados comunicados que comprovem o andamento das obras do bloco já iniciado ou a conclusão do sistema estrutural de fundação de outros blocos.

3.7.10.1. Concluída a superestrutura de um bloco, o Alvará de Execução não mais prescreverá para este bloco.

3.7.11. O prazo do Alvará de Execução ficará suspenso mediante comprovação, através de documento hábil, da ocorrência suspensiva, durante os impedimentos a seguir mencionados:

a) existência de pendência judicial;

b) calamidade pública;

c) decretação de utilidade pública ou interesse social;

d) pendência de processo de tombamento.

3.7.12. Durante a vigência do Alvará de Aprovação, desde que as obras não tenham sido iniciadas, novo Alvará de Execução poderá ser emitido para outro projeto aprovado cancelando-se, então, o Alvará de Execução anterior.

3.7.13. As obras paralisadas e com Alvará de Execução prescrito, poderão ser reiniciadas após reexame do projeto e revalidação simultânea dos Alvarás de Aprovação e Execução, desde que esteja atendida a legislação em vigor por ocasião da concessão da nova licença.

3.7.13.1. Poderá ser aceita, caso a caso e a critério da PMSP, a continuação de obras paralisadas e parcialmente executadas desde que:

a) não se agrave eventual desconformidade com a LOE e a LPUOS no que diz respeito às condições de higiene e salubridade da edificação, e índices de ocupação e aproveitamento;

b) a edificação for utilizada para uso admitido na zona pela LPUOS.

c) a edificação for adaptada às normas de segurança.

3.7.14. O Alvará de Execução, enquanto vigente, poderá a qualquer tempo receber termo aditivo para constar eventuais alterações de dados e execução de projeto modificativo.

3.7.15. O Alvará de Execução, enquanto vigente, poderá a qualquer tempo, mediante ato da autoridade competente, ser:

a) revogado, atendendo a relevante interesse público;

b) cassado, juntamente com o Alvará de Aprovação, em caso de desvirtuamento, por parte do interessado, da licença concedida;

c) anulado, em caso de comprovação de ilegalidade em sua expedição.

3.8. Alvará de Funcionamento de Equipamentos

Mediante procedimento administrativo e a pedido do interessado, devidamente assistido por Profissional habilitado, a PMSP emitirá Alvará de Funcionamento de Equipamentos, inclusive para aqueles integrantes do Sistema de Segurança.

3.8.1. O Alvará de Funcionamento de Equipamentos terá validade de 1 (um) ano a contar da data de publicação do despacho de sua emissão.

3.8.2. Os pedidos de revalidação de Alvará de Funcionamento serão obrigatórios e formulados anualmente.

3.8.3. O Alvará de Funcionamento de Equipamentos poderá ser requerido concomitantemente ao Certificado de Conclusão.

3.9. Certificado de Conclusão

Mediante requerimento no expediente que originou o Alvará de Execução, e a pedido do proprietário, devidamente assistido pelo Dirigente Técnico da Obra, a PMSP expedirá Certificado de Conclusão quando da conclusão de obra ou serviço para a qual seja obrigatória emissão de Alvará de Execução.

3.9.1. Poderão ser concedidos Certificados de Conclusão de Edificação em caráter parcial, se a parte concluída atender, para o uso a que se destina, as exigências mínimas previstas na LOE e na LPUOS.

3.9.2. Poderão ser aceitas pequenas alterações que não descaracterizem o projeto aprovado, nem impliquem em divergência superior a 5% (cinco por cento) entre as metragens lineares e/ou quadradas da edificação, constantes do projeto aprovado e as observadas na obra executada.

3.9.3. A expedição de Certificado de Conclusão depende da prévia solução de multas porventura incidentes sobre a obra.

3.9.4. A expedição de Certificado de Conclusão para edificação tratada no item 9.3.4 depende da execução do sistema de armazenamento, tratamento e destinação de esgoto.

3.10. Alvará de Licença para Residências Unifamiliares

Por opção do proprietário, devidamente assistido por profissional habilitado, poderá ser requerida a emissão de Alvará de Licença para Residências Unifamiliares, como procedimento alternativo àqueles previstos nas seções 3.6 (Alvará de Aprovação), 3.7 (Alvará de Execução) e 3.8 (Certificado de Conclusão).

3.10.1. O requerimento deverá ser instruído com:

a) título de propriedade do imóvel ou compromisso de compra e venda;

b) peças gráficas na forma de Projeto Simplificado, conforme conceito constante da Seção 1.1 do Capítulo 1 deste Anexo;

• *Alínea "b" com redação dada pela Lei nº 15.831, de 24.6.2013.*

c) levantamento topográfico para verificação das dimensões, área e localização do imóvel, quando necessário.

3.10.1.1. As disposições internas dos compartimentos, suas dimensões e função serão de total responsabilidade dos profissionais envolvidos e do proprietário.

3.10.1.2. Somente serão aceitas divergências de até 5% (cinco por cento) entre as dimensões e a área constantes do documento de propriedade apresentado e as apuradas no levantamento. Quando, em virtude desta divergência, a área real apurada for superior à área do título de propriedade, os índices relativos a LPUOS serão observados em relação aos dados constantes do título.

3.10.2. O Alvará de Licença para Residências Unifamiliares prescreverá, se não iniciada a obra, após 3 (três) anos a contar da data de publicação do despacho do requerimento, ou após 2 (dois) anos de comprovada paralisação da obra, podendo ser prorrogado por iguais períodos desde que o projeto atenda à legislação em vigor na ocasião do pedido de prorrogação.

3.10.2.1. Para os efeitos do disposto neste item caracteriza-se o início de obras pela conclusão do sistema estrutural de fundação.

3.10.2.2. Concluída a cobertura, o Alvará de Licença para Residências Unifamiliares não mais prescreverá.

3.10.3. O prazo do Alvará de Licença para Residências Unifamiliares ficará suspenso mediante comprovação, através de documento hábil, da ocorrência suspensiva, durante os impedimentos a seguir mencionados:

a) existência de pendência judicial;

b) calamidade pública;

c) decretação de utilidade pública ou interesse social;

d) pendência de processo de tombamento.

3.10.4. O Alvará de Licença para Residências Unifamiliares poderá, enquanto vigente, receber termo aditivo para constar eventuais alterações de dados constantes da peça gráfica aprovada ou a aprovação de projeto modificativo em decorrência de alteração do projeto original.

3.10.4.1. O prazo de Alvará de Licença para Residências Unifamiliares ficará suspenso durante o período de aprovação de projeto modificativo.

3.10.5. O Alvará de Licença para residências Unifamiliares, enquanto vigente, poderá a qualquer tempo mediante ato da autoridade competente, ser:

a) revogado, atendendo a relevante interesse público;

b) cassado, em caso de desvirtuamento por parte do interessado, da licença concedida;

c) anulado, em caso de comprovação de ilegalidade em sua expedição.

3.10.6. Concluída a obra, será o evento comunicado à PMSP pelo proprietário e pelo Dirigente Técnico da Obra.

3.10.6.1. Poderão ser aceitas pequenas alterações que não implicarem em divergência superior a 5% (cinco por cento) entre as metragens lineares e/ou quadradas da edificação, constantes da peça gráfica aprovada e as observadas na obra executada.

3.10.6.2. A aceitação de obra concluída será objeto de aditamento ao Alvará de Licença para Residências Unifamiliares, após prévia solução de multas porventura incidentes sobre a obra.

3.10.6.3. A aceitação de obra concluída para edificação tratada no item 9.3.4 dependerá da execução do sistema de armazenamento, tratamento e destinação de esgoto.

3.11. Certificado de Mudança de Uso

Mediante procedimento administrativo, e a pedido do proprietário do imóvel, a PMSP emitirá Certificado de Mudança de Uso para as edificações existentes que, atendida a LPUOS, e sem necessidade de alteração física do imóvel, venham a ter seu uso alterado.

3.11.1. O requerimento será instruído com:

a) peças gráficas que representem a edificação existente, com sua nova utilização e com o novo destino de seus compartimentos;

b) documento que comprove a regularidade da edificação.

3.11.2. A expedição de Certificado de Mudança de Uso dependerá de prévia solução de multas porventura incidentes sobre a obra.

4. PROCEDIMENTOS ADMINISTRATIVOS

Os requerimentos serão instruídos pelo interessado e analisados frente a legislação Municipal, conforme a natureza do pedido, observadas as normas edilícias emanadas da PMSP, em especial as prescrições desta Lei e da LPUOS, sem prejuízo da observância, por parte do Autor de Projeto, das disposições estaduais e federais pertinentes.

4.1. Análise dos Processos

Em um único processo poderão ser analisados os diversos pedidos referentes a um mesmo imóvel, e anexados também os eventuais pedidos de Reconsideração ou Recurso.

4.1.1. Os processos que apresentarem elementos incompletos ou incorretos, necessitarem de complementação da documentação exigida por lei ou esclarecimentos, serão objeto de comunicados ("comunique-se") para que as falhas sejam sanadas.

4.1.1.1. Os pedidos serão indeferidos caso não atendido o "comunique-se" em 30 (trinta) dias a contar da data de publicação da chamada.

4.1.2. O prazo para formalização de pedido de reconsideração de despacho ou recurso será de 30 (trinta) dias, a contar da data de publicação do despacho de indeferimento.

4.1.2.1. Para os processos relativos a pedido de concessão de Certificado de Conclusão, o prazo ficará dilatado para 60 (sessenta) dias.

4.2. Prazos para Despacho

O prazo para despacho não poderá exceder a 90 (noventa) dias, inclusive nos pedidos relativos a reconsideração de despacho ou recurso.

4.2.1. O curso desse prazo ficará suspenso durante a pendência do atendimento, pelo requerente, de exigências feitas em "comunique-se".

4.2.2. Prazos menores poderão ser fixados por ato do Executivo.

4.2.3. Escoado o prazo para decisão de processo de Alvará de Aprovação, poderá ser requerido Alvará de Execução. Decorridos 30 (trinta) dias deste requerimento, sem decisão no processo de Alvará de Aprovação, a obra poderá ser iniciada, sendo de inteira responsabilidade do proprietário e profissionais envolvidos a eventual adequação da obra às posturas municipais.

4.2.4. Escoado o prazo para decisão do processo relativo a emissão de Certificado de Conclusão, a obra poderá ser utilizada a título precário, não se responsabilizando a PMSP por qualquer evento decorrente de falta de segurança ou salubridade.

4.3. Prazo para Retirada de Documento

O prazo para retirada de documento será de 30 (trinta) dias a contar da data da publicação do despacho de deferimento, após os quais o processo será arquivado por abandono, sem prejuízo da cobrança de taxas devidas.

4.4. Procedimentos Especiais

Poderão ser objeto de regulamentação, por ato do Executivo, os procedimentos e prazos diferenciados para exame de processos relativos ao licenciamento de:

a) edifícios públicos da administração direta;

b) habitações de interesse social;

c) edificações geradoras de tráfego ou de impacto ambiental;

d) serviços ou obras que, por sua natureza, admitam procedimentos simplificados.

5. PREPARAÇÃO E EXECUÇÃO DE OBRAS

A execução de obras, incluindo os serviços preparatórios e complementares, suas instalações e equipamentos, será procedida de forma a obedecer ao projeto aprovado, à boa técnica, às NTO e ao direito de vizinhança, a fim de garantir a segurança dos trabalhadores, da comunidade, das propriedades e dos logradouros públicos, observada em especial a legislação trabalhista pertinente.

5.1. Canteiro de Obras

O canteiro de obras compreenderá a área destinada à execução e desenvolvimento das obras, serviços complementares, implantação de instalações temporárias necessárias à sua execução, tais como alojamento, escritório de campo, depósitos, estande de vendas e outros.

5.1.1. Durante a execução das obras será obrigatória a manutenção do passeio desobstruído e em perfeitas condições, conforme legislação municipal vigente, sendo vedada sua utilização, ainda que temporária, como canteiro de obras ou para carga e descarga de materiais de construção, salvo no lado interior dos tapumes que avançarem sobre o logradouro.

5.1.2. Nenhum elemento do canteiro de obras poderá prejudicar a arborização da rua, a iluminação pública, a visibilidade de placas, avisos ou sinais de trânsito, e outras instalações de interesse público.

5.2. Fechamento do Canteiro de Obras

Para todas as construções, excetuadas as residências unifamiliares, será obrigatório o fechamento no alinhamento, do canteiro de obras, por alvenaria ou tapume com altura mínima de 2,20 m (dois metros e vinte centímetros).

5.2.1. Durante o desenvolvimento de serviços de fachada nas obras situadas no alinhamento ou dele afastadas até 1,20 m (um metro e vinte centímetros) será obrigatório, mediante emissão de Alvará de Autorização, o avanço do tapume sobre o passeio até, no máximo, metade de sua largura, de forma a proteger o pedestre.

5.2.1.1. Quando a largura livre do passeio resultar inferior a 0,90 m (noventa centímetros) e se tratar de obra em logradouro sujeito a intenso tráfego de veículos, deverá ser solicitada autorização para, em caráter excepcional, e a critério da PMSP, desviar-se o trânsito de pedestres para parte protegida do leito carroçável.

5.2.1.2. Enquanto os serviços da obra se desenvolverem a altura superior a 4,00 m (quatro metros) do passeio, o tapume será obrigatoriamente mantido no alinhamento, permitida a ocupação do passeio apenas para apoio de cobertura para proteção de pedestres, com pé direito mínimo de 2,50 m (dois metros e cinquenta centímetros).

5.2.2.2. Concluídos os serviços de fachada, ou paralisada a obra por período superior a 30 (trinta) dias, o tapume será obrigatoriamente recuado para o alinhamento.

5.3. Plataformas de Segurança e Vedação Externa das Obras

Nas obras ou serviços que se desenvolverem a mais de 9,00 m (nove metros) de altura, será obrigatória a execução de:

a) plataformas de segurança a cada 8,00 m (oito metros) ou 3 (três) pavimentos;

b) vedação externa que a envolva totalmente.

6. PROCEDIMENTOS FISCAIS

Toda obra deverá ser vistoriada pela PMSP, devendo o servidor municipal incumbido desta atividade ter garantido livre acesso ao local.

6.1. Verificação da Regularidade da Obra

Deverá ser mantido no local da obra o documento que comprove a regularidade da atividade edilícia em execução, sob pena de intimação e autuação, nos termos desta Lei e legislação pertinente.

6.1.1. Constatada irregularidade na execução da obra, pela inexistência dos documentos necessários, pelo desvirtuamento da atividade edilícia como indicada, autorizada ou licenciada, ou pelo desatendimento de quaisquer das disposições desta Lei, o proprietário ou possuidor e o Dirigente Técnico da Obra serão intimados e autuados, ficando as obras embargadas.

6.1.1.1. O prazo máximo para o início das providências tendentes à solução das irregularidades apontadas será de 10 (dez) dias.

6.1.1.2. Durante o embargo só será permitida a execução dos serviços indispensáveis à eliminação das infrações.

6.1.1.3. Em se tratando de obra aceita, autorizada ou licenciada pela PMSP, o embargo somente cessará após a eliminação das infrações que o motivaram e o pagamento das multas impostas.

6.1.1.4. Em se tratando de obra sem o documento que comprove a regularidade da atividade, o embargo somente cessará após o cumprimento de todas as seguintes condições:

a) eliminação de eventuais divergências da obra em relação às condições indicadas, autorizadas ou licenciadas;

b) pagamento das multas impostas;

c) aceitação de comunicação, ou expedição da autorização ou alvará de execução.

6.1.1.5. Decorrido o prazo assinado, a Prefeitura nos 5 (cinco) dias subsequentes vistoriará a obra e, se constatada resistência ao embargo, deverá o funcionário encarregado da vistoria:

a) expedir novo auto de infração e aplicar multas diárias até que a regularização da obra seja comunicada, e verificada pela Prefeitura em prazo de 5 (cinco) dias contados a partir da comunicação, à repartição competente;

b) requisitar força policial, requerendo a imediata abertura de inquérito policial para apuração da responsabilidade do infrator pelo crime de desobediência, previsto no Código Penal, bem como para as medidas judiciais cabíveis.

6.1.1.6. A resistência ao embargo ensejará ao profissional responsável pela obra, também, a aplicação da multa diária prevista.

6.1.1.7. Para os efeitos desta Lei, considera-se resistência ao embargo a continuação dos trabalhos no imóvel sem a adoção das providências exigidas na intimação.

6.1.2. Lavrado o auto de flagrante policial e aberto o respectivo inquérito será o processo encaminhado para as providências de ajuizamento da ação judicial cabível, sem prejuízo da incidência das multas, no caso de continuação das irregularidades.

6.1.3. O servidor municipal que lavrar o auto de infração, por ocasião da abertura do inquérito policial, será responsável pela inexatidão dos dados que possam prejudicar as medidas administrativas ou judiciais cabíveis.

6.1.4. Não serão objeto de regularização as edificações que, em razão da infrigência à legislação edilícia, sejam objeto de ação judicial, bem como não poderão ser anistiadas as multas aplicadas em razão das irregularidades da obra.

6.2. Verificação da Estabilidade, Segurança e Salubridade da Edificação

Verificada a inexistência de condições de estabilidade, segurança e salubridade de uma edificação, serão o proprietário ou o possuidor intimados a promover, nos termos da lei, o início das medidas necessárias à solução da irregularidade, no prazo máximo de 5 (cinco) dias, devendo a Prefeitura, nos 5 (cinco) dias subsequentes ao prazo assinado na intimação, vistoriar a obra a fim de constatar a regularidade exigida.

6.2.1. No caso de a irregularidade constatada apresentar perigo de ruína ou contaminação, poderá ocorrer a interdição parcial ou total do imóvel e, se necessário, o do seu entorno, dando-se ciência aos proprietários e ocupantes dos imóveis.

6.2.1.1. O não cumprimento da intimação, para a regularização necessária ou interdição, implicará na responsabilização exclusiva do intimado, eximindo-se a PMSP de responsabilidade pelos danos decorrentes de possível sinistro.

6.2.2. Durante a interdição somente será permitida a execução dos serviços indispensáveis à eliminação da irregularidade constatada.

6.2.3. Decorrido o prazo concedido, sem o cumprimento da intimação, ou verificada desobediência à interdição, deverá o funcionário encarregado da vistoria:

a) expedir auto de infração e aplicar multas diárias ao infrator até serem adotadas as medidas exigidas;

b) requisitar força policial, requerendo imediatamente abertura de inquérito policial para apuração da responsabilidade do infrator pelo crime de desobediência previsto no Código Penal, bem como para adoção das medidas judiciais cabíveis.

6.2.4. Lavrado o auto de flagrante policial e aberto o respectivo inquérito será o processo encaminhado para as providências de ajuizamento da ação cabível, sem prejuízo da incidência das multas, no caso de continuação das irregularidades.

6.2.5. O atendimento da intimação não desobriga o proprietário ou o possuidor do cumprimento das formalidades necessárias à regularização da obra ou serviço, sob pena da aplicação das sanções cabíveis.

6.2.6. Não sendo atendida a intimação, estando o proprietário ou o possuidor autuado e multado, os serviços, quando imprescindíveis à estabilidade da edificação, poderão ser executados pela PMSP e cobrados em dobro do proprietário ou do possuidor, com correção monetária, sem prejuízo da aplicação das multas e honorários profissionais cabíveis.

6.2.7. Independentemente de intimação e assistido por profissional habilitado, o proprietário ou possuidor de imóvel que constatar perigo de ruína ou contaminação, poderá dar início imediato às obras de emergência, comunicando por escrito à PMSP, justificando e informando a natureza dos serviços a serem executados.

6.2.7.1. Comunicada a execução dos serviços, a PMSP, vistoriando o imóvel objeto da comunicação, verificará a veracidade da necessidade de execução de obras emergenciais.

6.2.8. O servidor municipal que lavrar o auto de infração, na ocasião da abertura do inquérito policial, será responsável pela inexatidão dos dados que possam prejudicar as medidas administrativas ou judiciais cabíveis.

6.3. Penalidades

A inobservância de qualquer disposição legal ensejará a lavratura do competente auto de infração e multa, com notificação simultânea do infrator para, no prazo de 10 (dez) dias corridos, pagar ou apresentar defesa à autoridade competente sob pena de confirmação da penalidade imposta e de sua subsequente inscrição como dívida ativa.

6.3.1. A notificação far-se-á ao infrator, pessoalmente ou por via postal, com aviso de recebimento ou, ainda, por edital, nas hipóteses de recusa do recebimento da notificação ou não localização do notificado.

6.3.2. Para os efeitos desta Lei, considera-se infrator o proprietário ou possuidor do imóvel e, ainda, quando for o caso, o síndico, o usuário, o responsável pelo uso e o dirigente técnico responsável pela execução das obras.

6.3.3. Respondem também pelo proprietário os seus sucessores a qualquer título e o possuidor do imóvel.

6.3.4. Nos casos de estar prevista multa ao proprietário e ao dirigente técnico a responsabilidades é solidária, considerando-se ambos infratores.

6.3.5. Do despacho decisório que desacolher a defesa, a ser publicado no *Diário Oficial do Município*, caberá um único recurso, com efeito suspensivo, no prazo de 15 (quinze) dias corridos, contados da notificação, à autoridade superior à notificante, mediante prévio depósito do valor da multa discutida.

6.3.6. As pendências administrativas ou judiciais referentes à imposição das multas estabelecidas nesta Lei suspenderão, apenas provisoriamente, a inscrição e a cobrança da dívida correspondente.

6.3.7. Quando prevista a reaplicação de multas, será admitida defesa desde que consubstanciada em comunicação de regularização da situação.

6.3.8. As multas administrativas impostas na conformidade da presente Lei, não pagas nas épocas próprias, ficam sujeitas à atualização monetária e acrescidas de juros moratórios de 1% (um por cento) ao mês, contados do mês seguinte ao do vencimento, sem prejuízo, quando for o caso, dos honorários advocatícios, custas e demais despesas judiciais, nos termos em que dispuser a legislação municipal pertinente.

6.3.8.1. O valor do depósito, se devolvido por terem sido julgados procedentes reclamações, recursos ou medidas judiciais, será atualizado monetariamente, de conformidade com o que dispuser a legislação municipal pertinente.

6.3.9. A aplicação das multas pecuniárias, estabelecidas nesta Lei, não exime o infrator das demais sanções e medidas administrativas ou judiciais cabíveis, inclusive a apuração de sua responsabilidade pelos crimes de desobediência contra a administração pública, previstos na legislação penal.

6.3.10. A execução de obra ou serviço sem o devido licenciamento ou em desacordo com o mesmo constitui infração sujeita à aplicação das penalidades previstas na tabela constante do Anexo III desta Lei.

6.3.10.1. As multas serão aplicadas ao proprietário ou ao possuidor pelo valor indicado na tabela, cabendo ao Dirigente Técnico da Obra, se houver, multa no valor de 80% (oitenta por cento) dos valores anteriormente referidos.

6.3.10.2. A autuação de residências unifamiliares se fará através do item 7 da tabela constante do Anexo III desta Lei.

6.3.10.3. A reincidência da infração gerará a aplicação das penalidades de forma progressiva, a ser fixada por regulamentação própria.

6.3.11. As penalidades por inobservância às disposições desta Lei, referentes a imóveis de valor artístico ou histórico preservados, a serem preservados, ou ainda àqueles que, em razão do gabarito de altura e recuos são necessários à preservação da volumetria do entorno, poderão atingir até 10 (dez) vezes o estipulado na tabela constante do Anexo III.

6.3.12. Na aplicação dos dispositivos previstos nas seções 6.1 e 6.3 do presente Capítulo às moradias econômicas, os prazos serão dilatados até o triplo do prazo previsto, e o valor das multas será reduzido em 50% (cinquenta por cento) do valor devido.

7. EDIFICAÇÕES EXISTENTES

Uma edificação será considerada regularmente existente ainda que sua área edificada seja inferior, igual, ou superior até 5% (cinco por cento) à constante do documento utilizado para comprovação de sua regularidade.

7.1. Reformas

A edificação regularmente existente poderá ser reformada desde que a edificação resultante não crie nem agrave eventual desconformidade com a LOE ou com a LPUOS.

7.1.1. A edificação existente irregular, no todo ou em parte, que atenda ao disposto na LOE e na LPUOS, poderá ser regularizada e reformada, expedindo-se Certificado de Conclusão para a área a ser regularizada e Alvará de Aprovação para a reforma pretendida.

7.1.2. A edificação irregular, no todo ou em parte, que não atenda na parte irregular ao disposto na LOE ou na LPUOS, poderá ser reformada desde que seja prevista supressão da infração.

7.1.2.1. Não será concedido Certificado de Conclusão para a reforma, parcial ou total, sem que a infração tenha sido suprimida.

7.1.3. Nas edificações a serem reformadas com mudança de uso e em comprovada existência regular em período de 10 (dez) anos, poderão ser aceitas, para a parte existente e a critério da PMSP, soluções que, por implicações de caráter estrutural, não atendam integralmente às disposições previstas na LOE ou na LPUOS relativas a dimensões e recuos, desde que não comprometam a salubridade nem acarretem redução da segurança.

7.1.4. Edificações com soluções alternativas de proteção contra incêndios, aceitas pela PMSP, serão consideradas "conformes", nos termos deste COE.

7.2. Reconstruções

A edificação regular poderá ser reconstruída, no todo ou em parte, dependendo de sua conformidade com a LOE e a LPUOS.

7.2.1. A reconstrução de qualquer edificação, caso se pretenda introduzir alterações em relação à edificação anteriormente existente, será enquadrada como reforma.

7.2.2. A reconstrução de edificação que abrigava uso instalado irregularmente, só será permitida se:

a) for destinada a uso permitido na zona, e

b) adaptar-se às disposições de segurança.

7.2.3. A edificação irregular não poderá ser reconstruída.

7.2.4. A PMSP poderá recusar, no todo ou em parte, a reconstrução nos moldes anteriores, de edificação com índices e volumetria em desacordo com o disposto na LOE ou na LPOUS que seja considerada prejudicial ao interesse urbanístico.

8. USO DAS EDIFICAÇÕES

Para efeito das disposições constantes desta Lei, as edificações agrupar-se-ão conforme sua finalidade se assemelhar, no todo ou em parte, a uma ou mais das atividades aqui previstas.

8.1. Habitação

Destinadas à moradia de caráter permanente, podendo ser unifamiliar, multifamiliar ou coletiva incluindo, dentre outros, os seguintes tipos:

a) casas;

b) prédios de apartamentos;

c) pensionatos;

d) moradias de religiosos ou estudantes;

e) orfanatos e asilos.

8.2. Comércio e Serviço

Destinadas à comercialização de mercadorias ou prestação de serviços administrativos ou pessoais incluindo, dentre outros, os seguintes tipos:

a) venda de mercadorias em geral;

b) venda e consumição de alimentos e bebidas;

c) venda de bens ou serviços;

d) instituições financeiras;

e) escritórios administrativos, técnicos, consultórios ou de administração pública;

f) serviços de limpeza, manutenção ou reparo;

g) manufatura em escala artesanal;

h) tratamento estético ou institutos de beleza.

8.3. Prestação de Serviços de Saúde

Destinadas à prestação de serviços de assistência à saúde em geral, inclusive veterinária, com ou sem internação incluindo, dentre outros, os seguintes tipos:

a) clínicas médica, odontológica, radiológica ou de recuperação física ou mental;

b) ambulatórios;

c) prontos-socorros;

d) postos de saúde ou puericultura;

e) hospitais ou casas de saúde;

f) bancos de sangue ou laboratórios de análises.

8.4. Prestação de Serviços de Educação

Destinadas à prestação de serviços de educação e ensino em geral incluindo, dentre outros, os seguintes tipos:

a) creches, escolas maternais ou pré-escolas;
b) ensino de primeiro e segundo grau;
c) cursos supletivos, de madureza ou preparatórios;
d) ensino técnico profissionalizante;
e) ensino superior ou pós-graduação;
f) cursos livres.

8.5. Prestação de Serviços de Hospedagem

Destinadas à prestação de serviços de hospedagem ou moradia de caráter transitório incluindo, dentre outros, os seguintes tipos:
a) hotéis, hotéis-residência e motéis;
b) pensões, hospedarias e albergues.

8.6. Prestação de Serviços Automotivos

Destinadas à prestação de serviços de guarda, abastecimento, limpeza, manutenção ou reparo, com ou sem comercialização de produtos incluindo, dentre outros, os seguintes tipos:
a) estacionamentos ou edifícios-garagem;
b) postos de abastecimento, lavagem ou serviços;
c) oficinas mecânicas;
d) venda de acessórios com serviços destinados à sua instalação;
e) concessionárias de veículos;
f) garagem de caminhões ou ônibus.

8.7. Indústrias, Oficinas e Depósitos

Destinadas à extração, beneficiamento, desdobramento, transformação, manufatura, montagem, manutenção ou guarda de matérias-primas ou mercadorias de origem mineral, vegetal ou animal incluindo, dentre outros, os seguintes tipos:
a) pedreiras ou areais;
b) beneficiamento de leite;
c) serrarias, carpintarias ou marcenarias;
d) serralherias;
e) gráficas e tipografias;
f) tecelagem e confecção;
g) químicos e farmacêuticos;

h) matadouros e frigoríficos;
i) beneficiamento de borracha natural ou sintética;
j) aparelhos elétricos ou eletrônicos;
l) veículos e máquinas;
m) estocagem de mercadorias, com ou sem comercialização.
n) terminal particular de carga.

8.8. Locais de Reunião

Destinadas a abrigar eventos geradores de público incluindo, dentre outros, os seguintes tipos:

a) cinemas, auditórios, teatros ou salas de concerto;
b) templos religiosos;
c) salões de festas ou danças;
d) ginásios ou estádios;
e) recintos para exposições ou leilões;
f) museus.

8.9. Prática de Exercício Físico ou Esporte

Destinadas à prática de atividade física ou lazer incluindo, dentre outros, os seguintes tipos:

a) clubes esportivos ou recreativos;
b) academias de natação, ginástica ou dança;
c) recintos para competições.

8.10. Atividades e Serviços de Caráter Especial

Destinados a atividades específicas, não enquadráveis nas demais seções deste Capítulo incluindo, dentre outros, os seguintes tipos:

a) delegacias;
b) casas de detenção;
c) quartéis;
d) terminais de carga ou passageiros;
e) velórios ou cemitérios;
f) parques públicos;
g) centros de pesquisa médico-científico;
h) sistema de transporte de massa, de média e grande capacidade;
i) torres de transmissão.

8.11. Atividades Temporárias

Destinadas a abrigar determinadas atividades, seja por períodos restritos de tempo, seja em edificações de caráter transitório incluindo, dentre outros, os seguintes tipos:

a) circos ou parques de diversões;

b) bancas de jornais ou quiosques promocionais;

c) caixas automáticas.

8.12. Uso Misto

A implantação em uma edificação de mais de uma atividade, caracterizando uso misto, estará condicionada a LPUOS e a esta Lei, em especial no que se refere a espaços destinados a circulação e segurança.

8.12.1. A atividade "estacionamento" somente será aceita, juntamente com outra atividade, desde que não seja reduzido o número mínimo de vagas exigido para a atividade principal.

8.12.2. Em indústrias, oficinas e depósitos será permitida a comercialização de produtos fabricados ou depositados no próprio estabelecimento.

8.12.3. Nas atividades temporárias será permitido uso misto, desde que sejam estabelecidos, pelo Executivo, os tipos de acesso a serem utilizados em cada caso.

9. COMPONENTES – MATERIAIS, ELEMENTOS CONSTRUTIVOS E EQUIPAMENTOS

Além do atendimento às disposições desta Lei, os componentes das edificações deverão atender às especificações constantes das NTO, mesmo quando sua instalação não seja obrigatória pela LOE.

9.1. Desempenho

O dimensionamento, especificação e emprego dos materiais e elementos construtivos deverão assegurar a estabilidade, segurança e salubridade das obras, edificações e equipamentos, garantindo desempenho, no mínimo, similar aos padrões estabelecidos neste Código.

9.1.1. O desempenho obtido pelo emprego de componentes, em especial daqueles ainda não consagrados pelo uso, bem como quando em utilizações diversas das habituais, será de inteira responsabilidade do Profissional que os tenha especificado ou adotado.

9.1.2. A PMSP poderá desaconselhar o emprego de componentes considerados inadequados, que possam vir a comprometer o desempenho desejável, bem como referendar a utilização daqueles cuja qualidade seja notável.

9.1.3. As edificações deverão assegurar condições de acesso, circulação e uso por pessoas idosas ou portadoras de deficiências, nos termos da Lei Orgânica do Município de São Paulo.

9.1.4. As edificações deverão observar os princípios básicos de conforto, higiene e salubridade de forma a não transmitir aos imóveis vizinhos e aos logradouros públicos ruídos, vibrações e temperaturas em níveis superiores aos previstos nos regulamentos oficiais próprios.

9.1.4.1. Visando o controle da proliferação de zoonoses, os componentes das edificações, bem como instalações e equipamentos, deverão dispor de condições que impeçam o acesso e alojamento de animais transmissores de moléstias, observadas as Normas específicas emanadas do órgão municipal competente.

9.2. Componentes Básicos

Os componentes básicos da edificação, que compreendem fundações, estruturas, paredes e cobertura, deverão apresentar resistência ao fogo, isolamento térmico, isolamento e condicionamento acústicos, estabilidade e impermeabilidade adequados à função e porte do edifício, de acordo com as NTO, especificados e dimensionados por Profissional habilitado.

9.2.1. As fundações e estruturas deverão ficar situadas inteiramente dentro dos limites do lote e considerar as interferências para com as edificações vizinhas, logradouros e instalações de serviços públicos.

9.2.2. A parede que estiver em contato direto com o solo, ou aquela integrante de fachada voltada para o quadrante sul, deverão ser impermeabilizadas.

9.2.3. As paredes dos andares acima do solo, que não forem vedados por paredes perimetrais, deverão dispor de guarda-corpo de proteção contra queda, com altura mínima de 0,90 m (noventa centímetros) resistente a impactos e pressão.

9.2.4. Quando se tratar de edificações agrupadas horizontalmente, a estrutura de cobertura de cada unidade autônoma será independente, devendo a parede divisória entre as unidades chegar até a face inferior da telha.

9.3. Instalações Prediais

A execução de instalações prediais, tais como, as de água potável, águas pluviais, esgoto, luz, força, para-raios, telefone, gás e guarda de lixo observarão, em especial, as NTC.

9.3.1. Não será permitido o despejo de águas pluviais ou servidas, inclusive daquelas provenientes do funcionamento de equipamentos, sobre as calçadas e os imóveis vizinhos, devendo as mesmas serem conduzidas por canalização sob o passeio à rede coletora própria, de acordo com as Normas emanadas do órgão competente.

9.3.1.1. Todas as edificações deverão conduzir as águas servidas canalizadas obrigatoriamente à rede coletora pública, quando o logradouro for provido por essa rede, obedecendo ao disposto nas NTO e às normas técnicas da concessionária dos serviços públicos relativos à coleta e destinação do esgoto.

- *Item 9.3.1.1 acrescido pela Lei nº 13.369, de 3.6.2002.*

9.3.2. As edificações deverão dispor de instalação permanente de gás combustível.

9.3.2.1. Os ambientes ou compartimentos que contiverem equipamentos ou instalações com funcionamento a gás deverão ter ventilação permanente, assegurada por aberturas diretas para o exterior, atendendo as NT da autoridade competente.

9.3.2.2. O armazenamento de recipientes de gás deverá estar fora das edificações, em ambiente exclusivo dotado de aberturas para ventilação permanente.

9.3.3. Visando o controle da proliferação de zoonoses, os abrigos destinados à guarda de lixo deverão ser executados de acordo com as Normas emanadas do órgão municipal competente, ficando proibida a instalação de tubos de queda de lixo.

9.3.3.1. Excetuadas as residências unifamiliares, qualquer nova edificação com mais de 750 m^2 (setecentos e cinquenta metros quadrados), para obter o respectivo Certificado de Conclusão, deverá ser dotada de abrigo, compartimentado e suficientemente dimensionado para a guarda dos diversos tipos de lixo, como sejam, o não reciclável (orgânico etc.), o reciclável (alumínio, papel, plástico, vidro etc.) e o tóxico (baterias e pilhas elétricas etc.), localizado no interior do lote e com acesso direto ao logradouro.

- *Item 9.3.3.1 com redação dada pela Lei nº 12.936, de 7.12.1999.*

9.3.4. As edificações situadas em áreas desprovidas de rede coletora pública deverão ser providas de instalações destinadas ao armazenamento, tratamento e destinação de esgoto, de acordo com as NTO.

9.3.4.1. O projeto do sistema será apresentado quando da solicitação de Alvará de Aprovação de edificações novas ou de Alvará de Licença para Residências Unifamiliares.

9.3.5. As edificações novas deverão ser providas de instalações destinadas a receber sistema de aquecimento de água por meio do aproveitamento da energia solar, na conformidade das disposições de lei específica sobre a matéria.

- *Item 9.3.5 acrescido pela Lei nº 14.459, de 3.7.2007.*

9.4. Equipamentos Mecânicos

Todo equipamento mecânico, independentemente de sua posição no imóvel, deverá ser instalado de forma a não transmitir ao imóvel vizinho e aos logradouros públicos ruídos, vibrações e temperaturas em níveis superiores aos previstos nos regulamentos oficiais próprios.

9.4.1. Os guindastes, pontes rolantes e outros equipamentos assemelhados que possuírem, junto às divisas, altura superior a 9,00 m (nove metros) medidos a partir do perfil original do terreno, ficarão condicionados, a partir desta altura, a afastamento mínimo de 3,00 m (três metros) no trecho em que ocorrer tal situação.

9.4.2. As balanças para pesagem de veículos poderão se situar em qualquer posição no imóvel, inclusive nas faixas de recuos previstos pela LPUOS.

9.4.3. Os equipamentos mecânicos, independentemente do porte, não serão considerados como área edificada.

9.4.4. Incluem-se nas disposições do item 9.4 os aparelhos de transporte vertical de carga ou passageiros situados no imóvel.

9.4.5. (Revogado).

- *Item 9.4.5 acrescido pela Lei nº 15.095, de 4.1.2010 e revogado pela Lei nº 16.131, de 12.3.2015.*

9.5. Elevadores de Passageiros

Qualquer equipamento mecânico de transporte vertical não poderá se constituir no único meio de circulação e acesso às edificações.

- *Ver Desenho 9-I no Anexo 18 do Regulamento, Decreto nº 32.329/1992.*

9.5.1. Deverão ser servidas por elevadores de passageiros as edificações com mais de cinco andares e/ou que apresentem desnível, entre o pavimento do último andar e o pavimento do andar inferior – incluídos pavimentos destinados a estacionamento – superior a 12,00 m (doze metros) observadas as seguintes condições:

a) no mínimo um elevador, em edificações até dez andares e/ou com desnível igual ou inferior a 24,00 m (vinte e quatro metros);

b) no mínimo dois elevadores, em edificações com mais de dez andares e/ou com desnível superior a 24,00 m (vinte e quatro metros).

9.5.1.1. No cômputo dos andares e no cálculo do desnível não serão considerados o ático, o pavimento de cobertura, os andares destinados à zeladoria ou de uso privativo de andar contíguo.

9.5.2. Todos os andares deverão ser servidos, obrigatoriamente, pelo mínimo de elevadores determinado nesta Seção.

9.5.3. Com a finalidade de assegurar o uso por pessoas portadoras de deficiências físicas, o único ou pelo menos um dos elevadores deverá:

a) estar situado em local a eles acessível;

b) estar situado em nível com o pavimento a que servir ou estar interligado ao mesmo por rampa;

c) ter cabine com dimensões internas mínimas de 1,10 m (um metro e dez centímetros) por 1,40 m (um metro e quarenta centímetros);

d) ter porta com vão de 0,80 m (oitenta centímetros);

e) servir ao estacionamento em que haja previsão de vagas de veículos para pessoas portadoras de deficiências físicas.

9.5.3.1. Será indispensável a instalação de elevador em edificações que possuírem mais de um pavimento e população superior a 600 (seiscentas) pessoas, e que não possuam rampas para atendimento da circulação vertical.

9.5.3.2. Com a finalidade de assegurar o uso por pessoas portadoras de deficiência visual, os elevadores instalados nos prédios da cidade de São Paulo, especialmente os desprovidos de ascensoristas, deverão incluir nas botoeiras de cabina sinalização em "Braille", que poderá ser justaposta em material adesivo, até que sejam fabricadas botoeiras com os dois tipos de sinais.

- *Item 9.5.3.2 acrescido pela Lei nº 11.859, de 31.8.1995.*

9.5.4. A área do poço do elevador, bem como de qualquer equipamento mecânico de transporte vertical, será considerada no cálculo da área edificada de um único andar.

9.5.5. Os espaços de circulação fronteiros às portas dos elevadores, em qualquer andar, deverão ter dimensão não inferior a 1,50 m (um metro e cinquenta centímetros).

9.5.6. O *hall* de acesso a, no mínimo, um elevador deverá ser interligado à circulação vertical da edificação por espaço de circulação coletiva, podendo os demais elevadores ter esta interligação garantida por espaço de circulação privativa.

9.5.6.1. A interligação por espaço de circulação privativa será dispensada se o elevador que serve ao hall considerado for dotado de sistema de segurança que garanta sua movimentação mesmo em caso de pane no sistema ou falta de energia elétrica.

9.6. Edificações de Madeira

As edificações que possuírem estrutura e vedação em madeira deverão garantir padrão de desempenho correspondente ao estabelecido nas seções deste Capítulo, quanto ao isolamento térmico, isolamento e condicionamento acústicos, estabilidade e impermeabilidade.

9.6.1. A resistência ao fogo deverá ser otimizada, através de tratamento adequado, para retardamento da combustão.

9.6.2. Os componentes da edificação, quando próximos a fontes geradoras de fogo ou calor, deverão ser revestidos de material incombustível.

9.6.3. As edificações de madeira ficarão condicionadas aos seguintes parâmetros:

a) máximo de 2 (dois) andares;

b) altura máxima de 8 m (oito metros);

c) afastamento mínimo de 3,00 m (três metros) de qualquer ponto das divisas ou outra edificação;

d) afastamento mínimo de 5,00 m (cinco metros) de outra edificação de madeira.

9.6.3.1. Estes parâmetros poderão ser alterados por solução que, comprovadamente, garanta a segurança dos usuários da edificação e seu entorno.

10. IMPLANTAÇÃO, AERAÇÃO E INSOLAÇÃO DAS EDIFICAÇÕES

A implantação de qualquer edificação no lote, além do atendimento às disposições previstas na LPUOS, dos afastamentos em relação às águas correntes ou dormentes, faixas de domínio público de rodovias e ferrovias, linhas de alta tensão, dutos e canalizações, deverá respeitar as normas previstas nesta Lei, visando assegurar a qualidade de vida das edificações vizinhas, bem como a higiene e salubridade dos seus compartimentos.

10.1. Condições Gerais de Implantação e de Fechamento de Terrenos Edificados

As condições gerais, constantes desta Seção, serão aplicadas sem prejuízo das demais disposições desta Lei.

10.1.1. As edificações, obras complementares ou mobiliário que possuírem, junto às divisas, altura superior a 9,00 m (nove metros) medidos a partir do perfil original do terreno, ficarão condicionadas, a partir desta altura, a afastamento mínimo de 3,00 m (três metros) no trecho em que ocorrer tal situação.

10.1.1.1. O disposto neste item não se aplicará às edificações situadas em áreas sujeitas a diretrizes urbanísticas próprias ou operações urbanas, para as quais haja expressa dispensa da observância dos recuos previstos pela LPUOS.

- *Ver Desenho 10-I no Anexo 18 do Regulamento, Decreto nº 32.329/1992.*

10.1.1.2. Os anteparos verticais, gradis, muros, alambrados e assemelhados, que apresentarem superfície vazada uniformemente distribuída inferior a 90% (noventa por cento) de sua superfície total, serão incluídos no cálculo da altura, tratada neste item.

10.1.2. Para os terrenos edificados será facultativa a construção de muro de fecho em suas divisas.

10.1.2.1. Quando executados, os muros terão altura de:

a) 4,00 m (quatro metros) no máximo, acima do passeio, quando junto ao alinhamento;

• *Alínea "a" com redação dada pela Lei nº 13.779, de 11.2.2004.*

b) 3,00 m (três metros) no máximo, quando junto às demais divisas, medidos a partir do nível em que se situarem, excetuados os de arrimo que terão altura compatível com o desnível de terra.

10.1.2.2. Os anteparos verticais que possuírem superfície vazada uniformemente distribuída superior a 90% (noventa por cento) não terão limite de altura.

10.1.3. Nos cruzamentos dos logradouros públicos deverá ser previsto canto chanfrado de 3,50 m (três metros e cinquenta centímetros), normal à bissetriz do ângulo formado pelo prolongamento dos alinhamentos, salvo se tal concordância tiver sido fixada de forma diversa em arruamento ou plano de melhoramento público.

10.1.3.1. Em zonas sujeitas a diretrizes urbanísticas próprias, para as quais haja expressa dispensa da observância dos recuos previstos na LPUOS, será admitido o avanço sobre o canto chanfrado da parte da edificação que se situar a altura superior a 3,00 m (três metros) do passeio.

10.1.4. Em observância ao disposto no Código Civil, deverá haver reserva de espaço para passagem de canalização de águas provenientes de lotes a montante, exigência esta extensível a canalizações de esgoto.

10.1.5. As condições naturais de absorção das águas pluviais no lote deverão ser garantidas pela execução de um ou mais dos seguintes dispositivos:

a) reserva de, no mínimo, 15% (quinze por cento) da área do terreno livre de pavimentação ou construção;

b) construção de reservatório ligado a sistema de drenagem.

10.1.5.1. Na hipótese de utilização de piso drenante para atendimento à letra "a", apenas sua área efetivamente vazada será considerada como livre de pavimentação.

10.1.5.2. Considera-se reservatório qualquer dispositivo dimensionado de acordo com a fórmula:

$$V = (0{,}15 \times S - Sp) \times IP \times t$$

onde:

V = volume do dispositivo adotado;

S = área total do terreno;

Sp = área do terreno livre de pavimentação ou construção;

IP = índice pluviométrico igual a 0,06 m/hora;

t = tempo de duração da chuva igual a 1 (uma) hora.

10.1.5.3. O volume de água captado e não drenado em virtude da capacidade de absorção do solo, determinado conforme critérios fixados pelas NTO, deverá ter seu despejo no sistema público de águas pluviais retardado, para tão logo este apresente condições de receber tal contribuição.

10.2. Dispositivos para Atendimento da Aeração e Insolação

Observados os mínimos previstos nesta Lei, a aeração e a insolação naturais poderão ser proporcionadas por:

a) recuos obrigatórios previstos na LPUOS;

b) áreas livres internas do lote;

c) espaço dos logradouros;

d) faixa livre de aeração "A";

e) espaço livre de aeração e insolação "I";

f) aeração induzida;

g) alternativa natural que comprovadamente garanta desempenho, no mínimo, similar ao obtido quando atendidas apenas as disposições gerais desta Lei.

10.2.1. As reentrâncias em fachadas, com largura igual ou superior a uma vez e meia sua profundidade, serão integradas ao espaço de aeração e insolação lindeiro.

- *Ver Desenhos 10-II.a e 10-II.b no Anexo 18 do Regulamento, Decreto nº 32.329/1992.*

10.2.2. As aberturas destinadas à aeração e insolação dos compartimentos deverão estar voltadas para os espaços de aeração e insolação correspondentes.

10.3. Classificação dos Volumes de uma Edificação

A volumetria da edificação determinará os afastamentos necessários à aeração e insolação, na dependência da altura estabelecida a partir:

a) do desnível "d", medido em metros de piso a piso entre pavimentos consecutivos;

b) do índice volumétrico "n", obtido em função do desnível "d", sendo:

$n = 1$, quando $2{,}00\ m \leq d \leq 3{,}00\ m$;

$n = 1 + 1/3\ (d - 2)$, quando $d \leq 2{,}00\ m$;

$n = 1 + 1/3\ (d - 3)$, quando $d \geq 3{,}00\ m$;

c) da somatória "N" dos índices volumétricos "n" dos andares considerados, podendo ser somatória total dos andares quando for considerado o volume total da edificação, ou somatória parcial quando houver seu escalonamento.

10.3.1. Quando se tratar de andar único ou de cobertura, o desnível "d" será o pé-direito do andar.

- *Ver Desenho 10-III.c no Anexo 18 do Regulamento, Decreto nº 32.329/1992.*

10.3.1.1. Quando o piso ou o teto forem inclinados, o desnível "d" considerado será a altura média do andar.

- *Ver Desenho 10-III.d no Anexo 18 do Regulamento, Decreto nº 32.329/1992.*

10.3.2. Quando se tratar de chaminés e torres em geral, e caixas d'água isoladas, o desnível "d" considerado será a distância entre a base o ponto mais elevado.

10.3.3. Os volumes de uma edificação serão classificados em função da somatória "N", obtida sempre a partir do pavimento térreo definido na LPUOS, sendo:

- *Ver Desenho 10-III.a no Anexo 18 do Regulamento, Decreto nº 32.329/1992.*

a) Volume inferior "Vi", quando N ≤ 3;

b) Volume superior "Vs", quando N ≥ 3;

c) Volume enterrado ou semienterrado "Ve", aquele situado abaixo do volume "Vi".

- *Ver Desenho 10-III.b no Anexo 18 do Regulamento, Decreto nº 32.329/1992.*

10.4. Aeração e Insolação do Volume Inferior "Vi"

Para compartimentos situados no volume "Vi" serão suficientes a aeração e insolação naturais proporcionadas pelos seguintes espaços:

a) espaços constituídos pelos recuos obrigatórios previstos na LPUOS;

b) espaço livre dos logradouros públicos, quando a LPUOS admitir a implantação de edificações no alinhamento;

c) espaços livres internos ao lote, que possuírem área mínima de 5,00 m^2 (cinco metros quadrados) e largura mínima de 1,50 m (um metro e cinquenta centímetros).

10.4.1. Quando a edificação for constituída pelos volumes "Ve" e "Vi" e desde que o índice "N" total seja menor ou igual a 3 (três), serão suficientes a aeração e insolação naturais proporcionadas pelos espaços estabelecidos nesta seção.

- *Ver Desenho 10-IV no Anexo 18 do Regulamento, Decreto nº 32.329/1992.*

10.5. Aeração do Volume Superior "Vs" – Faixa Livre "A"

O volume "Vs", independentemente da existência de aberturas, deverá ser contornado por uma faixa livre "A", destinada à aeração da edificação e do seu entorno.

10.5.1. A faixa livre "A", cujo valor será expresso em metros, poderá ser escalonada e deverá ser dimensionada de acordo com a fórmula:

$A = 3 + 0,35\ (N - 14),$

respeitada a largura mínima de 3,00 m (três metros), onde "N" é a somatória, parcial ou total, dos índices "n" dos andares considerados, contados sempre a partir do piso do andar térreo, até o andar considerado, inclusive.

- *Ver Desenhos 10-V.a e 10-V.b no Anexo 18 do Regulamento, Decreto nº 32.329/1992.*

10.5.1.1. O coroamento das edificações, as chaminés e torres em geral isoladas ou não, e as caixas d'água isoladas, deverão observar a faixa livre "A".

10.5.1.2. O ático deverá observar, no mínimo, a faixa livre "A" do andar mais elevado da edificação.

10.5.2. A faixa livre "A" não poderá ultrapassar as divisas do lote, nem poderá interferir com as faixas livres "A" de outras edificações do mesmo lote.

10.5.2.1. Será admitido o avanço de até 20% (vinte por cento) da largura da faixa livre "A" sobre o logradouro público, em até 1/3 (um terço) da largura deste, desde que igual porcentagem seja acrescida à faixa livre "A" oposta, caracterizando o deslocamento da edificação em direção ao logradouro.

10.5.3. A faixa livre "A" não poderá ser reduzida ou desatendida quando da aplicação de soluções alternativas de aeração e insolação.

10.6. Aeração e Insolação do Volume Superior "Vs" – Espaço Livre "I"

Para os compartimentos situados no volume "Vs" das edificações, que necessitarem de condições privilegiadas de aeração e insolação naturais, deverá ser previsto espaço livre "I" fronteiro às aberturas de aeração e insolação destes compartimentos.

10.6.1. O espaço livre "I", cujo valor será expresso em metros, poderá ser escalonado e corresponderá a um semicírculo de raio "I", cujo centro deverá estar situado em plano vertical e que contenha, em projeção horizontal, no mínimo um ponto da fachada; "I" será obtido pela fórmula:

$I = 3 + 0,70\ (Ni - 8),$

respeitado o raio mínimo de 3,00 m (três metros) e onde "Ni" é a somatória, parcial ou total, dos índices "n" dos andares considerados, contados sempre a partir do piso do andar mais baixo a ser insolado, até o andar considerado, inclusive.

- *Ver Desenhos 10-VI.a, 10-VI.b e 10-VI.c no Anexo 18 do Regulamento, Decreto nº 32.329/1992.*

10.6.1.1. Será integrado ao espaço livre "I" o espaço contado a partir do limite do semicírculo que apresente profundidade:

a) igual ao recuo da edificação; ou,

b) igual à distância entre a edificação e a faixa livre "A" de outra edificação do mesmo lote.

10.6.2. O espaço livre "I" não poderá ultrapassar as divisas do lote, nem poderá interferir com as faixas livres "A" de outras edificações do mesmo lote.

10.6.2.1. Será admitido o avanço de 20% (vinte por cento) do raio "I", sobre o logradouro público em até 1/3 (um terço) de sua largura.

10.7. Aeração e Insolação do Volume Enterrado ou Semienterrado "Ve"

Existindo, no volume "Ve", compartimento que necessite de condições privilegiadas de aeração e insolação naturais, a somatória "Ni" para cálculo do espaço livre "I", será considerada a partir do piso do andar em que tal compartimento estiver situado, salvo na situação prevista em 10.4.1.

10.8. Aeração Induzida

Os compartimentos que não necessitarem de aeração e insolação naturais poderão ter sua aeração proporcionada por:

a) poço de aeração descoberto;

b) duto de exaustão vertical;

c) duto de exaustão horizontal;

d) meios mecânicos.

10.8.1. O poço de aeração descoberto deverá ter:

a) área mínima Ap obtida pela fórmula:

$$Ap = 4 + 0{,}40\,(Hp - 9),$$

respeitada a área mínima de 4,00 m^2 (quatro metros quadrados) onde "Hp" é a altura total das paredes que contornam o poço, não sendo admitido escalonamento;

b) relação mínima de 2:3 entre os lados.

10.8.2. O duto de exaustão vertical deverá ter:

a) área mínima "Ad" obtida pela fórmula:

$$Ad = 0{,}06\ m \times Hd,$$

respeitada a área mínima de 1,00 m^2 (um metros quadrado) onde "Hd" é a altura total do duto, não sendo admitido escalonamento;

b) seção transversal capaz de conter um círculo de 0,60 m (sessenta centímetros) de diâmetro;

c) tomada de ar exterior em sua base, diretamente para andar aberto ou para duto horizontal com dimensões não inferiores à metade das exigidas para o duto vertical, e saída de ar situada 1,00 m (um metro) no mínimo, acima da cobertura, contígua ao duto.

10.8.3. O duto de exaustão horizontal deverá ter:

a) área mínima de 0,25 m^2 (vinte e cinco decímetros quadrados) observada a dimensão mínima de 0,25 m (vinte e cinco centímetros);

b) comprimento máximo de 5,00 m (cinco metros) quando houver uma única comunicação direta para o exterior;

c) comprimento máximo de 15,00 m (quinze metros) quando possibilitar ventilação cruzada pela existência, em faces opostas, de comunicações diretas para o exterior.

10.8.4. Os meios mecânicos deverão ser dimensionados de forma a garantir a renovação do ar, de acordo com as NTO, salvo exigência maior fixada por legislação específica.

10.9. Aeração e Insolação Alternativas

Poderão ser propostas soluções alternativas, visando a aeração e a insolação das edificações, desde que respeitada a faixa livre "A" e comprovada a garantia de desempenho, no mínimo similar ao obtido quando atendidas as disposições desta Lei, através de elementos gráficos ou elucidativos.

10.9.1. O disposto nesta seção não se aplica aos compartimentos de que trata o item 11.1.1 do capítulo 11.

10.10. Ajustes da Faixa Livre "A" e Espaço Livre "I"

Para a implantação de edificações em áreas sujeitas a diretrizes urbanísticas próprias, ou operações urbanas, para as quais haja expressa dispensa da observância dos recuos previstos pela LPUOS, será igualmente dispensado o atendimento à faixa livre de aeração e insolação "A".

- *Ver Desenho 10-VII no Anexo 18 do Regulamento, Decreto nº 32.329/1992.*

10.10.1. Nestes casos, os espaços livres, inclusive o do logradouro público, destinados à aeração e insolação de compartimentos que necessitarem de condições naturais privilegiadas, deverão ser dimensionados de forma a conter um círculo com diâmetro mínimo igual a "I".

10.10.2. As condições de aeração e insolação naturais previstas nesta Lei poderão ser aceitas de forma diversa pela PMSP quando esta vier a elaborar plano de revitalização, reurbanização, ou intervenção em áreas urbanas de especial interesse social.

10.10.3. Quando o terreno, onde a edificação a ser implantada, estiver situado nos logradouros oficiais antigos, cuja relação faz parte integrante do Decreto nº 9.558, de 12 de julho de 1971, e houver edificação vizinha de grande porte implantada sem atendimento às normas da Lei nº 5.819, de 22 de junho de 1961, a PMSP poderá, a seu critério, permitir a justaposição da nova edificação à edificação lindeira, sem prejuízo dos índices de ocupação e aproveitamento previstos na LPUOS.

10.10.3.1. Quando não for adotada a justaposição, deverá ser previsto acréscimo de 3,00 m (três metros) ao raio "I" se houver compartimento situado no volume "Vs", que necessite de condições privilegiadas de aeração e insolação naturais e que esteja voltado para a divisa edificada.

10.11. Mobiliário

A implantação e a execução de mobiliário em edificação ficarão sujeitas às normas e parâmetros deste Capítulo, de acordo com sua função e tipo, conforme tabela a seguir:

Tabela 10.11 – Mobiliário

MOBILIÁRIO	DIMENSÕES MÁXIMAS
Alojamento para animais (máximo de 2 unidades por lote)	Área: 3,00 m² Comprimento e largura: 2,00 m Atura: 3,00 m
Abrigo ou telheiro sem vedação lateral em pelo menos 50% do perímetro (máximo de 2 unidades por lote)	Área: 3,00 m² Comprimento e largura: 2,00 m Atura: 3,00 m
Estufas, quiosques e viveiro de plantas (máximo de 2 unidades por lote)	Área: 9,00 m² Comprimento e largura: 3,00 m Atura: 3,00 m
Guaritas e módulos pré-fabricados (máximo de 2 unidades por lote) • *Ver Resolução CEUSO 087/1998.*	Área: 9,00 m² Comprimento e largura: 3,00 m Atura: 3,00 m
Churrasqueiras e dutos de lareira	Área: 1,50 m² Comprimento e largura: 1,50 m
Jirau	Área: 250,00 m² Ocupação: 30% da área do compartimento, incluindo a circulação vertical de acesso Pé direito: 2,30 m • *Item com redação dada pela Lei nº 15.649, de 5.12.2012.*
Pérgula	Área das nervuras: até 15% da área do conjunto. Relação de 1:2 entre altura da nervura e parte vazada. Área das colunas de sustentação: até 20% da área do conjunto.

Abrigos para medidores, brinquedos e equipamentos infantis, caixas d'água enterradas, espelhos d'água e piscinas, poços e fossas.	Sem restrição

10.11.1. O mobiliário, respeitados os parâmetros fixados na Tabela 10.11, não será considerado área edificada para fins de observância dos índices e recuos estabelecidos pela LPUOS.

10.11.1.1. Quando ultrapassar qualquer parâmetro fixado na Tabela 10.11, será considerado no todo como edificação ou andar para efeito da LOE e LPUOS.

10.11.2. Nenhum mobiliário poderá obstruir os acessos e circulação de pessoas e veículos, nem as áreas destinadas a aeração e insolação das edificações.

10.11.2.1. As pérgulas situadas no volume "Vi" poderão ocupar os espaços destinados à aeração e insolação.

10.11.3. Quando implantadas no volume "Vs", deverão obedecer os recuos da LPUOS e as faixas e espaços para aeração e insolação determinados por esta Lei.

10.11.4. Qualquer outro tipo de mobiliário não relacionado na Tabela 10.11 ficará sujeito a licenciamento.

10.12. Saliências e Obras Complementares à Edificação

A implantação e a execução de saliências e obras complementares à edificação ficarão sujeitas às normas deste Capítulo e aos parâmetros desta seção, conforme as tabelas seguintes:

Tabela 10.12.1 – Saliências

SALIÊNCIAS	PODERÃO AVANÇAR SOBRE:			DIMENSÕES MÁXIMAS DO AUMENTO
	Passeio Público[1]	Recuos LPUOS[2]	Faixas "A","I"[3]	
Aba horizontal e vertical, brise, viga, pilar, jardineira e floreira, ornato e ornamento	0,40 m	até 10%	até 10%	0,40 m
Beiral da cobertura	0,40 m	até 50%	até 10%	1,50 m

Marquise (não sobreposta)	até 50%[4]	até 50%	até 10%	—
Balcão e terraço aberto (sem caixilho)	0,40 m	até 20%	até 10%	projeção até 10% da área ocupada no lote

Notas:

(1) acima de 3,00 m (três metros) do nível do passeio, não podendo interferir nas instalações públicas.

(2) estabelecidos pela LPUOS e não os adotados em projeto.

(3) inclusive o poço de aeração descoberto.

(4) não se aplica às ruas de pedestres ficando a critério da PMSP a análise caso a caso.

Tabela 10.12.2 – Obras Complementares

OBRAS COMPLEMENTARES	PODERÃO AVANÇAR SOBRE		DIMENSÕES MÁXIMAS	
	Passeio Público[1]	Recuos LPUOS	Área (m²)	Comprimento ou largura (m)
Abrigo para auto caixas eletrônicos	não	sim	15,00	compr.: 6,00
Abrigo para portão	0,40 m	sim	—	larg.: 1,00
Abrigo de porta, abrigo para lixo	não	sim	3,00	compr.: 2,00
Casa de máquinas isoladas	não	sim	3,00	compr.: 2,00
Abrigo de gás (cilindros de GLP)	não	sim	(2)	—
Cabine de força	não	sim	(3)	—
Caixa d'água elevada, chaminés e torres isoladas	não	não	—	—
Bilheteria	não	sim	9,00	compr.: 3,00
Portaria	não	exceto lateral	30,00	—
Passagem coberta de pedestre sem vedação lateral	não	exceto lateral	—	larg.: 3,00

Notas:

(1) Acima de 3,00 m (três metros) do nível do passeio.

(2) Área útil máxima de:

0,60 m^2/unidade até 20 unidades e,

0,30 m^2/unidade acima de 20 unidades.

(3) Dimensões de acordo com as exigências da concessionária.

10.12.3. O elemento que ultrapassar qualquer limite das Tabelas 10.12.1 e 10.12.2 será considerado no todo para efeito de observância dos índices estabelecidos pela LPUOS e por esta Lei.

10.12.4. A execução isolada ou em conjunto dos elementos denominados como saliências e obras complementares poderá, desde que respeitados estritamente os parâmetros fixados na tabela, ocupar no máximo a porcentagem "P" da área livre de terreno, a ser obtida pela fórmula:

$$P = \frac{5\sqrt{s}}{S} \times 100;$$

onde "S" é a área total do terreno.

10.12.4.1. A área que exceder a porcentagem "P" da área livre do lote será considerada para o cálculo dos índices previstos na LPUOS.

10.12.5. As abas horizontais ou verticais, brises, pilares, vigas, jardineiras, floreiras, ornatos, ornamentos e beirais da cobertura, desde que respeitados estritamente os parâmetros da tabela, não serão considerados como área edificada para os fins desta Lei.

10.13. Obras Junto a Represas, Lagos e Cursos d'Água

A execução de qualquer tipo de obra junto a represas, lagos, lagoas, rios, córregos, fundos de vale, faixas de escoamento de águas pluviais, galerias ou canalizações será permitida somente após devidamente demonstrados os cuidados a serem adotados, visando em especial a proteção contra inundações e garantia do livre escoamento das águas.

10.13.1. Deverão ser observados recuos, de forma a constituir faixa não edificável, nas seguintes situações:

a) para galeria ou canalização existente com largura igual ou inferior a 1,00 m (um metro), de 2,00 m (dois metros) a contar de suas faces externas;

b) para galeria ou canalização existente com largura superior a 1,00 m (um metro), de uma vez e meia a largura da benfeitoria, observado o mínimo de 3,00 m (três metros) a contar de suas faces externas;

c) para córrego, fundo de vale ou faixa de escoamento de águas pluviais não canalizadas, de 15,00 m (quinze metros) no mínimo, das margens do córrego ou do eixo de fundo de vale da faixa de escoamento de águas pluviais;

d) para represa, lago ou lagoa, de 15,00 m (quinze metros) no mínimo, a partir da margem estabelecida pelo nível máximo do corpo de água.

10.13.1.1. Em função do dimensionamento da bacia hidrográfica e topografia local, o órgão municipal competente poderá fixar recuo inferior ao estabelecido na letra "c", respeitado o mínimo de 3,00 m (três metros), desde que a área da bacia hidrográfica seja, no máximo, de 100 ha (cem hectares) e que:

a) o lote seja resultante de parcelamento do solo aprovado anteriormente à vigência da Lei Federal nº 6.766/1979; ou

b) o lote seja resultante de loteamento em processo de regularização.

10.13.1.2. Em função do dimensionamento da bacia hidrográfica e topografia local, o órgão municipal competente poderá fixar recuo superior ao estabelecido nesta Seção.

10.13.2. A implantação da obra pretendida poderá ser condicionada à prévia execução de benfeitorias julgadas indispensáveis à estabilidade ou saneamento locais.

10.13.3. O fechamento dos lotes não poderá impedir o escoamento das águas nem as operações de limpeza e manutenção da faixa não edificável.

10.13.4. As obras terão as fundações projetadas e executadas de forma a impedir seu solapamento.

10.13.5. A execução de galerias, pontilhões, travessias, aterros e outras obras de arte nas faixas não edificáveis dependerá de prévia análise e autorização do órgão municipal competente.

10.14. Movimento de Terra

Qualquer movimento de terra deverá ser executado com o devido controle tecnológico, a fim de assegurar a estabilidade, prevenir erosões e garantir a segurança dos imóveis e logradouros limítrofes, bem como não impedir ou alterar o curso natural de escoamento de águas pluviais e fluviais.

10.14.1. O material empregado no aterro deverá ser de qualidade, no mínimo, igual ao do existente no solo.

10.14.2. Visando a reposição da cobertura vegetal, o movimento de terra não destinado à implantação de edificação deverá ter seu capeamento executado com material retirado da camada superficial do terreno original.

10.14.3. Os aterros, que apresentarem junto às divisas altura superior a 9,00 m (nove metros) medidos a partir do perfil original do terreno, ficarão condicionados, a partir desta altura, a afastamento mínimo de 3,00 m (três metros) no trecho em que ocorrer tal situação.

11. COMPARTIMENTOS

Os compartimentos e ambientes deverão ser posicionados na edificação e dimensionados de forma a proporcionar conforto ambiental, térmico, acústico, e proteção contra a umidade, obtidos pelo adequado dimensionamento e emprego dos materiais das paredes, cobertura, pavimento e aberturas, bem como das instalações e equipamentos.

11.1. Classificação e Dimensionamento

Os compartimentos das edificações classificar-se-ão em “GRUPOS”, em razão da função exercida, que determinará seu dimensionamento mínimo e a necessidade de aeração e insolação naturais.

11.1.1. Classificar-se-ão no “GRUPO A” aqueles destinados a:

a) repouso, em edificações destinadas a atividades habitacional ou de prestação de serviços de saúde e de educação;

b) estar, em edificações destinadas a atividade habitacional;

c) estudo, em edificações destinadas a atividades habitacional ou de prestação de serviços de educação em estabelecimentos de ensino até o nível de segundo grau.

11.1.1.1. Quando situados no volume “Vs”, estes compartimentos terão, obrigatoriamente, sua aeração e insolação proporcionadas pelo espaço livre “I”.

11.1.1.2. Salvo disposição de caráter mais restritivo constante em legislação específica, o dimensionamento deverá respeitar os mínimos de 2,50 m (dois metros e cinquenta centímetros) de pé-direito e 5,00 m^2 (cinco metros quadrados) de área e possibilitar a inscrição de um círculo com 2,00 m (dois metros) de diâmetro no plano do piso.

11.1.2. Classificar-se-ão no “GRUPO B” aqueles destinados a:

a) repouso, em edificações destinadas a prestação de serviços de hospedagem;

b) estudo, em edificações destinadas a prestação de serviços de educação, salvo os estabelecimentos de ensino até o nível de segundo grau;

c) trabalho, reunião, espera e prática de exercício físico ou esporte, em edificações em geral.

11.1.2.1. Quando situados no volume “Vs”, estes compartimentos terão, preferencialmente, sua aeração e insolação proporcionadas pelo espaço livre “I”. Quando voltados unicamente para a faixa livre “A”, deverão ter sua aeração e insolação suplementadas por meios artificiais de renovação de ar e iluminação.

11.1.2.2. Salvo disposição de caráter mais restritivo constante em legislação própria, o dimensionamento deverá respeitar o mínimo de 2,50 m (dois metros e cinquenta centímetros) de pé-direito e possibilitar a inscrição de um círculo com 1,50 m (um metro e cinquenta centímetros) de diâmetro no plano do piso.

11.1.3. Classificar-se-ão no "GRUPO C" aqueles destinados a:

a) depósitos em geral, com área superior a 2,50 m² (dois metros e cinquenta decímetros quadrados);

b) cozinhas, copas e lavanderias.

11.1.3.1. Quando situados no volume "Vs", estes compartimentos poderão ter aeração e insolação proporcionadas apenas pela faixa livre "A".

11.1.3.2. Salvo disposição de caráter mais restritivo constante em legislação própria, o dimensionamento deverá respeitar o mínimo de 2,50 m (dois metros e cinquenta centímetros) de pé-direito e possibilitar a inscrição de um círculo com 1,20 m (um metro e vinte centímetros) de diâmetro no plano do piso.

11.1.4. Classificar-se-ão no "GRUPO D" os compartimentos destinados a ambientes que não necessitam de aeração e insolação naturais.

11.1.4.1. Incluir-se-ão no "GRUPO D" as instalações sanitárias e os vestiários, as áreas de circulação em geral, os depósitos com área igual ou inferior a 2,50 m² (dois metros e cinquenta decímetros quadrados) e todo e qualquer compartimento que, pela natureza da atividade ali exercida, deva dispor de meios mecânicos e artificiais de ventilação e iluminação.

11.1.4.2. Salvo disposição de caráter mais restritivo constante em legislação própria, o dimensionamento deverá respeitar o mínimo de 2,30 m (dois metros e trinta centímetros) de pé-direito e possibilitar a inscrição de um círculo com 0,80 m (oitenta centímetros) de diâmetro no plano do piso.

11.1.4.3. Os compartimentos destinados a abrigar equipamentos terão pé-direito compatível com sua função.

11.1.5. Os compartimentos que necessitarem de cuidados higiênicos e sanitários especiais deverão ser dotados de revestimentos adequados à impermeabilidade e resistência à frequente limpeza.

11.1.6. Os compartimentos destinados a abrigar serviços de lavagem, lubrificação e pintura serão executados de modo a não permitir a dispersão do material em suspensão utilizado no serviço.

11.2. Aberturas (Portas e Janelas)

As portas ou janelas terão sua abertura dimensionada na dependência da destinação do compartimento a que servirem, e deverão proporcionar resistência ao fogo, nos casos exigidos, isolamento térmico, isolamento e condicionamento acústicos, estabilidade e impermeabilidade.

11.2.1. Com a finalidade de assegurar a circulação de pessoas portadoras de deficiências físicas, as portas situadas nas áreas comuns de circulação, bem como as de ingresso à edificação e às unidades autônomas, terão largura livre mínima de 0,80 m (oitenta centímetros).

11.2.2. As aberturas para aeração e insolação dos compartimentos poderão estar ou não em plano vertical e deverão, observado o mínimo de 0,60 m² (sessenta decímetros quadrados) ter dimensões proporcionais à área do compartimento de, no mínimo:

a) 15% (quinze por cento) para insolação de compartimentos dos "GRUPOS A e B";

b) 10% (dez por cento) para insolação de compartimentos do "GRUPO C".

11.2.2.1. Metade da área necessária à insolação deverá ser destinada à aeração do compartimento.

11.2.2.2. Quando a aeração e insolação de um compartimento forem feitas através de outro, o dimensionamento da abertura voltada para o exterior será proporcional à somatória das áreas dos dois compartimentos.

11.2.2.3. As proporções das aberturas poderão ser reduzidas quando se tratar de abertura zenital.

11.2.2.4. No mínimo, metade da abertura deverá estar contida no espaço destinado a proporcionar aeração e insolação do compartimento.

11.2.3. Quando a aeração dos compartimentos classificados no "GRUPO D" for feita através de aberturas, estas deverão ter, no mínimo, 5% (cinco por cento) da área do compartimento.

11.2.4. As aberturas dos compartimentos dos "GRUPOS B e C" poderão ser reduzidas, desde que garantido desempenho, no mínimo similar ao exigido, pela adoção de meios mecânicos e artificiais de ventilação e iluminação.

11.2.5. Os compartimentos classificados nos "GRUPOS A, B e C" poderão apresentar, no máximo, a partir do plano de insolação, profundidade igual a três vezes sua largura e seu pé-direito.

11.2.5.1. Quando as dimensões das aberturas para aeração e insolação forem iguais ou superiores ao dobro do mínimo necessário exigido pelo item 11.2.2, a profundidade dos compartimentos poderá ser igual a cinco vezes a sua largura e seu pé-direito.

11.2.6. Em observância ao disposto no Código Civil, nenhuma abertura voltada para a divisa do lote poderá ter qualquer de seus pontos situado a menos de 1,50 m (um metro e cinquenta centímetros) dessa, ressalvadas as aberturas voltadas para o alinhamento dos logradouros.

12. CIRCULAÇÃO E SEGURANÇA

As exigências constantes deste Capítulo, relativas às disposições construtivas das edificações e instalação de equipamentos considerados essenciais à circulação e à segurança de seus ocupantes visam, em especial, permitir a evacuação da totalidade da população em período de tempo previsível e com as garantias necessárias de segurança, na hipótese de risco.

12.1. Normas Gerais

Para os efeitos deste Capítulo, são consideradas:

a) edificação existente: aquela legalmente licenciada, mesmo que lhe falte o Certificado de Conclusão;

b) edificação nova: aquela a construir, ou a reformar com acréscimo de área superior a 20% da área da construção regularmente existente. Quando a edificação for constituída por mais de um bloco, este acréscimo será considerado por bloco.

12.1.1. As edificações existentes, que não atenderem aos requisitos mínimos de segurança estabelecidos nesta Lei, deverão ser adaptadas, nas condições e prazos a serem estabelecidos por ato do Executivo.

12.1.1.1. Não serão necessariamente adaptadas:

a) as edificações regularmente existentes de uso residencial, ainda que forem objeto de reforma com acréscimo de área, desde que sem aumento do número de andares;

b) as edificações destinadas a qualquer uso, aprovadas anteriormente a 20.6.1975, que tenham sido objeto de adaptação às Normas de Segurança posteriores e se mantenham sem alterações de ordem física e/ou utilização em relação ao regularmente licenciado;

c) as edificações aprovadas após 20.6.1975 que atendam à legislação edilícia vigente à época de sua aprovação e se mantenham sem alterações de ordem física e/ou de utilização em relação ao regularmente licenciado.

12.1.2. Para efeito deste Capítulo a altura da edificação será tomada como sendo o desnível real entre pavimento de saída da população e o último pavimento, excluído o ático.

12.2. Espaços de Circulação

Consideram-se espaços de circulação as escadas, as rampas, os corredores e os vestíbulos, que poderão ser de uso:

a) privativo, os que se destinarem às unidades residenciais e a acesso a compartimentos de uso limitado das edificações em geral, devendo observar a largura mínima de 0,80 m (oitenta centímetros);

b) coletivo, os que se destinarem ao uso público ou coletivo, devendo observar a largura mínima de 1,20 m (um metro e vinte centímetros).

12.2.1. Serão admitidos como privativos os espaços de circulação das edificações destinadas a qualquer uso com área construída menor ou igual a 250,00 m^2 (duzentos e cinquenta metros quadrados) altura menor ou igual a 6 m (seis metros) e lotação total menor ou igual a 100 (cem) pessoas.

12.3. Escadas

De acordo com a sua utilização, as escadas de uso privativo ou coletivo poderão ainda ser classificadas como:

a) restrita, quando privativa, servindo de acesso secundário nas unidades residenciais, ou de acesso destinado a depósito e instalação de equipamentos nas edificações em geral, observando largura mínima de 0,60 m (sessenta centímetros) e vencendo desnível igual ou inferior a 3,20 m (três metros e vinte centímetros).

b) protegida, quando coletiva e considerada para o escoamento da população em condições especiais de segurança, desde que atenda os demais requisitos deste Capítulo.

12.3.1. Os degraus das escadas deverão apresentar altura "a" (espelho) e largura "l" (piso) dispostos de forma a assegurar passagem com altura livre de 2,00 m (dois metros) respeitando ainda as seguintes dimensões:

a) escada privativa restrita:

$a \leq 0,20\ m$ e $l \geq 0,20\ m$;

b) escada privativa:

$a \leq 0,19\ m$ e $l \geq 0,25\ m$;

c) escada coletiva:

$a \leq 0,18\ m$ e $l \geq 0,27\ m$.

12.3.1.1. Quando em curva, a largura "l" do piso dos degraus será medida a partir do perímetro interno da escada, a uma distância de:

a) 0,35 m (trinta e cinco centímetros) se privativa restrita;

b) 0,50 m (cinquenta centímetros) se privativa;

c) 1,00 m (um metro) se coletiva.

12.3.1.2. Os pisos dos degraus das escadas coletivas protegidas não poderão apresentar qualquer tipo de saliência.

12.3.2. Serão obrigatórios patamares intermediários sempre que:

a) a escada vencer desnível superior a 3,25 m (três metros e vinte e cinco centímetros); ou,

b) houver mudança de direção em escada coletiva.

12.3.2.1. Os patamares deverão atender as seguintes dimensões mínimas:

a) de 0,80 m (oitenta centímetros) quando em escada privativa;

b) de 1,20 m (um metro e vinte centímetros) quando em escada coletiva sem mudança de direção;

c) da largura da escada, quando esta for coletiva e houver mudança de direção, de forma a não reduzir o fluxo de pessoas.

12.3.3. As escadas deverão dispor de corrimão, instalado entre 0,80 m (oitenta centímetros) e 1,00 m (um metro) de altura conforme as seguintes especificações:

a) apenas de um lado, para escada com largura inferior a 1,20 m (um metro e vinte centímetros);

b) de ambos os lados, para escada com largura igual ou superior a 1,20 m (um metro e vinte centímetros);

c) intermediário quando a largura for igual ou superior a 2,40 m (dois metros e quarenta centímetros) de forma a garantir largura mínima de 1,20 m (um metro e vinte centímetros) para cada lance.

12.3.3.1. Para auxílio aos deficientes visuais, os corrimãos das escadas coletivas deverão ser contínuos, sem interrupção nos patamares, prolongando-se pelo menos 0,30 m (trinta centímetros) do início e término da escada.

12.3.4. As escadas privativas e as coletivas em curva não serão consideradas para o cálculo do escoamento da população.

12.3.5. As escadas coletivas deverão ser descontínuas a partir do pavimento correspondente à soleira de ingresso da edificação, de forma a orientar o usuário ao exterior.

12.4. Rampas

As rampas terão inclinação máxima de 10% (dez por cento) quando forem meio de escoamento vertical da edificação, sendo que sempre que a inclinação exceder a 6% (seis por cento) o piso deverá ser revestido com material antiderrapante.

12.4.1. Para acesso de pessoas portadoras de deficiências físicas, o imóvel deverá ser, obrigatoriamente, dotado de rampa com largura mínima de 1,20 m (um metro e vinte centímetros) para vencer desnível entre o logradouro público ou área externa e o piso correspondente à soleira de ingresso às edificações destinadas a:

a) local de reunião com mais de 100 (cem) pessoas;

b) qualquer outro uso com mais de 600 (seiscentas) pessoas.

12.4.1.1. No interior das edificações acima relacionadas, as rampas poderão ser substituídas por elevadores ou meios mecânicos especiais destinados ao transporte de pessoas portadoras de deficiências físicas.

12.4.1.2. No início e término das rampas, o piso deverá ter tratamento diferenciado, para orientação de pessoas portadoras de deficiências visuais.

12.5. Potencial de Risco

O potencial de risco que definirá as exigências de circulação e segurança de uma edificação será estabelecido em função de sua destinação, área construída, altura e natureza do material utilizado efetivamente na construção.

12.5.1. Para efeito de concessão dos Alvarás de Aprovação e Execução não serão considerados, por serem dados dinâmicos, o material empregado na decoração dos ambientes e aquele armazenado em função da própria utilização da edificação.

12.5.2. O material referido no subitem anterior só será considerado para efeito de aprovação de Sistema de Segurança e concessão da Licença de Funcionamento, conforme legislação própria.

12.5.3. Para determinação do risco de uso da edificação, os materiais de potencial combustível serão, de acordo com as suas características de ignição e queima, classificados em:

I – Classe I – os que apresentarem processo de combustão entre lento e moderado, incluindo líquido com ponto de fulgor acima de 83°C, sendo:

a) de combustão lenta, aquele que não apresentar início de combustão, ou não a mantiver pela exposição continuada durante 5 (cinco) minutos à temperatura de 65°C não constituindo, portanto, combustível ativo;

b) de combustão moderada, aquele capaz de queimar contínua mas não intensamente, podendo incluir proporção não superior a 5% (cinco por cento) de materiais de mais acentuada combustividade, incluídos na Classe II;

II – Classe II – de combustão entre livre e intensa, incluindo os líquidos com ponto de fulgor situados entre 38°C e 83°C – admitindo-se que são de combustão intensa aqueles materiais que, em virtude de sua mais baixa temperatura de ignição e muito rápida expansão de fogo, queimarem com grande elevação de temperatura;

III – Classe III – capazes de produzir vapores, gases ou poeiras tóxicas ou inflamáveis, por efeito de sua combustão, ou que forem inflamáveis por efeito de simples elevação da temperatura do ar, nesta incluídos de modo geral, os líquidos com ponto de fulgor inferior a 38°C;

IV – Classe IV – os que se decompuserem por detonação, o que envolve, desde logo, os explosivos primários sem que, todavia, a classe se limite a estes.

12.5.4. Para formulação das exigências relativas à segurança de uso admitir-se-ão as seguintes equivalências entre quantidades, definidas em peso, de materiais incluídos nas diferentes classes: 1 kg da classe III, equivale a 10 kg da classe II que equivale a 100 kg da classe I.

12.5.5. Os ensaios para classificação de materiais obedecerão aos métodos previstos nas NTO. A repartição municipal competente organizará relação dos materiais comumente utilizados, classificados pelas suas características de ignição e queima, que deverá ser atualizada periodicamente ou sempre que as circunstâncias recomendarem.

12.6. Lotação das Edificações

Considera-se lotação de uma edificação o número de usuários, calculado na dependência de sua área e utilização.

12.6.1. A lotação de uma edificação será a somatória das lotações dos seus andares ou compartimentos onde se desenvolverem diferentes atividades, calculada tomando-se a área útil efetivamente utilizada no andar para o desenvolvimento de determinada atividade, dividida pelo índice correspondente determinado na Tabela 12.6.1.

12.6.1. Tabela para Cálculo de Lotação

OCUPAÇÃO	M² POR PESSOA
HABITAÇÃO	15,00
COMÉRCIO E SERVIÇO	
Setores com acesso ao Público (vendas/espera/recepção etc.)	5,00
Setores sem acesso ao Público (áreas de trabalho)	7,00
Circulação horizontal em Centros Comerciais	5,00
BARES E RESTAURANTES	
Frequentadores em pé	0,40
Frequentadores sentados	1,00
Demais áreas	7,00
PRESTACÃO DE SERVIÇOS DE SAÚDE	
Atendimento e internação	5,00
Espera e recepção	2,00
Demais áreas	7,00
PRESTAÇÃO DE SERVIÇOS DE EDUCAÇÃO	
Salas de aula	1,50
Laboratórios, oficinas	4,00
Atividades não específicas e administrativas	15,00
PRESTAÇÃO DE SERVIÇOS DE HOSPEDAGEM	15,00
PRESTAÇÃO DE SERVIÇOS AUTOMOTIVOS	30,00
INDÚSTRIAS E OFICINAS	9,00
DEPÓSITOS	30,00
LOCAIS DE REUNIÃO	
Setor para público em pé	0,40
Setor para público sentado	1,00
Atividades não específicas ou administrativas	7,00
PRÁTICA DE EXERCÍCIO FÍSICO OU ESPECIAL	
Setor para público em pé	0,30
Setor para público sentado	0,50
Outras atividades	4,00
ATIVIDADES E SERVIÇOS PÚBLICOS DE CARÁTER ESPECIAL	
A ser estipulado caso a caso	**
ATIVIDADES TEMPORÁRIAS	
A semelhança de outros usos	**

12.6.1.1. A área a ser considerada para o cálculo da lotação poderá ser obtida excluindo-se, da área bruta, aquelas correspondentes às paredes, às unidades sanitárias, aos espaços de circulação horizontais e verticais efetivamente utilizados para escoamento, vazios de elevadores, monta-cargas, passagem de dutos de ventilação e depósitos classificados no Grupo "D", do Capítulo 11.

12.6.1.2. Nas edificações destinadas a locais de reuniões e centro de compras, da área a ser considerada para o cálculo da lotação não poderão ser excluídos os espaços destinados à circulação horizontal que ultrapassarem 1,50 m (um metro e cinquenta centímetros) de largura.

12.6.1.3. Em casos especiais, a relação m^2/pessoa poderá ser alterada, desde que devidamente justificada através de dados técnicos constantes do projeto.

12.7. Dimensionamento dos Espaços de Circulação Coletiva

Os espaços de circulação coletiva, ou vias de escoamento, serão constituídos por módulos de 0,30 m (trinta centímetros) adequados ao escoamento de 30 (trinta) pessoas por módulo, respeitada a largura mínima de 1,20 m (um metro e vinte centímetros).

12.7.1. A lotação de cada ambiente, setor ou andar será corrigida, em virtude da distância entre o local de origem e a via de escoamento a dimensionar, através da fórmula:

$$Lc = \frac{60 \times Lo \times Y}{K}$$, onde:

"Lc" é a lotação corrigida;

"Lo" é a lotação de origem;

"Y" e "K" são valores determinados pelas características da edificação.

12.7.1.1. O valor de "Y" é obtido pela fórmula:

$$Y = \frac{Ho + 3}{15} \geq 1$$, onde:

"Ho" é altura a ser considerada, medida em metros, entre a cota do pavimento de saída, e a cota do último pavimento, excluído o ático.

12.7.1.2. Os valores de "K" a serem utilizados, são os constantes da Tabela 12.7.1.2.

Tabela 12.7.1.2 – Valores de "K"

USO	TIPO DE CIRCULAÇÃO			
	CORREDORES E RAMPAS		ESCADAS	
	Coletivo	Coletivo protegido	Coletivo	Coletivo protegido
Residencial	60	240	45	180
Prestação de serviço de Saúde	30	75	22	55
Demais usos	100	250	65	160

12.7.1.3. Cada via de escoamento horizontal de um andar da edificação – corredor – será dimensionada em razão da contribuição da lotação corrigida "Lc" dos ambientes e setores do andar, não podendo haver diminuição de sua largura no sentido da saída.

12.7.1.4. A via de escoamento vertical, escada ou rampa, será dimensionada em razão do andar que detiver a maior lotação corrigida "Lc", apurada dentre o conjunto de andares que venham a utilizar esta via de escoamento.

12.7.1.5. A via de escoamento vertical poderá ter dimensão variável, proporcional a lotação corrigida "Lc" de cada andar desde que, no sentido de saída, não haja diminuição de sua largura.

12.7.1.6. Para as rampas descendentes no sentido de escoamento, poderá haver decréscimo de 2% (dois por cento) da largura calculada e para as ascendentes no sentido do escoamento, deverá haver acréscimo de 10% (dez por cento) de largura calculada.

12.7.1.7. A capacidade dos elevadores, escadas rolantes, ou outros dispositivos de circulação por meios mecânicos, não será considerada para efeito do cálculo de escoamento do edifício.

12.7.2. O espaço fronteiro à saída das escadas deverá ter dimensão mínima de uma vez e meia a largura da escada.

12.7.3. No pavimento de saída da edificação, os espaços de circulação serão dimensionados de acordo com a capacidade de escoamento das escadas a que dão continuidade, acrescidos da população do próprio andar que também venha a utilizar a via de escoamento.

12.7.4. As portas de acesso que proporcionarem escoamento deverão abrir no sentido da saída e, ao abrir, não poderão reduzir as dimensões mínimas exigidas para a via de escoamento.

12.8. Disposição de Escadas e Saídas

Os espaços de circulação horizontal e vertical deverão ser dispostos segundo a utilização, área, altura e lotação da edificação.

12.8.1. A distância máxima a percorrer será estipulada conforme Tabela 12.8.1.

Tabela 12.8.1

ANDAR	PERCURSO	DISTÂNCIA MÁXIMA HORIZONTAL A PERCORRER		
		ABERTO OU COLETIVO		COLETIVO PROTEGIDO
		Coletivo ou aberto	Com chuveiro automático	
DE SAÍDA DA EDIFICAÇÃO	De qualquer ponto até o exterior	45	68	68
	Da escada até o exterior	25	38	45
DEMAIS ANDARES	De qualquer ponto até uma escada	25	38	45

12.8.1.1. Nos recintos em que a distância de qualquer ponto até a porta de acesso for inferior a 10,00 m (dez metros) a distância máxima prevista na tabela será calculada a partir da porta.

12.8.2. Quando houver obrigatoriedade de mais de uma escada, a distância entre seus acessos não poderá ser inferior a 10,00 m (dez metros).

12.8.3. O número de saídas de uma edificação, no pavimento de saída, será no mínimo de duas, com distanciamento mínimo de 10,00 m (dez metros) entre si, sem prejuízo do dimensionamento dos espaços e percursos máximos estabelecidos.

12.8.4. Deverão dispor, no mínimo, de uma escada protegida, as edificações:

a) destinadas ao uso residencial multifamiliar e hospedagem, com altura superior a 12,00 m (doze metros);

b) destinadas aos demais usos, com altura superior a 9,00 m (nove metros) ou lotação superior a 100 (cem) pessoas por andar.

12.8.5. Deverão dispor de mais de uma escada protegida, as edificações:

a) destinadas ao uso residencial multifamiliar, com altura superior a 80,00 m (oitenta metros);

b) destinadas aos demais usos, com altura superior a 36,00 m (trinta e seis metros) ou com altura superior a 9,00 m (nove metros) e lotação superior a 100 (cem) pessoas por andar.

12.9. Espaços de Circulação Protegidos

Serão considerados protegidos os espaços de circulação que, por suas características construtivas, permitirem o escoamento, em segurança, dos setores a que servirem, atendendo às seguintes disposições:

a) mantenham isolamento de qualquer outro espaço interno da edificação, por meio de elementos construtivos resistentes, no mínimo, a duas horas de fogo (RF-120) sendo dotados de portas resistentes, no mínimo, a uma hora de fogo (RF-60);

b) tenham uso exclusivo como circulação, estando permanentemente desobstruídos;

c) contenham apenas as instalações elétricas próprias do recinto e do sistema de segurança;

d) não contenham aberturas para dutos, ou galerias de instalação ou serviços;

e) tenham os revestimentos das paredes e pisos ensaiados conforme as NTO, e aplicados de acordo com a tabela seguinte, em função do uso da edificação.

USO	ESPAÇOS DE CIRCULAÇÃO PROTEGIDOS[a]		
	Saída	Acesso das saídas	Outros espaços
EDUCACIONAL	A I ou II	A ou B I ou II	A, B ou C
TRATAMENTO DE SAÚDE	A I	A I	A
RESIDENCIAL	A I	A ou B I ou II	A, B ou C
LOCAIS DE REUNIÃO	A	A ou B	A, B ou C
COMÉRCIO E SERVIÇOS	A ou B	A ou B	A, B ou C
INDÚSTRIA E DEPÓSITO	A ou B	A, B ou C	A, B ou C

a) Considerar "A", "B" e "C" os índices para revestimentos de paredes e I e II os índices para revestimentos de piso, segundo as NTO.

b) Quando existir instalação de chuveiros automáticos, estes índices poderão ser reduzidos para uma classificação acima da estipulada na tabela.

12.9.1. As escadas protegidas, em todos os pavimentos exceto no correspondente ao ingresso, além de atenderem às condições estabelecidas nos itens anteriores, somente poderão ter comunicação com outros recintos interiores à edificação através de vestíbulos/antecâmaras também protegidos.

12.9.1.1. Os vestíbulos deverão ter suas dimensões atendendo à proporção de 1:1,5, sendo a menor dimensão maior ou igual à largura da escada.

12.9.1.2. Os vestíbulos/antecâmaras deverão ter ventilação obrigatória, de modo a protegê-los da entrada de gases e fumaça, através de uma das seguintes condições:

I – ventilação natural, através de abertura voltada para o exterior, com área mínima igual a 50% (cinquenta por cento) da superfície de seu lado maior, distanciada no mínimo 5,00 m (cinco metros) de outra abertura da mesma edificação;

II – ventilação forçada artificial, com funcionamento automático no caso de falta de energia, dimensionada de acordo com as NTO;

III – ventilação natural, através de abertura com o mínimo de 0,70 m^2 (setenta decímetros quadrados) para duto de ventilação, que deverá ter:

a) área mínima "Av" obtida pela fórmula:

Av = 0,03 m x Hd,

respeitada a área mínima de 1,00 m^2 (um metro quadrado) onde "Hd" é a altura total do duto, não sendo admitido o escalonamento;

b) seção transversal capaz de conter um círculo de 0,70 m (setenta centímetros) de diâmetro;

c) tomada de ar exterior em sua base, diretamente para andar aberto ou para duto horizontal com dimensões não inferiores à metade das exigidas para o duto vertical, e saída de ar situada 1,00 m (um metro) no mínimo acima da cobertura, contígua ao duto;

d) paredes resistentes a duas horas de fogo (RF-120).

12.9.2. Excluem-se da exigência de vestíbulos/antecâmaras as escadas das edificações residenciais multifamiliares com altura menor ou igual a 27,00 m (vinte e sete metros).

12.9.3. As portas resistentes a fogo destinadas a isolar espaços protegidos, nas edificações, além de obedecerem às normas técnicas da ABNT referentes a condições de construção, instalação e funcionamento, devem ser providas de dispositivo de fechamento automático com amortecimento hidráulico.

• *Item 12.9.3 acrescido pela Lei nº 11.693, de 22.12.1994.*

12.10. Condições Construtivas Especiais

Além das disposições gerais, de acordo com o uso, população e altura, as edificações deverão atender às condições construtivas especiais estabelecidas nesta seção.

12.10.1. Cada pavimento ou teto dos andares que tiverem compartimentos com área superior a 400,00 m^2 (quatrocentos metros quadrados) situados a altura superior a 9,00 m (nove metros) deverão dispor de uma das seguintes proteções:

a) a parede externa, em cada andar da edificação, deverá ter altura mínima de 1,20 m (um metro e vinte centímetros) com resistência ao fogo RF-120, devendo ser solidária com o pavimento ou teto;

b) aba horizontal solidária com o piso ou teto de cada andar, executada em material com resistência ao fogo RF-120, avançando em projeção pelo menos 0,90 m (noventa centímetros) sobre a face externa da edificação, de modo a obstruir a transmissão do fogo.

12.10.1.2. As proteções previstas neste item poderão ser substituídas por outras soluções técnicas que, comprovadamente, dificultem a propagação do fogo e/ou fumaça.

12.10.2. As edificações deverão ter seus espaços compartimentados em Setores de Incêndio, com área menor ou igual a 2.000 m^2 (dois mil metros quadrados) delimitados por elementos com resistência ao fogo RF-120 (parede e piso) e RF-60 (portas) e subdivididos em subsetores com área menor ou igual a 500 m^2 (quinhentos metros quadrados) delimitados por elementos com resistência ao fogo RF-60 (paredes e pisos) e RF-30 (portas) quando ultrapassarem os limites de altura ou população, de acordo com sua destinação, conforme os seguintes parâmetros:

a) residencial, com altura superior a 48,00 m (quarenta e oito metros);

b) tratamento de saúde, comércio e educação, com altura superior a 15,00 m (quinze metros);

c) locais de reunião, com lotação superior a 700 (setecentas) pessoas;

d) outros, com altura superior a 27,00 m (vinte e sete metros).

12.10.2.1. A compartimentação prevista neste item poderá ser substituída pela instalação de chuveiros automáticos em toda a área.

12.10.3. Deverão também constituir-se em Setores de Incêndio, delimitados por elementos resistentes ao fogo RF-120 (piso/parede) e RF-60 (portas):

I – os andares da edificação, nos quais se depositam, comercializam ou manipulam materiais de Classe II, em quantidade superior a 200 kg/m^2 de área de depósito, ou mais de 50 kg/m^2 de área de comercialização ou industrialização, devendo ser subdivididos em compartimentos com superfícies não superiores a 400 m^2 (quatrocentos metros quadrados) e 800 m^2 (oitocentos metros quadrados) respectivamente;

II – as áreas destinadas a abrigar as seguintes atividades, instalações e equipamentos:

a) casa de máquinas ou de equipamentos que possam agravar o risco de incêndio da edificação;

b) compartimentos em que a atividade desenvolvida possa agravar o risco de incêndio inerente ao uso da edificação;

c) armazenagem de combustível;

d) sala de medidores de energia elétrica e gás;

e) centrais de instrumentos contra incêndio;

f) antecâmaras ou áreas de refúgio.

12.10.3.1. A exigência deste item poderá ser substituída pela instalação de chuveiros automáticos no andar, setor ou compartimento em que ocorrer a situação, exceto para as letras "d", "e" e "f".

12.10.4. As edificações destinadas ao uso residencial multifamiliar com altura superior a 80,00 m (oitenta metros) e as edificações destinadas aos demais usos com altura superior a 60,00 m (sessenta metros) deverão ser servidas por um elevador para uso em emergência, dimensionado de acordo com as NTO.

12.10.4.1. O elevador para uso em emergência poderá ser um dos elevadores da edificação dispondo, pelo menos, de dispositivo de manobra manual para uso de Brigada de Incêndio ou Corpo de Bombeiros e alimentação de energia independente, por gerador.

12.10.5. Recomenda-se a previsão de áreas de refúgio em edificações nos seguintes usos e condições:

a) residencial multifamiliar com altura superior a 80,00 m (oitenta metros);

b) tratamento de saúde com altura superior a 33,00 m (trinta e três metros);

c) outros usos com altura superior a 60,00 m (sessenta metros).

12.10.5.1. As áreas de refúgio, quando previstas, deverão estar situadas em andares intermediários, com capacidade para abrigar a lotação total dos andares superiores, na proporção de 0,50 m^2 (cinquenta decímetros quadrados) por pessoa.

12.10.5.2. As áreas de refúgio, ou setor de incêndio, serão delimitadas por elementos com resistência ao fogo RF-240 (paredes, pisos) e RF-120 (portas).

12.11. Sistemas de Segurança

Em complemento às exigências de segurança de natureza construtiva, estabelecidas nesta Lei, considera-se Sistema de Segurança o conjunto das instalações e equipamentos que deverão entrar em funcionamento e serem utilizados de forma adequada em situação de emergência.

12.11.1. Constitui-se Sistema de Segurança o conjunto de instalações, dimensionados e executados de acordo com as NTO, podendo ser substituído por outras soluções técnicas adequadas à natureza das condições de segurança, subdividindo-se em Sistema Básico e Sistema Especial.

12.11.1.1. Sistema Básico de Segurança será constituído por:

a) iluminação de emergência;

b) sinalização de rotas de saída;

c) alarme de acionamento manual;

d) equipamentos móveis e semifixos de operação manual para combate a incêndio, de acordo com a legislação estadual específica.

12.11.1.2. Sistema Especial de Segurança será constituído por:

a) instalação de sistema básico;

b) detecção e alarme de acionamento automático;

c) equipamento fixo de combate a incêndio com acionamento automático ou não.

12.11.2. Em função do tipo de edificação, natureza dos materiais, altura, população e condições de segurança apresentadas, a PMSP poderá dispensar de instalações e equipamentos que se tornem desnecessários em face à existência de outras instalações de segurança equivalentes.

12.11.3. As edificações que não necessitem de espaços de circulação protegidos excluem-se da obrigatoriedade de instalação de Sistema de Segurança.

12.11.4. As edificações que necessitem, no mínimo, de uma escada protegida, deverão dispor do Sistema Básico de Segurança.

12.11.5. As edificações que necessitem de mais de um escada protegida deverão dispor do Sistema Especial de Segurança.

12.11.5.1. As edificações destinadas ao Comércio de venda de mercadorias em geral, Prestação de Serviços Automotivos, Indústrias, Oficinas e Depósitos, em função de sua altura, área e material predominante depositado, manipulado ou comercializado, que ultrapassarem os limites de área e altura estabelecidos na tabela abaixo, deverão dispor de Sistema Especial de Segurança.

Tabela 12.11.5.1

MATERIAL PREDOMINANTE	ALTURA (m)	ÁREA MÁXIMA COMPARTIMENTADA
CLASSE I	Térrea	10.000
	≤ 9	5.000
	9 < h ≤ 24	3.000
CLASSE II	Térrea	5.000
	≤ 9	3.000
	9 < h ≤ 24	1.500
CLASSE III	Térrea	3.000
	≤ 9	1.500

13. ESTACIONAMENTO

Os espaços para acesso, circulação e estacionamento de veículos serão projetados, dimensionados e executados livres de qualquer interferência estrutural ou física que possa reduzi-los, e serão destinados às seguintes utilizações:

a) particular – de uso exclusivo e reservado, integrante de edificação residencial unifamiliar;

b) privativo – de utilização exclusiva da população permanente da edificação;

c) coletivo – aberto à utilização da população permanente e flutuante da edificação.

13.1. Acesso

O acesso de veículos ao imóvel compreende o espaço situado entre a guia e o alinhamento do logradouro.

13.1.1. O rebaixamento de guias destinado a acesso de veículos não poderá exceder a 50% (cinquenta por cento) da extensão da testada do imóvel, excetuados os conjuntos de habitações agrupadas horizontalmente.

13.1.2. Quando a capacidade do estacionamento for superior a 100 (cem) veículos ou quando o acesso se destinar a caminhões e ônibus, o pavimento da pista de rolamento do logradouro deverá prosseguir até o interior do lote.

13.1.3. Visando a segurança dos pedestres, a abertura destinada à saída de veículos do imóvel deverá estar posicionada, de forma tal, que permita a visualização da calçada.

13.1.4. O acesso de veículos em lotes de esquina deverá distar, no mínimo, 6,00 m (seis metros) do início do ponto de encontro do prolongamento dos alinhamentos dos logradouros, excetuadas as edificações residenciais unifamiliares.

13.1.4.1. Em virtude das características do logradouro, esta distância poderá ser alterada a critério da PMSP.

13.1.5. A acomodação transversal do acesso entre o perfil do logradouro e os espaços de circulação e estacionamento será feita exclusivamente dentro do imóvel, de forma a não criar degraus ou desníveis abruptos na calçada.

13.2. Circulação

As faixas de circulação de veículos deverão apresentar dimensões mínimas, para cada sentido de tráfego, de:

a) 2,75 m (dois metros e setenta e cinco centímetros) de largura e 2,30 m (dois metros e trinta centímetros) de altura livre de passagem quando destinadas à circulação de automóveis e utilitários;

b) 3,50 m (três metros e cinquenta centímetros) de largura e 3,50 m (três metros e cinquenta centímetros) de altura livre de passagem quando destinadas à circulação de caminhões e ônibus.

13.2.1. Será admitida uma única faixa de circulação quando esta se destinar, no máximo, ao trânsito de 60 (sessenta) veículos em edificações de uso habitacional e 30 (trinta) veículos nos demais usos.

13.2.2. As rampas deverão apresentar:

a) recuo de 4,00 m (quatro metros) do alinhamento dos logradouros, para seu início;

b) declividade máxima de 20% (vinte por cento) quando destinada à circulação de automóveis e utilitários;

c) declividade máxima de 12% (doze por cento) quando destinada à circulação de caminhões e ônibus.

13.2.2.1. As rampas para automóveis e utilitários, em residências unifamiliares, terão declividade máxima de 25% (vinte e cinco por cento) podendo iniciar no alinhamento.

13.2.3. As faixas de circulação em curva terão largura aumentada em razão do raio interno, expresso em metros, e da declividade, expressa em porcentagem, tomada no desenvolvimento interno da curva, conforme disposto na Tabela 13.2.3.

13.2.3.1. Deverá ser prevista concordância entre a largura normal da faixa e a largura aumentada necessária ao desenvolvimento da curva.

13.2.3.2. A seção transversal das rampas não poderá apresentar declividade superior a 2% (dois por cento).

Tabela 13.2.3 – Largura da Faixa de Circulação em Curva

RAIO	AUTOMÓVEIS E UTILITÁRIOS			CAMINHÕES
	0 A 4%	5 A 12%	13 A 20%	ATÉ 12%
3,00	3,35	3,95	4,55	não permitido
3,50	3,25	3,85	4,45	não permitido
4,00	3,15	3,75	4,35	não permitido
4,50	3,05	3,65	4,25	não permitido
5,00	2,95	3,55	4,15	não permitido
5,50	2,85	3,45	4,05	não permitido
6,00	2,75	3,35	3,95	5,30
6,50	2,75	3,25	3,85	5,20
7,00	2,75	3,15	3,75	5,10
7,50	2,75	3,05	3,65	5,00
8,00	2,75	2,95	3,55	4,90
8,50	2,75	2,85	3,45	4,80
9,00	2,75	2,75	3,35	4,70

9,50	2,75	2,75	3,25	4,60
10,00	2,75	2,75	3,15	4,50
10,50	2,75	2,75	3,05	4,40
11,00	2,75	2,75	2,95	4,30
11,50	2,75	2,75	2,85	4,20
12,00	2,75	2,75	2,75	4,10
12,50	2,75	2,75	2,75	4,00
13,00	2,75	2,75	2,75	3,90
13,50	2,75	2,75	2,75	3,80
14,00	2,75	2,75	2,75	3,70
14,50	2,75	2,75	2,75	3,60
15,00	2,75	2,75	2,75	3,50

13.2.4. Quando a faixa de circulação for comum a automóveis, utilitários e caminhões prevalecerá o parâmetro mais restritivo.

13.2.5. Qualquer área de estacionamento com mais de 8 (oito) andares, contados a partir do pavimento de ingresso, deverá obrigatoriamente ser servida por elevador de veículos.

13.3. Espaços de Manobra e Estacionamento

Deverão ser previstos espaços de manobra e estacionamento de veículos, de forma que estas operações não sejam executadas nos espaços dos logradouros públicos.

13.3.1. Os estacionamentos coletivos deverão ter área de acumulação, acomodação e manobra de veículos, dimensionada de forma a comportar, no mínimo, 3% (três por cento) de sua capacidade.

13.3.1.1. No cálculo da área de acumulação, acomodação e manobra de veículos poderão ser consideradas as rampas e faixas de acesso às vagas de estacionamento, desde que possuam largura mínima de 5,50 m (cinco metros e cinquenta centímetros).

13.3.1.2. Quando se tratar de estacionamento com acesso controlado, o espaço de acumulação deverá estar situado entre o alinhamento do logradouro e o local do controle.

13.3.2. As vagas de estacionamento serão dimensionadas em função do tipo de veículo, e os espaços de manobra e acesso em função do ângulo formado pelo comprimento da vaga e a faixa de acesso, respeitadas as dimensões mínimas conforme Tabela 13.3.2.

Tabela 13.3.2 – Dimensões de vagas e faixa de acesso em metros

Tipo de Veículo	VAGA PARA ESTACIONAMENTO			FAIXA DE ACESSO À VAGA	
	Altura	Largura	Comprimento	0 a 45º	46 a 90º
Pequeno	2,10	2,00	4,20	2,75	4,50
Médio	2,10	2,10	4,70	2,75	5,00
Grande	2,30	2,50	5,50	3,80	5,50
Deficiente físico	2,30	3,50	5,50	3,80	5,50
Moto	2,00	1,00	2,00	2,75	2,75
Caminhão leve (8t PBT)	3,50	3,10	8,00	4,50	7,00

13.3.2.1. À vaga, quando paralela à faixa de acesso ("baliza") será acrescido 1,00 m (um metro) no comprimento e 0,25 m (vinte e cinco centímetros) na largura para automóveis e utilitários, e 2,00 m (dois metros) no comprimento e 1,00 m (um metro) na largura para caminhões e ônibus.

13.3.2.2. Será admitida somente a manobra de até dois veículos para liberar a movimentação de um terceiro.

13.3.3. A quantidade de vagas para estacionamento de veículos em geral, estabelecida pela LPUOS, será calculada sobre a área bruta da edificação, podendo ser descontadas, para este fim, as áreas destinadas ao próprio estacionamento, devendo ainda ser observada a proporcionalidade fixada na Tabela 13.3.3.

Tabela 13.3.3 – Porcentagem de vagas em função do tamanho e do tipo de estacionamento

ESTACIONAMENTO	VAGAS EXIGIDAS PELA LPUOS		
	Pequena	Média	Grande
Particular	—	100%	—
Privativo	50%	45%	5%
Coletivo	50%	45%	5%

13.3.4. Deverão ser previstas vagas para veículos de pessoas com deficiência e/ou mobilidade reduzida, motocicletas e bicicletas, calculadas sobre o mínimo de vagas exigido pela LPUOS, observando a proporcionalidade fixada na Tabela 13.3.4.

• *Item 13.3.4 com redação dada pela Lei nº 15.649, de 5.12.2012.*

Tabela 13.3.4 – Porcentagem de vagas destinadas a pessoas com deficiência e/ou mobilidade reduzida, motocicletas e bicicletas

ESTACIONAMENTO	DEFICIENTE	MOTOCICLETA	BICICLETA
Privativo até 100 vagas	—	10%	5%
Privativo mais de 100 vagas	1%	10%	5%
Coletivo até 10 vagas	—	20%	10%
Coletivo mais de 10 vagas	3%	20%	10%

- *Tabela 13.3.4 com redação dada pela Lei nº 15.649, de 5.12.2012.*

13.3.5. Quando a LPUOS exigir pátio para carga e descarga de caminhões deverá ser prevista, no mínimo, uma vaga para caminhão compatível com o porte e atividade do estabelecimento a ser servido.

13.3.5.1. Em função do tipo de edificação, hierarquia das vias de acesso e impacto da atividade no sistema viário, a PMSP poderá determinar a obrigatoriedade de vagas destinadas a carga e descarga em proporcionalidade à área edificada.

13.3.6. Será admitida a utilização de equipamento mecânico para estacionamento de veículos, observadas as seguintes condições:

a) a adoção do equipamento não acarretará alteração dos índices mínimos relativos ao número de vagas para estacionamento, nem das exigências para acesso e circulação de veículos entre o logradouro público e o imóvel, estabelecidas na LPUOS e na LOE;

b) observada a proporção estabelecida na Tabela 13.3.3, as dimensões e indicação das vagas através da adoção do sistema mecânico poderão ser feitas levando-se em consideração as reais dimensões dos veículos, sem prejuízo do comprimento mínimo estabelecido na Tabela 13.3.2.

13.3.7. Quando as vagas forem cobertas, deverão dispor de ventilação permanente garantida por aberturas, pelo menos em duas paredes opostas ou nos tetos junto a estas paredes e que correspondam, no mínimo, à proporção de 60 cm^2 (sessenta centímetros quadrados) de abertura para cada metro cúbico de volume total do compartimento, ambiente ou local.

13.3.7.1. Os vãos de acesso de veículos, quando guarnecidos por portas vazadas ou gradeadas, poderão ser computados no cálculo dessas aberturas.

13.3.7.2. A ventilação natural poderá ser substituída ou suplementada por meios mecânicos, dimensionados de forma a garantir a renovação de cinco volumes de ar do ambiente por hora.

13.3.8. Os estacionamentos descobertos com área superior a 50,00 m^2 (cinquenta metros quadrados) deverão ter piso drenante quando seu pavimento se apoiar diretamente no solo.

14. INSTALAÇÕES SANITÁRIAS

Toda edificação deverá dispor de instalações sanitárias conforme disposto no presente Capítulo, na razão de sua população e em função da atividade desenvolvida.

14.1. Quantificação

Os índices para a determinação do número de pessoas serão os mesmos adotados na Tabela de Lotação das Edificações no Capítulo 12, devendo ser descontadas da área bruta da edificação, para este fim, as áreas destinadas à própria instalação sanitária e garagens de uso exclusivo.

14.1.1. As edificações destinadas a uso residencial unifamiliar e multifamiliar deverão dispor de instalações sanitárias nas seguintes quantidades mínimas:

a) casas e apartamentos: 1 (uma) bacia, 1 (um) lavatório e 1 (um) chuveiro;

b) áreas de uso comum de edificações multifamiliares: 1 (uma) bacia, 1 (um) lavatório, e 1 (um) chuveiro, separados por sexo.

14.1.2. As demais edificações deverão dispor de instalações sanitárias, nas seguintes quantidades mínimas:

a) hospitais ou clínicas com internação, hotéis e similares: 1 (uma) bacia, 1 (um) lavatório e 1 (um) chuveiro para cada 2 (duas) unidades de internação ou hospedagem, e 1 (uma) bacia e 1 (um) lavatório para cada 20 (vinte) pessoas nas demais áreas, descontadas deste cálculo as áreas destinadas a internação ou hospedagem;

b) locais de reunião: 1 (uma) bacia e 1 (um) lavatório para cada 50 (cinquenta) pessoas;

c) outras destinações: 1 (uma) bacia e 1 (um) lavatório para cada 20 (vinte) pessoas.

14.1.2.1. Quando o número de pessoas for superior a 20 (vinte) haverá, necessariamente, instalações sanitárias separadas por sexo.

14.1.2.2. A distribuição das instalações sanitárias por sexos será decorrente da atividade desenvolvida e do tipo de população predominante.

14.1.2.3. Nos sanitários masculinos, 50% (cinquenta por cento) das bacias poderão ser substituídas por mictórios.

14.1.2.4. Toda edificação não residencial deverá dispor, no mínimo, de uma instalação sanitária por sexo, distante no máximo 50 m (cinquenta metros) de percurso real de qualquer ponto, podendo se situar em andar contíguo ao considerado.

14.1.2.5. Será obrigatória a previsão de, no mínimo, uma bacia e um lavatório por sexo, junto a todo compartimento destinado a consumição de alimentos, situados no mesmo pavimento deste.

14.1.2.6. Serão providos de antecâmara ou anteparo as instalações sanitárias que derem acesso direto a compartimentos destinados a trabalho, refeitório ou consumição de alimentos.

14.1.2.7. Quando, em razão da atividade desenvolvida, for prevista a instalação de chuveiros, estes serão calculados na proporção de um para cada 20 (vinte) usuários.

14.1.2.8. Serão obrigatórias instalações sanitárias para pessoas portadoras de deficiências físicas, na relação de 3% (três por cento) da proporção estabelecida no item 14.1.2, nos seguintes usos:

a) locais de reunião com mais de 100 (cem) pessoas;

b) qualquer outro uso com mais de 600 (seiscentas) pessoas.

14.2. Dimensionamento

As instalações sanitárias serão dimensionadas em razão do tipo de peças que contiverem, conforme Tabela 14.2.

Tabela 14.2 – Dimensionamento de Instalações Sanitárias

TIPO DE PEÇA	DIMENSÕES MÍNIMAS DAS INSTALAÇÕES	
	Largura (m)	Área (m^2)
Bacia	0,80	1,00
Lavatório	0,80	0,64
Chuveiro	0,80	0,64
Mictório	0,80	0,64
Bacia e Lavatório	0,80	1,20
Bacia, Lavatório e Chuveiro	0,80	2,00
Bacia Uso de Deficiente Físico	1,40	2,24

14.2.1. Os lavatórios e mictórios coletivos dispostos em cocho serão dimensionados à razão de 0,60 m (sessenta centímetros) por usuário.

14.2.2. Quando prevista instalação de chuveiros, deverá ser dimensionado vestiário com área mínima de 1,20 m^2 (um metro e vinte decímetros quadrados) para cada chuveiro instalado, excetuada a área do próprio chuveiro.

15. CONDIÇÕES DE INSTALAÇÃO E ARMAZENAGEM DE PRODUTOS QUÍMICOS, INFLAMÁVEIS E EXPLOSIVOS

A armazenagem de produtos químicos, inflamáveis e explosivos nos estados sólido, líquido e gasoso, bem como suas canalizações e equipamentos deverão atender as NTO e, na falta destas, as Normas regulamentadoras expedidas pela PMSP, bem com as Normas Especiais emanadas da autoridade competente, respeitando ainda:

a) quando a armazenagem ocorrer no interior das edificações, estas deverão atender às disposições desta Lei;

b) os tanques e reservatórios a céu aberto deverão obedecer os recuos obrigatórios da LPUOS, guardado afastamento mínimo de 3,00 m (três metros) das divisas do lote;

c) aplicar-se-á às canalizações e aos equipamentos integrantes do sistema de armazenagem, os mesmos afastamentos previstos na letra "b";

d) as edificações, tanques, reservatórios, canalizações e equipamentos, em função do tipo de produto armazenado, deverão garantir a segurança e integridade do entorno através de proteção adequada contra vazamentos, incêndios, descargas atmosféricas, emanação de gás e vapores nocivos, odores e temperaturas extremas;

e) excluir-se-ão das disposições deste Capítulo, os reservatórios integrantes de máquinas e motores, desde que a eles integrados e com capacidade limitada.

16. EXIGÊNCIAS ESPECÍFICAS COMPLEMENTARES

Qualquer edificação, sem prejuízo do atendimento às disposições desta Lei e NTO deverá, quando pertinente e na dependência dos agrupamentos previstas no Capítulo 8, observar as restrições específicas da legislação correlata Federal e Estadual nas áreas do trabalho, saúde e educação, bem como leis municipais complementares. As atividades a seguir relacionadas deverão atender, ainda, às respectivas restrições constantes deste Capítulo.

16.1. Habitação

Às habitações, que deverão conter, no mínimo, espaços destinados a repouso, instalação sanitária e preparo de alimentos, serão aplicadas as seguintes disposições:

a) nos apartamentos com mais de um compartimento de estar e dois de repouso será admitida a classificação, no "Grupo B" dos demais compartimentos usualmente classificados no "Grupo A";

b) as instalações sanitárias situadas sob escadas, cujo pé-direito médio seja inferior a 2,30 m (dois metros e trinta centímetros) serão admitidas desde que, nesta habitação, haja outro compartimento sanitário que atenda às normas desta Lei.

16.1.1. As habitações de caráter multifamiliar agrupadas verticalmente deverão dispor de unidade habitacional e uma vaga para automóvel destinadas à utilização do zelador.

- *Item 16.1.1 acrescido pela Lei nº 11.783, de 26.5.1995.*

16.1.1.1. A unidade habitacional deverá localizar-se no térreo ou no 1º pavimento, e ter área não inferior a 60 m² caso os apartamentos do andar tipo sejam maiores do que esta área, ou terá a superfície do menor apartamento, também do andar tipo, em caso contrário.

- *Item 16.1.1.1 acrescido pela Lei nº 11.783, de 26.5.1995.*

16.1.1.2. A área do apartamento do zelador não será computável no cálculo do coeficiente de aproveitamento do terreno.

- *Item 16.1.1.2 acrescido pela Lei nº 11.783, de 26.5.1995.*

16.2. Prestação de Serviços de Educação

As edificações destinadas à prestação de serviços de educação, até o nível do segundo grau, deverão prever áreas de recreação para a totalidade da população de alunos, calculada conforme Tabela de Lotação do Capítulo 12, na proporção de:

a) 1,00 m² (um metro quadrado) por aluno para recreação coberta;

b) 2,00 m² (dois metros quadrados) por aluno para recreação descoberta.

16.2.1. Não será admitida, no cálculo das áreas de recreação, a subdivisão da população de alunos em turnos em um mesmo período.

16.2.2. As creches, escolas maternais e pré-escolas terão no máximo 2 (dois) andares para uso dos alunos, admitindo-se andares a meia altura quando a declividade do terreno assim o permitir, desde que os alunos não vençam desníveis superiores a 4,50 m (quatro metros e cinquenta centímetros). Serão admitidos outros andares, desde que para uso exclusivo da administração.

16.2.3. As escolas de primeiro grau terão, no máximo, 3 (três) andares para uso dos alunos, admitindo-se andares a meia altura quando a declividade do terreno assim o permitir, desde que os alunos não vençam desníveis superiores a 7,50 m (sete metros e cinquenta centímetros). Serão admitidos outros andares para uso exclusivo da administração.

16.3. Indústrias, Oficinas e Depósitos

Visando o controle da qualidade de vida da população, dependerão de aceitação por parte do órgão Estadual competente as indústrias e oficinas que produzam resíduos líquidos, sólidos ou gasosos potencialmente poluidores.

16.4. Locais de Reunião

As edificações destinadas a locais de reunião, que abriguem salas de cinemas, teatros e auditórios dotados de assentos fixos dispostos em filas, deverão atender aos seguintes requisitos:

a) máximo de 16 (dezesseis) assentos em fila, quando tiverem corredores em ambos os lados;

b) máximo de 8 (oito) assentos em fila, quando tiverem corredor em um único lado;

c) setorização através de corredores transversais que disporão de, no máximo, 14 (catorze) filas;

d) vão livre entre o assento e o encosto do assento fronteiro de, no mínimo, 0,50 m (cinquenta centímetros).

16.4.1. Os corredores de circulação da plateia deverão atender, para o cálculo de sua largura, o disposto no Capítulo 12.

16.4.2. Todo local de reunião deverá ser adequado à utilização por parte de deficientes físicos.

16.5. Atividades e Serviços de Caráter Especial

As edificações e instalações com características especiais terão seus projetos regulados, no que se refere à observância dos padrões de segurança, higiene, salubridade e conforto, por órgão municipal que fixará, em cada caso, diretrizes a serem obedecidas, sujeitas a regulamentação por parte do Executivo.

16.5.1. Além do atendimento aos parâmetros fixados no item 10.1.5, os prédios públicos deverão manter, no mínimo, 50% (cinquenta por cento) da área de terreno não edificada livre de pavimentação, ou executada com pisos drenantes, permitindo a absorção das águas pluviais.

16.6. Atividades Temporárias

Além do atendimento às normas gerais fixadas por esta Lei, nas edificações temporárias ficará a critério do Executivo a fixação de normas para sua instalação e funcionamento.

ANEXO II

TABELA DE TAXAS PARA EXAME E VERIFICAÇÃO DE PROJETOS E CONSTRUÇÕES

EXAME E VERIFICAÇÃO DE PROJETOS DE CONSTRUÇÕES	VALOR EM U.F.M.	BASE DE CÁLCULO OU UNIDADES
1. Pedido de emissão de Ficha Técnica	0,90	cada
2. Pedido de análise de diretrizes de Projeto	0,005	m² ou fração
3. Apresentação de Comunicação	1,00	cada
4. Pedido de emissão de Alvará de Alinhamento e Nivelamento	1,00	m ou fração testada
5. Pedido de emissão de Alvará de Autorização, exceto para o avanço de tapume sobre a parte do passeio público	5,00	cada
6. Pedido de emissão de Alvará de Aprovação		
I – MOVIMENTO DE TERRA		
a) Pedido inicial	0,01	m² ou fração da área de terreno a terraplanar ou a escavar
b) Revalidação	0,003	
c) Projeto modificativo	0,005	
II – MURO DE ARRIMO		
a) Pedido inicial	2,00	cada
b) Revalidação	0,66	
c) Projeto modificativo	1,00	
III – EDIFICAÇÃO NOVA OU ÁREA ACRESCIDA EM REFORMA OU RECONSTRUÇÃO		
a) Pedido inicial	0,03	m² ou fração
b) Revalidação	0,01	
c) Projeto modificativo	0,015	
IV – REFORMA OU RECONSTRUÇÃO		
a) Pedido inicial	0,015	m² ou fração da área objeto de reforma ou de reconstrução
b) Revalidação	0,005	
c) Projeto modificativo	0,008	
V – APROVAÇÃO DE EQUIPAMENTO	1,00	cada equipamento
VI – EXAME E VERIFICAÇÃO PROJETOS DE SISTEMA DE SEGURANÇA	0,0015	m² ou área total do imóvel

7. Pedido de emissão de Alvará de Execução	5,00	cada
8. Pedido de emissão de Alvará de Funcionamento de equipamento		
a) Pedido inicial	1,00	cada equipamento
b) Revalidação do pedido	0,50	
9. Pedido de emissão de Alvará de Licença para residência unifamiliar		
a) Pedido inicial	0,03	m² ou fração
b) Revalidação	0,01	
c) Projeto modificativo	0,015	
10. Pedido de Certificado de Mudança de Uso	0,01	m² ou fração

ANEXO III

TABELA DE MULTAS POR DESATENDIMENTO ÀS DISPOSIÇÕES DO CÓDIGO DE OBRAS E EDIFICAÇÕES (COE)

INFRAÇÃO	DISPOSITIVO INFRINGIDO	VALOR EM U.F.M.	BASE DE CÁLCULO
1. Pela não apresentação de documento que comprove o licenciamento da obra ou serviço em execução	6.1	10,00	unidade
2. Pela inexistência de Comunicação, ou pelo desvirtuamento da Comunicação apresentada, em caso de execução de:			
I – restauro em edificação tombada	3.3.a	1,00	m²
II – reparos externos em edificação com mais de 2 (dois) andares	3.3.b	20,00	unidade
III – reparos externos em fachadas situada no alinhamento	3.3.c	1,00	m
IV – pequenas reformas	3.3.d		m²
a) em residência com até 80,00 m²		0,40	
b) em residência com mais de 80,00 m² ou em edificação não residencial		0,60	
V – obras emergenciais	3.3.e		m²
a) em residência com até 80,00 m²		0,40	
b) em residência com mais de 80,00 m² ou em edificação não residencial		0,60	
VI – muros e gradis nas divisas do lote	3.3.f	0,40	m

VII – serviços que objetivam a suspensão de embargo de obra licenciada	3.3.g		m²
a) em residência com até 80,00 m²		1,60	
b) em residência com mais de 80,00 m² ou em edificação não residencial		2,40	
3 – Pela execução de obra licenciada sem apresentação de Comunicação para efeito de comprovação da validade do Alvará de Execução	3.3.h	10,00	unidade
4 – Pela implantação de mobiliário sem Comunicação prévia ou em desacordo com a Comunicação	3.3.i	10,00	unidade
5 – Pelo prosseguimento de obra ou serviço sem assunção de novo dirigente técnico, em virtude de afastamento do dirigente anterior	3.3.j		m²
I – em residência com até 80,00 m²		1,60	
II – em residência com mais de 80,00 m² ou em edificação não residencial		2,40	
6 – Pela inexistência de Alvará de Autorização ou pelo desvirtuamento da licença concedida, em caso de:			
I – implantação e/ou utilização de edificação transitória ou equipamento transitório	3.5.a	20,00	unidade
II – implantação e/ou utilização de canteiro de obras em imóvel distinto daquele onde se desenvolve a obra	3.5.b	20,00	unidade
III – implantação e/ou utilização de estande de vendas de unidades autônomas de condomínio a ser erigido no próprio imóvel	3.5.c	10,00	unidade
IV – avanço de tapume sobre parte do passeio público	3.5.d 5.2.1	1,00	m
V – utilização temporária de edificação licenciada para uso diverso do pretendido	3.5.e	20,00	unidade
VI – transporte de terra ou entulho	3.5.f	3,00	viagem
7 – Pela inexistência de Alvará de Execução, ou pelo desvirtuamento da licença concedida, em caso de execução de:			
I – movimento de terra	3.7.a	0,04	m²

II – muro de arrimo	3.7.b	0,50	m
III – edificação nova	3.7.c	1,00	m²
IV – demolição total	3.7.d	0,012	m²
V – reforma	3.7.e	1,00	m²
VI – reconstrução	3.7.f	1,00	m²
VII – instalação de equipamentos	3.7.g	3,00	unidade
VIII – sistema de segurança	3.7.h	0,05	m²
8 – Pelo funcionamento de equipamento sem o devido Alvará de Funcionamento de Equipamentos	3.8	6,00	unidade
9 – Pela utilização de edificação sem o devido Certificado de Conclusão	3.9	1,50	m²
10 – Pela utilização de edificação para uso diverso do licenciado	3.11	2,00	m²
11 – Canteiro de obras	5.1.1 5.1.2 5.2.1.2 5.2.2.2 5.3.a 5.3.b	6,00	unidade

REGULAMENTO

DECRETO Nº 32.329, DE 23 DE SETEMBRO DE 1992

Atualizado até o Decreto nº 55.131, de 20.5.2014.

Regulamenta a Lei nº 11.228, de 25 de junho de 1992, Código de Obras e Edificações, e dá outras providências.

Luiza Erundina de Sousa, Prefeita do Município de São Paulo, usando das atribuições que lhe são conferidas por lei, e

Considerando o disposto no art. 17 do Código de Obras e Edificações, que determina prazo para sua regulamentação;

Considerando a necessidade de agrupamento das edificações conforme as finalidades previstas no Capítulo 8 do Código de Obras e Edificações;

Considerando a necessidade de adequação das normas administrativas e da delegação de competências à nova sistemática imposta pelo Código de Obras e Edificações;

Considerando que os novos documentos criados pelo Código de Obras e Edificações diferem dos anteriormente emitidos pela Prefeitura, em especial dos mencionados no art. 20 da Lei nº 10.237, de 17 de dezembro de 1986;

- *A Lei nº 10.237, de 17.12.1986, foi revogada pela Lei nº 15.764, de 27.5.2013.*

Considerando a necessidade de disciplinamento dos procedimentos fiscais, em razão da nova sistemática de atuação;

Considerando, ainda, ser recomendável a representação gráfica das normas técnicas constantes do Código de Obras e Edificações para o seu bom entendimento,

Decreta:

Disposições Iniciais

Art. 1º. Este Decreto delega competências e regulamenta os procedimentos administrativos e executivos, e fixa as regras gerais e específicas a serem obedecidas no projeto, licenciamento, execução, manutenção e utilização de obras, edificações, equipamentos e mobiliário, dentro dos limites dos imóveis em que se situam, inclusive os destinados ao funcionamento de órgãos ou serviços públicos, nos termos do disposto na Lei nº 11.228, de 25 de junho de 1992.

Parágrafo único. Integram o presente Decreto os Anexos 1 a 18, assim discriminados:

1. Anexo 1 – Conceitos;
2. Anexo 2 – Direitos e Responsabilidades;
3. Anexo 3 – Documentos para Controle da Atividade de Obras e Edificações;

4. Anexo 4 – Procedimentos Administrativos;
5. Anexo 5 – Preparação e Execução de Obras;
6. Anexo 6 – Procedimentos Fiscais;
7. Anexo 7 – Edificações Existentes;
8. Anexo 8 – Uso de Edificações;
9. Anexo 9 – Componentes – Materiais, Elementos Construtivos e Equipamentos;
10. Anexo 10 – Implantação – Aeração e Insolação das Edificações;
11. Anexo 11 – Compartimentos;
12. Anexo 12 – Circulação e Segurança;
13. Anexo 13 – Estacionamento;
14. Anexo 14 – Instalações Sanitárias;
15. Anexo 15 – Condições de Instalação e Armazenagem de Produtos Químicos Inflamáveis e Explosivos;
16. Anexo 16 – Exigências Específicas Complementares;
17. Anexo 17 – Adaptação das Edificações Existentes às Condições Mínimas de Segurança;
18. Anexo 18 – Desenhos Exemplificativos.

Art. 2º. Para efeito de citação neste Decreto, as entidades ou expressões serão identificadas pelas seguintes siglas ou abreviaturas:

1. AR: Administração Regional;
2. AVS: Auto de Verificação de Segurança;
3. CEUSO: Comissão de Edificações e Uso do Solo;
4. CNLU: Comissão Normativa da Legislação Urbanística;
5. COE: Código de Obras e Edificações;
6. CREA: Conselho Regional de Engenharia, Arquitetura e Agronomia;
7. DOM: Diário Oficial do Município;
8. HIS: Habitação de Interesse Social;
9. IEOS: Intimação para Execução de Obras e Serviços na Adaptação das Edificações às Condições Mínimas de Segurança;
10. IPTU: Imposto Predial e Territorial Urbano;
11. ISS: Imposto Sobre Serviços de Qualquer Natureza;
12. LOE: Legislação de Obras e Edificações;
13. LPUOS: Legislação de Parcelamento, Uso e Ocupação do Solo;
14. LTS: Laudo Técnico de Segurança na Adaptação das Edificações às Condições Mínimas de Segurança;
15. ME: Moradia Econômica;
16. NTC: Norma Técnica de Concessionária;
17. NTO: Norma Técnica Oficial, registrada na Associação Brasileira de Normas Técnicas;
18. PMSP: Prefeitura do Município de São Paulo;
19. RF-(nº): Resistência ao Fogo – número indicativo do tempo, em minutos;
20. SAR: Secretaria das Administrações Regionais;

21. SEHAB: Secretaria da Habitação e Desenvolvimento Urbano;
22. SEMPLA: Secretaria Municipal do Planejamento;
23. SF: Secretaria das Finanças;
24. SJ: Secretaria dos Negócios Jurídicos;
25. SMA: Secretaria Municipal da Administração;
26. SMC: Secretaria Municipal da Cultura;
27. SMT: Secretaria Municipal de Transportes;
28. SSO: Secretaria de Serviços e Obras;
29. SVP: Secretaria de Vias Públicas.

Parágrafo único. Considera-se como LOE a legislação municipal sobre qualquer assunto que se inter-relacione com o COE.

Art. 3º. Enquadram-se no item IV do § 1º do art. 7º da Lei nº 8.777, de 14 de setembro de 1978, e na alínea "d", do art. 34, do Decreto nº 15.306, de 14 de setembro de 1978, na categoria de processos especiais, os pedidos de:

- *A Lei nº 8.777, de 14.9.1978, foi revogada pela Lei nº 14.141, de 27.3.2006.*
- *Art. 9º da Lei nº 14.141, de 27.3.2006:*

__Art. 9º.__ Os processos especiais são aqueles disciplinados por normas próprias distintas das aplicáveis nos processos comuns, aplicando-se-lhes subsidiariamente os demais preceitos desta Lei.

Parágrafo único. Enquadram-se, dentre outros, na categoria de especiais, os processos referentes às seguintes matérias:

I – licenciamento ambiental, edilício, sanitário e urbanístico; (...).

- *O Decreto nº 15.306, de 14.9.1978, foi revogada pelo Decreto nº 51.714, de 3.8.2010.*
- *Art. 2º do Decreto nº 51.714, de 3.8.2010:*

__Art. 2º.__ Para os fins deste regulamento, considera-se: (...)

III – processo especial: aquele disciplinado por normas próprias, distintas das aplicáveis ao processo comum, enquadrando-se nessa categoria, dentre outros, os referentes às seguintes matérias:

a) licenciamento ambiental, edilício, sanitário e urbanístico; (...).

I – Diretrizes de Projeto;

II – Alvará de Alinhamento e Nivelamento;

III – Alvará de Autorização;

IV – Alvará de Aprovação;

V – Alvará de Execução;

VI – Certificado de Conclusão;

VII – Alvará de Licença para Residência Unifamiliar;

VIII – Certificado de Mudança de Uso;

IX – Alvará de Funcionamento de Equipamentos;

X – Auto de Verificação de Segurança.

§ 1º. Os processos relativos à matéria tratada no COE ou constante da LOE poderão ser recebidos e autuados nos protocolos das AR's ou SEHAB, independentemente da competência para decisão do pedido.

§ 2º. (Revogado).

- *§ 2º revogado pelo Decreto nº 36.161, de 24.6.1996.*

§ 3º. Nos processos de interesse de órgãos ou serviços públicos, além dos procedimentos usuais, serão adotados os seguintes:

a) o pedido, ou ofício, deve vir acompanhado da documentação exigida no Anexo 3 deste Decreto;

b) procedida a autuação e após o recolhimento das taxas, se devidas, o processo seguirá a tramitação normal, para efeito de exame frente à legislação municipal;

c) as comunicações ao interessado, inclusive sobre eventuais desconformidades com as normas municipais, serão feitas mediante ofício, adotando-se o mesmo procedimento para a resposta final;

d) recebida a comunicação da conclusão da obra, será procedida a vistoria ao local e encaminhada resposta por ofício.

Disposições Gerais

Art. 4º. Fica delegada aos Secretários de SAR e SEHAB competência para, mediante Portaria Intersecretarial, estabelecer o campo de atuação de cada Secretaria para o licenciamento e a fiscalização das obras e serviços previstos no COE, inclusive na adaptação das edificações às condições mínimas de segurança.

§ 1º. Enquanto não editada a Portaria Intersecretarial, o licenciamento e a fiscalização de obras e serviços previstos no COE será feito conforme a atual distribuição de competências.

§ 2º. Os projetos para áreas sob intervenção urbanística promovida pelo Poder Público, e os programas habitacionais de interesse social como: a reurbanização de favelas, a intervenção em cortiços, a construção organizada por mutirões, e a construção de moradia econômica, se objeto de regulamentação própria, terão, nesta, determinada a competência para atuação.

Art. 5º. Fica delegada à CEUSO, além das usuais, competência para, após consulta aos órgãos eventualmente envolvidos com a matéria, examinar e fixar parâmetros e procedimentos próprios para instrução e decisão em caso de:

I – reinício de obra paralisada, com Alvará de Execução prescrito, em desacordo com a LOE e a LPUOS, conforme subitem 3.7.13.1 do COE;

II – reforma com mudança de uso em edificação com comprovada existência regular em período igual ou superior a 10 (dez) anos, conforme item 7.1.3 do COE;

III – reconstrução, conforme item 7.2.4 do COE;

IV – tipos de acesso em edificação de uso misto com atividade temporária, conforme item 8.12.3 do COE;

V – justaposição de edificação nova à edificação lindeira, nos termos do item 10.10.3 do COE;

VI – avanço de marquise sobre logradouro público caracterizado como rua de pedestres, conforme Tabela 10.12.1 do COE;

VII – aceitação de padrões de segurança, higiene, salubridade e conforto de modo diverso aos estabelecidos pela LOE nas edificações destinadas a Atividades e Serviços de Caráter Especial, conforme seção 16.5 do COE;

VIII – atualização das prescrições da LOE, conforme disposto no art. 13 do COE;

IX – dúvidas em caso de aplicação das prescrições do COE.

Art. 6º. Fica delegada aos Coordenadores de RESID, SERVIN, COMIN, SEGUR, PARHIS e aos Subprefeitos, no âmbito de suas atribuições, a competência para representar a Municipalidade:

- *Art. 6º,* caput, *com redação dada pelo Decreto nº 54.213, de 14.8.2013.*

I – nas escrituras de doação de áreas necessárias à execução de melhoramento público, nos termos do art. 6º. da Lei nº 11.228, de 25 de junho de 1992;

II – nas escrituras de doação de áreas necessárias ao atendimento da Lei nº 10.015, de 16 de dezembro de 1985;

III – nas escrituras de instituição de faixa de servidão não edificável sobre faixas necessárias à implantação e manutenção de melhoramentos públicos aprovados pela legislação municipal;

IV – nas escrituras de doação previstas nas Leis de Operações Urbanas Consorciadas;

- *Inciso IV acrescido pelo Decreto nº 36.161, de 24.6.1996, e com redação dada pelo Decreto nº 54.213, de 14.8.2013.*

V – nas demais escrituras necessárias à expedição de Alvará de Execução ou Auto de Regularização de edificação.

- *Inciso V acrescido pelo Decreto nº 54.213, de 14.8.2013.*

§ 1º. A competência ora delegada restringe-se às hipóteses previstas neste artigo e em processos de emissão de Alvará de Execução, permanecendo, para os demais atos, a competência estabelecida pelo Decreto nº 27.321, de 11 de novembro de 1988, para o Departamento Patrimonial, de SJ.

§ 2º. Quando da formalização dos atos disciplinados neste artigo, deverão ser apresentados os seguintes documentos:

a) título de propriedade devidamente registrado no Cartório de Registro de Imóveis;

b) certidão de filiação vintenária com negativas de ônus e alienações atualizadas, expedidas, a menos de 30 (trinta) dias, pelos Cartórios de Registro de Imóveis;

c) atos constitutivos da sociedade, quando se tratar de pessoa jurídica, compreendendo estatuto ou contrato social registrado, e ata de eleição da diretoria atual, com identificação dos representantes e qualificação;

d) certidões negativas pessoais expedidas a menos de 30 (trinta) dias, pelos Distribuidores Cíveis e pela Justiça Federal, abrangendo os últimos 10 (dez) anos, exceto para escrituras de instituição de faixa de servidão não edificável;

e) certidões negativas pessoais expedidas a menos de 30 (trinta) dias, pelos Cartórios de Protestos, abrangendo os últimos 5 (cinco) anos, exceto para escrituras de instituição de faixa de servidão não edificável;

f) descrição da área a ser doada e do remanescente;

g) seis vias de planta do imóvel, delimitando a área a ser doada e o remanescente.

§ 3º. Autorizada a formalização da escritura e recolhido pelo interessado o preço público devido, designar-se-á dia e hora para sua lavratura, arcando o requerente com todas as despesas, inclusive as do registro.

§ 4º. A apresentação do registro da escritura lavrada, condição indispensável para a expedição do Alvará de Execução.

Art. 7º. Compete ao Administrador Regional, no âmbito de sua região administrativa, nos termos do disposto no Decreto nº 27.894, de 20 de julho de 1989, a solicitação do auxílio da Polícia do Estado para garantia de atos administrativos.

Art. 8º. Compete ao Administrador Regional, ou ao Procurador Assistente da AR, requerer, no Distrito Policial competente, abertura de inquérito policial, nos termos da Lei Processual e do COE.

Art. 9º. As instâncias administrativas para apreciação e decisão dos pedidos referentes às competências da Secretaria Municipal de Licenciamento, bem como das Subprefeituras, protocolados a partir de 12 de julho de 2013, nos termos do art. 273 da Lei nº 15.764, de 27 de maio de 2013, são as seguintes:

- *Art. 9º,* caput, *com redação dada pelo Decreto nº 54.213, de 14.8.2013.*

I – para os pedidos de competência das Subprefeituras:

a) Supervisor Técnico de Uso do Solo e Licenciamentos;

b) Coordenador de Planejamento e Desenvolvimento Urbano;

c) Subprefeito;

d) Prefeito;

- *Inciso I com redação dada pelo Decreto nº 54.213, de 14.8.2013.*

II – para os pedidos de competência da Secretaria Municipal de Licenciamento:

a) Diretor de Divisão Técnica;

b) Coordenador;

c) Secretário Municipal de Licenciamento;

d) Prefeito.

- *Inciso II com redação dada pelo Decreto nº 54.213, de 14.8.2013.*

§ 1º. O despacho do Prefeito, em grau de recurso, bem como o decurso do prazo recursal encerram definitivamente a instância administrativa.

- *§ 1º, primitivo parágrafo único, renumerado pelo Decreto nº 54.213, de 14.8.2013.*

§ 2º. A competência para apreciação e decisão em nível de Diretor de Divisão Técnica, a que se refere o inciso II, alínea "a", do *caput* deste artigo, poderá ser delegada aos técnicos lotados na respectiva Divisão, mediante portaria do Secretário Municipal de Licenciamento, mantida a competência originária para a apreciação e decisão dos pedidos de reconsideração.

- *§ 2º acrescido pelo Decreto nº 54.213, de 14.8.2013.*

Art. 10. Do despacho decisório caberá:

I – pedido de reconsideração dirigido à autoridade que proferiu a decisão em primeira instância ou à autoridade que avocou o processo na forma prevista no art. 13;

II – recurso dirigido à autoridade imediatamente superior àquela que proferiu a decisão ou reconsideração.

§ 1º. Os pedidos de reconsideração de despacho ou recursos interpostos fora de prazo serão sumariamente indeferidos, por despacho declaratório exarado pelo Diretor da Divisão Técnica ou autoridade equiparada ou superior.

§ 2º. O disposto no § 1º será, também, aplicável a recursos apresentados quando já encerrada a instância administrativa em caráter definitivo, nos termos do parágrafo único do art. 9º deste Decreto.

Art. 11. A revogação atendendo a relevante interesse público, de Alvará de Aprovação, Alvará de Execução ou Alvará de Licença para Residência Unifamiliar caberá, exclusivamente, à chefia do Executivo Municipal.

Art. 12. A cassação, em caso de desvirtuamento da licença concedida, e a anulação, em caso de comprovação de ilegalidade na expedição de Alvará de Aprovação, Alvará de Execução ou Alvará de Licença para Residência Unifamiliar, caberão aos Coordenadores da SEL ou aos Coordenadores de Planejamento e Desenvolvimento Urbano das Subprefeituras, no âmbito das respectivas competências.

- *Art. 12 com redação dada pelo Decreto nº 54.213, de 14.8.2013.*

Art. 13. O Prefeito poderá avocar, para sua decisão, qualquer processo para o qual entenda recomendável a deliberação da Chefia do Executivo Municipal.

Parágrafo único. A faculdade prevista neste artigo estende-se aos Secretários da SAR e SEHAB, no âmbito de suas respectivas competências.

Art. 14. Nos processos relativos à matéria tratada no COE, a apresentação incompleta de documentação não é motivo impeditivo ao protocolamento de pedido.

- *Art. 14,* caput, *com redação dada pelo Decreto nº 36.161, de 24.6.1996.*

§ 1º. O disposto no presente artigo não se aplica à notificação-recibo do IPTU, por se tratar do documento de identificação do imóvel perante a PMSP.

§ 2º. A apresentação incompleta de documentação não é motivo impeditivo ao protocolamento de pedido.

Art. 15. As taxas devidas pelo exame e verificação de projetos e construções, fundadas no poder de polícia do Município têm como fato gerador o pedido de licenciamento.

Parágrafo único. As Taxas de Licença resultantes de fato gerador cujo valor não conste do Anexo II do COE, serão cobradas de conformidade com a tabela anexa à Lei nº 8.327, de 28 de novembro de 1975, com as alterações introduzidas pela Lei nº 10.395, de 20 de novembro de 1987.

Art. 16. O desatendimento às disposições do COE ensejará os procedimentos fiscais e aplicação das penalidades pecuniárias previstas no Capítulo 6, de seu Anexo I, e em seu Anexo III.

Parágrafo único. A autuação por infração ao COE, cujo valor não conste em seu Anexo III, far-se-á conforme disposições do art. 135 do Ato 663, de 10 de agosto de 1934, pelo índice constante da Tabela anexa ao Decreto nº 28.482, de 29 de dezembro de 1989.

Art. 17. Todos os prazos fixados neste Decreto são expressos em dias corridos, contados a partir do primeiro dia útil após o evento de origem até o seu dia final inclusive, prorrogando-se automaticamente o seu término para o dia útil imediatamente posterior, quando não houver expediente no último dia do prazo.

Art. 18. As edificações existentes, nos termos da Seção 12.1, do COE, deverão ser adaptadas às Normas de Segurança, nas condições e prazos estabelecidos neste Decreto.

Parágrafo único. A adaptação deverá atender as exigências do Anexo 17, deste Decreto, mediante a execução de obras e/ou serviços considerados necessários para garantir a segurança e a utilização da edificação.

Art. 19. Para atendimento às exigências de segurança deverá ser apresentado Projeto de Adaptação e requerida a emissão do Auto de Verificação de Segurança – AVS, nos termos da Seção 3.N do Anexo 3, deste Decreto.

§ 1º. Aceito o Projeto de Adaptação, a PMSP poderá emitir Intimação para Execução de Obras e Serviços – IEOS, com as exigências necessárias e o prazo para seu atendimento.

§ 2º. Atendida a IEOS, ou não havendo obras e serviços necessários a executar, a PMSP expedirá o AVS ou o Alvará de Funcionamento de Local de Reunião, documentos hábeis para fins de comprovação do atendimento das condições mínimas de segurança, não reconhecendo a regularidade da área edificada e da conformidade do uso perante a LPUOS.

Disposições Transitórias

Art. 20. Os procedimentos administrativos e fiscais aplicáveis às edificações licenciadas nos termos da Lei nº 8.266, de 20 de junho de 1975, e aos expedientes em tramitação, serão os fixados pelo COE e por este Decreto.

- *A Lei nº 8.266, de 20.6.1975, foi revogada pela Lei nº 11.228, de 25.6.1992 (Código de Obras e Edificações).*

Parágrafo único. O disposto neste artigo aplica-se, também, ao prazo de validade dos Alvarás de Licença, desdobrados pelo COE em Alvarás de Aprovação e de Execução, emitidos ou a emitir, aplicando-se a estes casos o disposto nos itens 3.H.4 e 3.H.5 deste Decreto.

Art. 21. O interessado poderá optar, na hipótese de exame de projetos beneficiados por Operação Interligada requerida até a data de início da vigência deste Decreto, entre atender a legislação anterior, ou às disposições da Lei nº 11.228, de 25 de junho de 1992, restando-lhe garantido o coeficiente de aproveitamento e a metragem contratada.

Art. 22. O interessado poderá optar, nas hipóteses de exame de Projeto de Adaptação, emissão de AVS, e execução de obras e serviços necessários para adaptação das edificações às condições mínimas de segurança, entre atender integralmente às normas da legislação anterior, ou às normas deste Decreto, nos seguintes casos:

I – pedidos protocolados e numerados na PMSP até a data de início da vigência deste Decreto, ainda sem aceitação das obras e/ou serviços, ou com interposição de recurso dentro dos prazos legais;

II – pedidos de alteração ou modificação de projetos ou obras e/ou serviços protocolados após a data de vigência deste Decreto.

Parágrafo único. No caso de opção pelo exame de acordo com a legislação anterior, não serão admitidas quaisquer mudanças, alterações ou modificações que impliquem o agravamento das desconformidades ou criação de novas infrações ao COE e a este Decreto.

Disposições Finais

Art. 23. A Comissão Especial de Avaliação do Código de Obras e Edificações, constituída pelo art. 16 do COE, será composta por representantes – titular e suplente – dos seguintes órgãos e entidades:

a) CEUSO: 4 (quatro) membros;

b) SEHAB: 3 (três) membros;

c) SAR: 3 (três) membros;

d) SEMPLA;

e) SMT;

f) SSO;

g) SVP;

h) SF;

i) SJ;

j) ASBEA: Associação Brasileira dos Escritórios de Arquitetura;

l) Centro de Controle de Zoonoses;

m) Conselho Municipal da Pessoa Deficiente;

n) CREA;

o) Federação do Comércio;

p) IAB: Instituto de Arquitetos do Brasil;

q) IE: Instituto de Engenharia;

r) Movimento "Defenda São Paulo";

s) SASP: Sindicato dos Arquitetos de São Paulo;

t) SEAM: Sociedade dos Engenheiros e Arquitetos do Município;

u) SECOVI: Sindicato das Empresas de Compra, Venda, Locação e Administração de Imóveis de São Paulo;

v) SEESP: Sindicato dos Engenheiros do Estado de São Paulo;

x) SINAENCON: Sindicato Nacional das Empresas de Arquitetura e Engenharia Consultiva;

z) SINDUSCON: Sindicato da Indústria da Construção Civil de Grandes Estruturas no Estado de São Paulo.

Art. 24. Os artigos do Ato 663, de 10 de agosto de 1934, não revogados pela Lei nº 8.266, de 20 de junho de 1975, que não contrariem a Lei nº 11.228, de 25 junho de 1992 e seus Anexos, continuam a vigorar.

- *A Lei nº 8.266, de 20.6.1975, foi revogada pela Lei nº 11.228, de 25.6.1992 (Código de Obras e Edificações).*

Art. 25. As normas da Legislação de Parcelamento, Uso e Ocupação do Solo, constantes na legislação modificadora da Lei nº 8.266, de 20 de junho de 1975, permanecem em vigor, em especial quanto a:

- *A Lei nº 8.266, de 20.6.1975, foi revogada pela Lei nº 11.228, de 25.6.1992 (Código de Obras e Edificações).*

I – cômputo da área do andar térreo, conforme art. 13 da Lei nº 8.881, de 29 de março de 1979;

- *O citado art. 13 da Lei nº 8.881, de 29.3.1979, dava nova redação ao art. 182 da Lei nº 8.266, de 20.6.1975, que foi revogada pela Lei nº 11.228, de 25.6.1992 (Código de Obras e Edificações).*

II – ocupação de recuos de frente, conforme art. 3º da Lei 9.483, de 22 de junho de 1982;

- *O citado art. 3º da Lei nº 9.483, de 22.6.1982, dava nova redação ao art. 367 da Lei nº 8.266, de 20.6.1975, que foi revogada pela Lei nº 11.228, de 25.6.1992 (Código de Obras e Edificações).*

III – implantação de cabines, conforme Lei nº 10.571, de 8 de julho de 1988.

- *A Lei nº 10.571, de 8.7.1988, foi revogada pela Lei nº 14.223, de 29.9.2006.*

Art. 26. Enquanto não regulamentadas todas as disposições da Lei nº 11.228, de 25 de junho de 1992, ficam mantidos e recepcionados os Decretos, Portarias, Resoluções, Orientações Normativas e Ordens Internas que com ela não sejam incompatíveis.

Parágrafo único. O Alvará de Autorização para transporte de terra ou entulho, previsto no item 3.5.f, do COE, será regulamentado por ato próprio.

Art. 27. Nos termos do parágrafo único do art. 17 da Lei nº 11.228, de 25 de junho de 1992, deverá ser observado o atendimento às recomendações das seguintes Normas Técnicas Oficiais da ABNT, desde que não disponham em contrário ao estabelecido no COE:

1. EB-132 – Portas e Vedadores Corta-Fogo para Isolamento de Riscos em Ambientes Comerciais e Industriais;
2. EB-624 – Manutenção e Recarga de Extintores de Incêndio;
3. EB-634 – Materiais Asfálticos para impermeabilização na Construção Civil;
4. EB-920 – Porta Corta-Fogo para Saída de Emergência;
5. EB-2081 – Barra Antipânico;
6. NB-130 – Inspeção Periódica de Elevadores e Monta-Cargas Novos;
7. NB-24 – Instalações Hidráulicas Prediais, contra Incêndio, sob Comando;
8. NB-101 – Tratamento Acústico em Recintos Fechados;
9. NB-107 – Instalações para Utilização de Gases Liquefeitos de Petróleo;
10. NB-142 – Vistoria Periódica de Extintores de Incêndio;
11. NB-190 – Fabricação e Instalações de Tanques Subterrâneos para Postos de Serviços de Distribuição de Combustíveis Líquidos;
12. NB-233 – Elevadores de Segurança para Canteiros de Obras de Construção Civil;
13. NB-891 – Execução de Redes Prediais de Gases Combustíveis para Uso Doméstico;
14. NB-953 – Usos de Centrais da GLP;
15. NB-1101 – Execução de Sistemas Fixos Automáticos de Proteção contra Incêndio com CO_2;
16. NB-1338 – Execução e Utilização de Passeios Públicos;
17. NBR-5410 – Instalações Elétricas de Baixa Tensão;
18. NBR-5414 – Instalações Elétricas de Alta Tensão;
19. NBR-5419 – Proteção de Edificações contra Descargas Elétricas Atmosféricas
20. NBR-5422 – Linha de Transmissão;
21. NBR-5626 – Instalações Prediais de Água Fria;
22. NBR-5627 – Exigências Particulares das Obras de Concreto Armado e Protendido em Relação à Resistência ao Fogo;
23. NBR-5628 – Resistência ao Fogo de Componente Construtivo e Estrutural;
24. NBR-5665 – Cálculo do Tráfego nos Elevadores;
25. NBR-5666 – Elevadores Elétricos – Terminologia;
26. NBR-5674 – Manutenção de Edificações;
27. NBR-5681 – Controle Tecnológico da Execução de Aterros em Obras de Edificações;
28. NBR-5682 – Contratação, Execução e Supervisão de Demolições;
29. NBR-6118 – Projeto e Execução de Obras de Concreto Armado;
30. NBR-6119 – Cálculo e Execução de Lajes Mistas;
31. NBR-6120 – Cargas para o Cálculo de Estruturas de Edificações;
32. NBR-6122 – Projeto e Execução de Fundações;
33. NBR-6135 – Chuveiros Automáticos para Extinção de Incêndio;
34. NBR-6136 – Blocos Vazados de Concreto Simples para Alvenaria Estrutural;
35. NBR-6401 – Instalações Centrais de Ar Condicionado para Conforto – Parâmetros Básicos de Projeto;

36. NBR-6484 – Execução de Sondagens de Simples Reconhecimento dos Solos;
37. NBR-6493 – Emprego de Cores Fundamentais para Tubulações Industriais;
38. NBR-6494 – Segurança nos Andaimes;
39. NBR-6675 – Ar Condicionado Doméstico – Instalação;
40. NBR-7170 – Tijolo Maciço Cerâmico para Alvenaria;
41. NBR-7171 – Bloco Cerâmico para Alvenaria;
42. NBR-7173 – Blocos Vazados de Concreto Simples para Alvenaria sem Função Estrutural;
43. NBR-7190 – Cálculo e Execução de Estrutura de Madeira;
44. NBR-7192 – Projeto, Fabricação e Instalação de Elevadores;
45. NBR-7195 – Cor na Segurança do Trabalho;
46. NBR-7197 – Projeto de Estruturas de Concreto Protendido;
47. NBR-7198 – Instalações Prediais de Água Quente;
48. NBR-7200 – Revestimentos de Paredes e Tetos com Argamassa – Materiais – Preparo, Aplicação e Manutenção;
49. NBR-7202 – Desempenho de Janela de Alumínio em Edificações de Uso Residencial e Comercial;
50. NBR-7229 – Construção e Instalação de Fossas Sépticas e Disposição dos Efluentes Finais;
51. NBR-7367 – Projeto e Assentamento de Tubulações de PVC Rígido para Sistemas de Esgoto Sanitário;
52. NBR-7480 – Barras e Fios de Aço destinados a Armaduras para Concreto Armado;
53. NBR-7481 – Telas de Aço Soldado para Armadura de Concreto;
54. NBR-7505 – Armazenamento de Petróleo e seus Derivados Líquidos;
55. NBR-7532 – Identificação de Extinção de Incêndio – Dimensões e Cores;
56. NBR-7678 – Segurança na Execução de Obras e Serviços de Construção;
57. NBR-8039 – Projeto e Execução de Telhados com Telha Cerâmica Tipo Francesa;
58. NBR-8160 – Instalações Prediais de Esgotos Sanitários;
59. NBR-8222 – Execução de Sistema de Proteção contra Incêndio em Transformadores;
60. NBR-8400 – Cálculo de Equipamento para Levantamento e Movimentação de Cargas;
61. NBR-8491 – Tijolo Maciço de Solo-Cimento;
62. NBR-8545 – Execução de Alvenaria sem Função Estrutural de Tijolos e Blocos Cerâmicos;
63. NBR-8660 – Revestimento de Piso – Determinação da Densidade Crítica de Fluxo de Energia Térmica;
64. NBR-8798 – Execução e Controle de Obras em Alvenaria Estrutural de Blocos Vazados de Concreto;
65. NBR-8800 – Projeto e Execução de Estruturas de Aço de Edifícios – Método dos Estados Limites;
66. NBR-8900 – Projeto, Fabricação e Instalação de Escadas Rolantes;
67. NBR-9050 – Adequação das Edificações e do Mobiliário Urbano à Pessoa Deficiente;

68. NBR-9061 – Segurança de Escavação a Céu Aberto;
69. NBR-9062 – Projeto e Execução de Estruturas de Concreto Pré-moldado;
70. NBR-9077 – Saídas de Emergência em Edifícios;
71. NBR-9441 – Execução de Sistemas de Detecção e Alarme de Incêndio;
72. NBR-9442 – Materiais de Construção – Ensaio de Propagação Superficial de Chama;
73. NBR-9574 – Execução de Impermeabilização;
74. NBR-9575 – Elaboração de Projetos de Impermeabilização;
75. NBR-9910 – Asfalto Oxidado para Impermeabilização;
76. NBR-10098 – Elevadores Elétricos;
77. NBR-10636 – Paredes Divisórias sem Função Estrutural – Ensaio de Resistência ao Fogo;
78. NBR-10821 – Caixilho para Edificação – Janela;
79. NBR-10829 – Caixilho para Edificação – Janela – Medição da Atenuação Acústica;
80. NBR-10831 – Projeto e Utilização de Caixilhos para Edificações de Uso Residencial e Comercial – Janelas;
81. NBR-10834 – Bloco Vazado de Solo-Cimento;
82. NBR-10837 – Cálculo de Alvenaria Estrutural de Blocos Vazados de Concreto;
83. NBR-10844 – Instalações Prediais de Águas Pluviais;
84. NBR-10897 – Proteção contra Incêndio por Chuveiro Automático;
85. NBR-10898 – Sistema de Iluminação de Emergência;
86. NBR-11173 – Projeto e Execução de Argamassa Armada;
87. NBR-11682 – Estabilidade de Taludes;
88. PNB – 98 – Armazenamento e Manuseio de Líquidos Inflamáveis e Combustíveis;
89. PNB – 216 – Armazenamento de Petróleo e seus Derivados Líquidos.

Art. 28. Nos termos do art. 19 da Lei nº 11.228, de 25 de junho de 1992, encontram-se revogadas, em especial, às seguintes disposições legais:

I – arts. 1º a 16 e 23 a 25 da Lei nº 8.881, de 29 de março de 1979, ressalvado o disposto no art. 23 deste Decreto;

II – art. 2º da Lei 9.483, de 22 de junho de 1982;

III – arts. 1º, 2º, 4º, 11 e 16, no que for pertinente, da Lei nº 9.668, de 29 de dezembro de 1983;

• *Inciso III com redação dada pelo Decreto nº 53.570, de 28.11.2012.*

IV – arts. 2º a 5º da Lei nº 10.071, de 3 de junho de 1986;

V – arts. 19 a 22 da Lei nº 10.334, de 13 de julho de 1987;

VI – arts. 4º a 9º da Lei nº 10.671, de 28 de outubro de 1988;

VII – art. 2º, no que for incompatível, da Lei nº 10.832, de05 de janeiro de 1990;

VIII – arts. 1º a 10 da Lei nº 10.870, de 19 de julho de 1990;

IX – Leis:

a) nº 9.199, de 18 de dezembro de 1980;

b) nº 9.414, de 30 de dezembro de 1981;

c) nº 9.531, de 22 de julho de 1982;

d) nº 9.912, de 18 de junho de 1985;

e) nº 10.169, de 20 de outubro de 1986;

f) nº 10.395, de 20 de novembro de 1987, no que for incompatível;

g) nº 10.571, de 8 de julho de 1988, ressalvado o disposto no art. 23 deste Decreto;

h) nº 10.738, de 12 de julho de 1989;

i) nº 10.739, de 13 de julho de 1989;

j) nº 10.774, de 10 de novembro de 1989;

l) nº 10.995, de 14 de junho de 1991;

m) nº 11.135, de 5 de dezembro de 1991.

Art. 29. Este Decreto entrará em vigor em 24 de setembro de 1992, juntamente com a Lei nº 11.228, de 25 de junho de 1992.

Art. 30. Revogam-se as disposições em contrário e, em especial, os Decretos:

I – nº 10.878, de 7 de fevereiro de 1974, exceto o art. 27 com a redação dada pelo Decreto nº 23.458, de 19 de fevereiro de 1987;

II – nº 10.888, de 13 de fevereiro de 1974;

III – nº 10.936, de 15 de março de 1974;

IV – nº 11.014, de 13 de maio de 1974;

V – nº 15.111, de 21 de junho de 1978;

VI – nº 15.491, de 29 de novembro de 1978;

VII – nº 15.907, de 31 de maio de 1979;

VIII – nº 15.980, de 29 de junho de 1979;

IX – nº 16.210, de 23 de novembro de 1979;

X – nº 17.359, de 5 de junho de 1981;

XI – nº 17.817, de 11 de fevereiro de 1982;

XII – nº 20.943, de 24 de maio de 1985;

XIII – nº 22.684, de 28 de agosto de 1986;

XIV – nº 22.817, de 26 de setembro de 1986, exceto os arts. 5º ao 9º;

XV – nº 22.819, de 26 de setembro de 1986;

XVI – nº 27.074, de 7 de outubro de 1988;

XVII – nº 27.875, de 12 de julho de 1989;

XVIII – nº 31.112, de 14 de janeiro de 1992.

DOM de 24.9.1992 – Retificação DOM de 26.9.1992

ANEXO 1 – CONCEITOS

Para efeito exclusivamente de aplicação do COE, ficam assim entendidos os seguintes termos:

I – **Andar**: é o volume compreendido entre dois pavimentos consecutivos, ou entre o pavimento e o nível superior de sua cobertura, conforme DESENHO 1-II do Anexo 18 deste Decreto;

II – **Área Computável**: parcela da área edificada considerada para efeito do cálculo do coeficiente de aproveitamento da LPUOS;

III – **Área Edificada**: área total coberta de uma edificação. Serão excluídas da área edificada a área de poços e vazios em geral, e das saliências listadas no item 10.12.5 do COE; será considerada no cálculo da área edificada de um único andar a área do poço do elevador, bem como de qualquer equipamento mecânico de transporte vertical;

IV – **Ático**: é a parte do volume superior de uma edificação, destinada a abrigar casa de máquinas, piso técnico de elevadores, caixas d'água e circulação vertical, conforme DESENHO 1-II do Anexo 18 deste Decreto;

V – **Coroamento**: é o elemento de vedação destinado a envolver especialmente o ático, conforme DESENHO 1-II do Anexo 18 deste Decreto;

VI – **Edificação**: obra coberta destinada a abrigar atividade humana ou qualquer instalação, equipamento e material, podendo ser:

a) **Edificação Permanente**: aquela de caráter duradouro, tal como uma residência, uma loja, uma indústria etc.;

b) **Edificação Transitória**: aquela de caráter não permanente, passível de montagem, desmontagem e transporte, tal como circos, galpões infláveis, caixas automáticas implantadas em imóvel distinto da agência bancária, cabines de recepção de filmes, "quiosques" para venda de lanches etc.;

VII – **Equipamento**: elemento destinado a guarnecer ou completar uma edificação, a esta integrando-se, podendo ser:

a) **Equipamento Permanente**: aquele de caráter duradouro, ou imprescindível à edificação, tal como elevador, escada rolante, esteira transportadora, ponte rolante, central de ar condicionado, caldeira, transformador de cabine de força, balança de pesagem de veículos, tanques e reservatórios de armazenagem de produtos químicos, inflamáveis e explosivos, reservatório estacionário de gás sob pressão, conjuntos ou aparelhos de lubrificação ou lavagem de veículos etc.;

b) **Equipamento Transitório**: aquele de caráter não permanente, ou prescindível à edificação, passível de montagem, desmontagem e transporte, que representa risco potencial à segurança do usuário, tal como elevador e guindaste utilizado em obra, equipamento de parque de diversões etc.;

VIII – **Jirau:** é o mobiliário constituído por estrado ou passadiço instalado a meia altura em compartimento, sem permanência humana prolongada, caracterizado como plataforma elevada para controle em indústrias ou estrado para estoque em lojas e comércio em geral, observados os parâmetros estabelecidos na Tabela 10.11 – Mobiliário da Seção 10.11 do COE, com as alterações promovidas pelo art. 3º da Lei nº 15.649, de 5 de dezembro de 2012, conforme Desenho 1.II – Conceitos do Anexo 18 do Decreto nº 32.329, de 23 de setembro de 1992.

• *Item com redação dada pelo Decreto nº 55.131, de 20.5.2014.*

IX – **Mezanino**: para efeito das disposições do COE, mezanino é o pavimento que subdivide parcialmente um andar em dois andares; para efeito das disposições da LPUOS, o mezanino somente será considerado andar se possuir área superior a 1/3 (um terço) da área do andar subdividido, conforme DESENHO 1-II do Anexo 18 deste Decreto;

X – **Mobiliário**: elemento construtivo não enquadrável como edificação ou equipamento, tal como guaritas e pérgulas, respeitado o disposto na Seção 10.11 do COE;

XI – **Obra Complementar**: obra destinada a edificação secundária, ou parte da edificação que, funcionalmente, complemente a atividade desenvolvida no imóvel, tal como portarias e passagens cobertas, respeitado o disposto na Seção 10.12 do COE;

XII – **Pavimento**: é o plano de piso, conforme DESENHO 1-II do Anexo 18 deste Decreto;

XIII – **Peça Gráfica**: é a representação gráfica, em escala adequada, de elementos para a compreensão de um projeto ou obra, conforme legenda constante do DESENHO 1-I do Anexo 18 deste Decreto;

XIV – **Projeto Simplificado:** conjunto de peças gráficas demonstrativas das dimensões externas, implantação, volumetria, movimento de terra, áreas e índices urbanísticos de edificação projetada, dispensada a apresentação das disposições internas, dimensões e funções dos compartimentos.

- *Item acrescido pelo Decreto nº 54.202, de 9.8.2013.*

XV – **Saliência**: elemento arquitetônico proeminente, engastado ou aposto em edificação ou muro, tal como abas ou marquises, respeitado o disposto na Seção 10.12 do COE;

XVI – **Salubridade**: condição que uma edificação deve proporcionar a fim de garantir a saúde de seus ocupantes, por meios adequados de ventilação, iluminação, conforto e manutenção.

ANEXO 2 – DIREITOS E RESPONSABILIDADES

SEÇÃO 2.A – DO MUNICÍPIO

Visando exclusivamente a observância das prescrições edilícias do Município, a PMSP licenciará e fiscalizará a execução, utilização e manutenção das condições de estabilidade, segurança e salubridade das obras, edificações, equipamentos e mobiliário, não se responsabilizando por qualquer sinistro ou acidente decorrentes de deficiências do projeto, execução ou utilização.

SEÇÃO 2.B – DO PROPRIETÁRIO

O proprietário do imóvel poderá tratar de seus interesses junto à PMSP e, quando necessário, deverá comprovar sua titularidade sobre o imóvel, com os documentos constantes do item 3.A.3 deste Decreto.

2.B.1. No caso de órgão público, a titularidade poderá, ainda, ser comprovada pela apresentação de mandado de imissão na posse, expedido na ação expropriatória do imóvel ou, conforme o caso, por documento que, mesmo em área maior, caracterize a propriedade.

2.B.2. Em se tratando de Alvará de Licença para Residência Unifamiliar, o requerimento poderá ser instruído com o respectivo compromisso de compra e venda, ou contrato que, embora denominado de forma diversa, tenha no seu conteúdo cláusulas que gerem os mesmos efeitos jurídicos do compromisso de compra e venda.

SEÇÃO 2.C – DO POSSUIDOR

O possuidor do imóvel poderá tratar de seus interesses junto à PMSP e, quando necessário, deverá comprovar seus direitos sobre o imóvel, com os documentos constantes do item 3.A.4 deste Decreto.

SEÇÃO 2.D – DO PROFISSIONAL

Somente o profissional habilitado junto ao CREA e à PMSP poderá tratar, junto a esta, dos assuntos técnicos relacionados com o projeto ou obra de sua responsabilidade.

2.D.1. Durante a análise do pedido fica assegurado, ao profissional habilitado, o atendimento pessoal pelo técnico municipal encarregado de sua análise, sendo-lhe facultada a indicação de outro profissional habilitado para este fim.

2.D.2. Considera-se:

I – baixa de responsabilidade – a ciência, por parte da Prefeitura, do desligamento do profissional responsável, relativamente à execução de obra regularmente licenciada, autorizada ou comunicada;

II – assunção de responsabilidade – a aceitação, por parte da Prefeitura, de novo profissional, legalmente habilitado, que passa a responder pela direção técnica relativa à execução de obra regularmente licenciada, autorizada ou comunicada;

III – transferência de responsabilidade – a ocorrência simultânea de baixa e assunção de responsabilidade.

2.D.2.1. A baixa, a assunção e a transferência de responsabilidade técnica ocorrem na data da apresentação da devida Comunicação à PMSP.

2.D.2.2. A aplicação de multas ao profissional que se desliga cessa quando da apresentação da Comunicação de baixa ou transferência de responsabilidade.

ANEXO 3
DOCUMENTOS PARA CONTROLE DA ATIVIDADE DE OBRAS E EDIFICAÇÕES

SEÇÃO 3.A – GENERALIDADES

Qualquer documento deverá ser solicitado pelo interessado através de requerimento padronizado específico, juntamente com a guia quitada de arrecadação da taxa devida ao órgão municipal.

3.A.1. A autenticidade dos documentos apresentados em cópia, é de total responsabilidade do requerente ou do profissional habilitado.

3.A.2. É obrigatória a apresentação de cópia da notificação-recibo do IPTU, ou do Certificado de Cadastro de propriedade territorial rural, em qualquer expediente que necessite da identificação do imóvel.

3.A.3. Os expedientes cuja análise dependa da apresentação de título de propriedade deverão ser instruídos com:

I – título de propriedade devidamente registrado no Cartório de Registro de Imóveis;

II – atos constitutivos da sociedade, quando se tratar de pessoa jurídica, compreendendo estatuto ou contrato social registrado, e ata da eleição da diretoria atual, com identificação dos representantes e qualificação.

3.A.4. Os expedientes cuja análise dependa de comprovação da posse deverão ser instruídos com um dos seguintes documentos:

I – contrato com autorização expressa do proprietário para a intervenção pleiteada;

II – compromisso de compra e venda devidamente registrado no Registro de Imóveis;

III – contrato representativo da relação obrigacional, ou relação de direito existente entre o proprietário e o possuidor direto;

IV – certidão do Registro Imobiliário contendo as características do imóvel, quando o requerente possuir escritura definitiva sem registro ou quando for possuidor *ad usucapionem*, com ou sem justo título ou ação em andamento.

3.A.5. Nos expedientes em que for obrigatória a assistência de profissional habilitado, este deverá ser devidamente identificado e qualificado na solicitação, devendo vistar as peças gráficas e/ou descritivas apresentadas.

3.A.6. Nos expedientes em que a análise do pedido depender de verificação da topografia do imóvel, deverá ser apresentada peça gráfica contendo levantamento planialtimétrico, elaborado por profissional habilitado, numerada na sequência das demais folhas do projeto, em escala conveniente e contendo, no mínimo, as seguintes informações:

I – indicação da linha Norte-Sul;

II – indicação das medidas de cada segmento do perímetro que define o imóvel, indicando-se a extensão levantada e as constantes do título de propriedade;

III – se a titulação da área for constituída por mais de um título, deverão ser demarcados os vários imóveis que a compõem, relacionando-os com os títulos de propriedade, indicando-se suas áreas e os respectivos números de contribuinte;

IV – indicação dos ângulos entre os segmentos que definem o perímetro do imóvel, ou seus rumos;

V – indicação da área real do imóvel, resultante do levantamento, bem como da constante do título de propriedade;

VI – apresentação de curvas de nível, de metro em metro, ou de planos devidamente cotados em terreno que apresente desnível não superior a 2,00 m (dois metros);

VII – demarcação do perímetro das edificações eventualmente existentes no imóvel;

VIII – locação de árvores existentes no imóvel, para atendimento à Lei nº 10.365, de 22 de setembro de 1987;

IX – demarcação de córregos, águas e faixas de galerias no imóvel ou em suas divisas;

X – locação de postes, árvores, boca de lobo, fiação e mobiliários urbanos existentes em frente ao imóvel;

XI – indicação de largura do(s) logradouro(s) medida no centro da testada do imóvel, e em vários pontos no mínimo 3 (três), do trecho do logradouro, se houver variação da medida, completando-se a indicação com as dimensões dos passeios;

XII – indicação da existência de calçada e tipo de pavimentação;

XIII – indicação da posição do lote na quadra em que se situa;

XIV – quando se tratar de terrenos com acentuado aclive ou declive, o levantamento deverá conter dados genéricos de implantação das eventuais edificações vizinhas, correspondendo a uma faixa de, no mínimo, 3,00 m (três metros) de largura ao longo das divisas.

3.A.7. A partir de 1º de janeiro de 1995 caberá à PMSP, em caso de intervenção em edificação existente, verificar a regularidade da edificação, aceitando-a como tal se não houver condições de comprovação em contrário.

3.A.8. Os modelos de requerimentos e dos documentos a serem emitidos poderão ser, oportunamente, padronizados pela PMSP.

3.A.9. Considerando a finalidade do documento a ser expedido, as Secretarias Municipais poderão fixar prazos para despacho menores que o estabelecido na Seção 4.2 do COE.

SEÇÃO 3.B – FICHA TÉCNICA

Qualquer munícipe poderá solicitar Ficha Técnica de um imóvel através de requerimento, devidamente preenchido, com identificação do solicitante e do imóvel objeto do pedido, que formará procedimento especial, não constituindo processo administrativo.

3.B.1. O pedido poderá abranger um ou mais imóveis, desde que contíguos e pertencentes a uma mesma quadra fiscal.

3.B.2. O requerente responderá por eventual erro e/ou inexatidão de preenchimento que, quando constatado, não gerará direito a emissão da Ficha Técnica.

3.B.3. Da Ficha Técnica a ser emitida constarão, obrigatoriamente, as seguintes informações:

I – zona de uso, incluindo corredor de uso especial;

II – denominação atual e anterior(es) do(s) logradouro(s);

III – situação legal do(s) logradouro(s) quanto a oficialização;

IV – largura do(s) logradouro(s);

V – melhoramentos urbanísticos incidentes e respectivo dispositivo legal;

VI – recuo(s) de frente especial para o logradouro;

VII – cota local e situação do imóvel perante plano específico de proteção a aeroportos;

VIII – cota local e situação do imóvel perante gabarito específico de altura, fixado por legislação municipal;

IX – incidência de legislação municipal, metropolitana ou estadual de tombamento, proteção de mananciais, ou quaisquer outras que sejam pré-requisito para obtenção de Alvará de Aprovação.

3.B.4. A Ficha Técnica será emitida em duas vias, das quais uma será entregue ao interessado e a segunda permanecerá em arquivo na unidade emissora pelo prazo de 120 (cento e vinte) dias, sendo inutilizada após este prazo.

3.B.5. A Ficha Técnica prescreverá em 90 (noventa) dias a contar da data de sua emissão, garantido ao requerente o direito de solicitar análise de Diretrizes de Projeto, Alvará de Aprovação e Alvará de Licença para Residência Unifamiliar, com base nas informações nessa contidas, desde que legislação posterior não disponha de modo contrário.

3.B.6. A Ficha Técnica poderá ser emitida pelo munícipe interessado por meio do Portal da Prefeitura do Município de São Paulo na Internet.

- *Item 3.B.6 acrescido pelo Decreto nº 50.008, de 9.9.2008.*

SEÇÃO 3.C – DIRETRIZES DE PROJETO

O proprietário ou o possuidor do imóvel, assistidos por profissional habilitado poderão solicitar, através de processo administrativo, a análise de estudo preliminar do projeto da edificação.

3.C.1. Para instrução do pedido serão apresentados os seguintes documentos:

I – requerimento devidamente preenchido com identificação do solicitante e do profissional habilitado atuante;

II – notificação-recibo do IPTU;

III – peça descritiva justificativa da proposta apresentada, em uma via;

IV – levantamento planialtimétrico do imóvel em uma via;

V – peças gráficas na forma de Projeto Simplificado, conforme as disposições constantes dos subitens 3.G.1.1, 3.G.1.2 e 3.G.1.3, incisos I a VI, da Seção 3.G deste Anexo;

- *Item V com redação dada pelo Decreto nº 54.202, de 9.8.2013.*

VI – opcionalmente, Ficha Técnica com prazo em vigor;

VII – outros elementos gráficos julgados necessários pelo Autor do Projeto.

3.C.2. Somente serão analisados os parâmetros urbanísticos relevantes, apresentados no Projeto Simplificado.

- *Item 3.C.2 com redação dada pelo Decreto nº 54.202, de 9.8.2013.*

3.C.2. Somente serão analisadas, no projeto apresentado, as informações obrigatórias constantes do item anterior.

3.C.3. O requerente e o profissional habilitado assumirão total responsabilidade pelas informações fornecidas, em especial quanto às dimensões do imóvel e titulação do mesmo.

3.C.4. Quando o estudo preliminar reunir condições de aceitação, será solicitado novo jogo de peças gráficas para serem vistadas, que se constituirá no único documento a ser entregue ao interessado após a publicação do despacho.

3.C.4.1. Quando da solicitação do Alvará de Aprovação, se for constatada inveracidade de qualquer dado fornecido pelo interessado para a aceitação das Diretrizes, as plantas vistadas perderão todo e qualquer valor.

3.C.5. A aceitação do Projeto de Diretrizes terá validade de 180 (cento e oitenta) dias a contar da data de publicação do despacho de sua emissão, garantido ao requerente o direito de solicitar Alvará de Aprovação ou Alvará de Licença para Residência Unifamiliar, conforme a legislação vigente à época do protocolamento do pedido de Diretrizes, desde que legislação posterior não disponha de modo contrário.

SEÇÃO 3.D – COMUNICAÇÃO

Nos casos previstos pela Seção 3.3 do COE, o proprietário ou o possuidor do imóvel deverão apresentar Comunicação prévia junto à AR, devidamente preenchida com identificação de seu objetivo, do solicitante, do profissional atuante e do imóvel objeto do procedimento.

3.D.1. Em função da natureza do pedido, será obrigatória a assistência de profissional habilitado:

I – na execução de restauro em edificações tombadas ou preservadas;

II – na execução de reparos externos em edificações com mais de dois andares;

III – na execução de pequenas reformas;

IV – na execução de obras emergenciais;

V – no início de serviços que objetivem a suspensão de embargo de obra licenciada;

VI – no início, paralisação e reinício de obras para efeito de comprovação da validade do Alvará de Execução;

VII – na transferência, substituição, baixa e assunção de responsabilidade profissional.

3.D.2. Em função da natureza do pedido, a Comunicação será acompanhada dos seguintes documentos:

I – na execução de restauro em edificações tombadas ou preservadas:

a) autorização do órgão responsável pela preservação;

b) título de propriedade ou comprovante de posse;

c) notificação-recibo do IPTU;

d) peças gráficas e/ou descritivas necessárias ao perfeito entendimento da obra a ser executada;

II – na execução de reparos externos, acima do segundo andar, em edificações com mais de dois andares:

a) notificação-recibo do IPTU;

b) peças gráficas e/ou descritivas necessárias ao perfeito entendimento da obra a ser executada;

III – na execução de reparos externos em fachadas situadas no alinhamento:

a) notificação-recibo do IPTU;

b) peças gráficas e/ou descritivas necessárias ao perfeito entendimento da obra a ser executada;

c) solicitação simultânea de Alvará de Autorização para avanço de tapume sobre parte do passeio público, conforme Seção 3.F deste Decreto;

IV – na execução de pequenas reformas:

a) notificação-recibo do IPTU;

b) peças gráficas e/ou descritivas necessárias ao perfeito entendimento da obra a ser executada;

V – na execução de obras emergenciais:

a) notificação-recibo do IPTU;

b) peças gráficas e/ou descritivas necessárias ao perfeito entendimento da obra a ser executada;

c) fotos;

VI – na execução de muros e gradis em qualquer divisa do lote:

a) notificação-recibo do IPTU;

b) identificação da(s) divisa(s) a ser(em) vedada(s);

c) descrição da altura do muro ou gradil, e da necessidade de aterro ou desaterro;

d) Alvará de Alinhamento e Nivelamento, para muro ou gradil em logradouro público sem alinhamento definido ou sujeito a novo alinhamento aprovado por lei;

VII – no início de serviços que objetivem a suspensão de embargo de obra licenciada:

a) notificação-recibo do IPTU;

b) peças gráficas e/ou descritivas necessárias ao perfeito entendimento da obra a ser executada;

VII – no início, paralisação e reinício de obras para efeito de comprovação da validade do Alvará de Execução:

a) notificação-recibo do IPTU;

b) identificação do Alvará de Execução;

c) descrição do estágio das obras, quando se tratar de paralisação ou reinício;

d) fotos;

IX – na implantação de mobiliário:

a) notificação-recibo do IPTU;

b) descrição e/ou ilustração do mobiliário a ser implantado;

X – na transferência, substituição, baixa e assunção de responsabilidade profissional:

a) notificação-recibo do IPTU;

b) identificação do Alvará de Execução;

3.D.3. Não será necessária a apresentação de Comunicação em caso de início, paralisação e reinício de obras, caso o Certificado de Conclusão seja requerido no prazo de validade do Alvará de Execução.

3.D.4. A Comunicação e as peças gráficas e/ou descritivas serão apresentadas em duas vias, formando procedimento especial destinado à aceitação e fiscalização.

3.D.4.1. Serão anexadas, ao processo que gerou o Alvará de Execução, as Comunicações destinadas a:

I – início, paralisação e reinício de obras para efeito de comprovação da validade do Alvará de Execução;

II – transferência, substituição, baixa e assunção de responsabilidade profissional.

3.D.4.2. Aceita a Comunicação, uma via desta e das peças apresentadas será devolvida, vistada, ao interessado.

3.D.5. A Comunicação terá eficácia a partir da aceitação, cessando imediatamente sua validade se:

I – constatado desvirtuamento do objeto do pedido adotando-se, então, as medidas fiscais cabíveis;

II – não iniciados os serviços objeto da comunicação, 90 (noventa) dias após a aceitação, quando enquadrada nos incisos I, II, III, VI e IX do item 3.D.2 deste Decreto.

SEÇÃO 3.E – ALVARÁ DE ALINHAMENTO E NIVELAMENTO

O proprietário, o possuidor ou o profissional habilitado poderão apresentar requerimento de emissão de Alvará de Alinhamento e Nivelamento, devidamente preenchido com identificação de seu objetivo, do solicitante e do imóvel objeto do pedido.

3.E.1. O Alvará de Alinhamento e Nivelamento somente é obrigatório para logradouros públicos sem alinhamento e nivelamento definidos, ou com novo alinhamento ou nivelamento aprovados por Lei.

3.E.2. Para instrução do pedido serão apresentados os seguintes documentos:

a) título de propriedade ou comprovante de posse;

b) notificação-recibo do IPTU.

3.E.3. O Alvará de Alinhamento e Nivelamento será entregue ao requerente juntamente com *croquis* elucidativo dos dados solicitados, devendo ser demarcado no local, por piquetes.

3.E.4. O Alvará de Alinhamento e Nivelamento somente perderá sua validade quando houver alteração do alinhamento ou nivelamento do logradouro, aprovadas por Lei.

SEÇÃO 3.F – ALVARÁ DE AUTORIZAÇÃO

Nos casos previstos nas letras “a” e “e” da Seção 3.5 do COE, o proprietário ou o possuidor do imóvel, ou o profissional habilitado, deverão apresentar requerimento de emissão de Alvará de Autorização junto à AR, devidamente preenchido com identificação de seu objetivo, do solicitante, do profissional atuante e do imóvel objeto do pedido.

3.F.1. Em função da natureza do pedido, o requerimento será acompanhado dos seguintes documentos:

I – na implantação e/ou utilização de edificação transitória ou equipamento transitório:

a) título de propriedades ou comprovante de posse, ou termo de anuência ou permissão, quando se tratar de imóvel de propriedade pública;

b) notificação-recibo do IPTU;

c) peças gráficas e/ou descritivas necessárias ao perfeito entendimento da Autorização a ser emitida;

d) termo assinado pelo responsável pela implantação e pelo proprietário do imóvel, responsabilizando-se pelo atendimento ao item 8.B.1 deste Decreto, quando for o caso;

II – na implantação e/ou utilização de canteiro de obras em imóvel distinto daquele onde se desenvolve a obra:

a) título de propriedade ou comprovante de posse;

b) notificação-recibo do IPTU;

c) em se tratando de obra particular, identificação do Alvará de Execução;

d) em se tratando de obra pública, cópia do contrato firmado pelo órgão ou entidade pública ao qual as obras ou serviços estão afetos;

e) *croquis* de localização onde conste o local da obra, o local do canteiro e a distância entre estes;

f) *croquis* do canteiro de obras, constando a implantação das eventuais instalações temporárias, suas destinações e número de pavimentos;

g) cronograma de execução de obra, constando a data de desativação do canteiro e da total desocupação do terreno em que for instalado;

h) termo assinado pelo profissional responsável pelas instalações e utilização do canteiro de obras, responsabilizando-se pelo atendimento do Capítulo 5 do COE e Anexo 5 deste Decreto, no que couber;

III – na implantação e/ou utilização de estande de vendas de unidades autônomas de condomínio a ser erigido no próprio imóvel:

a) identificação do número do processo relativo ao pedido de aprovação do empreendimento na Secretarla Munlcipal de Licenciamento ou Subprefeitura competente;

b) declaração do requerente de que:

b.1) o estande de vendas, quando construído junto às divisas do imóvel, terá altura máxima de 6,00 m (seis metros) medidos a partir do perfil natural do terreno, nos termos da Lei de Uso e Ocupação do Solo vigente;

b.2) não efetivará manejo arbóreo para a implantação do estande de vendas.

- *Inciso III com redação dada pelo Decreto nº 55.036, de 15.4.2014.*

IV – no avanço de tapume sobre parte do passeio público para execução de reparos externos em fachadas situadas no alinhamento:

a) título de propriedade ou comprovante de posse;

b) notificação-recibo do IPTU;

c) comunicação para reparos, instruída conforme do item 3.D.2 desta Seção;

V – no avanço de tapume sobre parte do passeio público em obra com Alvará de Execução em vigor: *croquis* demonstrativo de calçada, do tapume e das instalações beneficiadas, e indicação da sequência de utilização quando da execução da obra por trechos;

VI – na utilização temporária de edificação, licenciada para uso diverso do pretendido:

a) título de propriedade ou comprovante de posse;

b) notificação-recibo do IPTU:

c) peças gráficas e/ou descritivas necessárias ao perfeito entendimento da Autorização a ser emitida, e enquadramento do uso pretendido perante a LPUOS.

3.F.2. Quando se tratar de pedido de Alvará para tapume que implicar em desvio do trânsito de pedestres para parte protegida do leito carroçável do logradouro, conforme disposto no item 5.2.1.1 do COE e item 5.B.2 deste Decreto, o expediente será instruído pela AR e encaminhado para manifestação da SMT antes de sua emissão.

3.F.3. O Alvará de Autorização terá validade de 6 (seis) meses, dependendo sua renovação de recolhimento semestral das taxas devidas.

3.F.4. O Alvará de Autorização para a implantação de estande de vendas será expedido no prazo máximo de 15 (quinze) dias úteis, findo o qual a obra poderá ser iniciada, ficando sua eventual adequação às posturas municipais sob a inteira responsabilidade do proprietário ou possuidor e profissionais envolvidos.

- *Item 3.F.4 acrescido pelo Decreto nº 55.036, de 15.4.2014.*

SEÇÃO 3.G – ALVARÁ DE APROVAÇÃO

Nos casos exigidos pela Seção 3.6 do COE, o proprietário ou o possuidor de imóvel deverão apresentar requerimento de emissão de Alvará de Aprovação devidamente preenchido, com identificação de seu objetivo, do solicitante, do profissional atuante e do imóvel objeto do pedido.

3.G.1. Em função de sua natureza, o requerimento será acompanhado dos seguintes documentos:

I – para movimento de terra

a) título de propriedade ou comprovante de posse;

b) notificação-recibo do IPTU;

c) levantamento planialtimétrico do imóvel, em duas vias;

d) peças gráficas e/ou descritivas necessárias ao perfeito entendimento da obra a ser aprovada, em duas vias, contendo todos os elementos geométricos para a caracterização da situação existente e da obra proposta, inclusive do sistema de drenagem e proteção superficial;

e) memorial descritivo contendo a discriminação do tipo de solo existente, os volumes de corte e aterro, os volumes de terra necessários como empréstimo ou a serem retirados, a indicação das medidas de proteção superficial do terreno, a indicação dos terrenos para empréstimos ou "bota-fora", quando houver entrada ou saída de terra da obra, e o plano de manejo de solos;

f) indicação das medidas e instalações provisórias de drenagem, prevenção de erosão e retenção de sólidos, durante a execução da obra;

II – para muro de arrimo:

a) título de propriedade ou comprovante de posse;

b) notificação-recibo do IPTU;

c) levantamento planialtimétrico do imóvel, em duas vias;

d) peças gráficas e/ou descritivas necessárias ao perfeito entendimento da obra a ser aprovada, em duas vias;

III – para edificação nova:

a) título de propriedade ou comprovante de posse;

b) notificação-recibo do IPTU;

c) levantamento planialtimétrico do imóvel, em duas vias;

d) peças gráficas e/ou descritivas necessárias ao perfeito entendimento da obra a ser aprovada, em duas vias;

IV – para reforma:

a) título de propriedade ou comprovante de posse;

b) notificação-recibo do IPTU;

c) levantamento planialtimétrico do imóvel, apenas se a reforma implicar em modificação da topografia do imóvel, ou de seus recuos;

d) peças gráficas e/ou descritivas necessárias ao perfeito entendimento da obra a ser aprovada, em duas vias;

V – para aprovação de equipamentos:

a) título de propriedade ou comprovante de posse;

b) notificação-recibo do IPTU;

c) peças gráficas e/ou descritivas necessárias ao perfeito entendimento da obra a ser aprovada, em duas vias;

VI – para sistema de segurança:

a) título de propriedade ou comprovante de posse;

b) notificação-recibo do IPTU;

c) peças gráficas e/ou descritivas necessárias ao perfeito entendimento da obra a ser aprovada, em duas vias;

3.G.1.1. As peças gráficas previstas nas letras "d" dos incisos III e IV deste item deverão ser apresentadas na forma de Projeto Simplificado nos casos de projetos para edificação nova, de reforma ou de projetos modificativos, cuja análise e decisão sejam de competência das Subprefeituras, conforme regulamentação.

- *Item 3.G.1.1 acrescido pelo Decreto nº 54.202, de 9.8.2013.*

3.G.1.2. Será de total responsabilidade dos profissionais envolvidos, devidamente habilitados e com registro no conselho profissional, bem como do proprietário ou possuidor do imóvel:

I – a definição e disposição interna dos compartimentos, suas dimensões e funções;

II – a observância às exigências da Legislação de Uso e Ocupação do Solo – LUOS;

III – a observância às exigências da Legislação de Obras e Edificações – LOE, do Código de Obras e Edificações – COE e das Normas Técnicas Oficiais – NTOs, especialmente no que se refere à acessibilidade e segurança de uso das edificações.

- *Item 3.G.1.2 acrescido pelo Decreto nº 54.202, de 9.8.2013.*

3.G.1.3. As peças gráficas do Projeto Simplificado deverão conter:

I – o perímetro do terreno, com a indicação das medidas de cada segmento, com as dimensões do título de propriedade (E) e as dimensões levantadas no local (R);

II – plantas baixas de todos os andares, em escala adequada, sem indicação da compartimentação interna e suas aberturas, evidenciando a implantação da edificação no lote (incluindo saliências, mobiliários e obras complementares), as suas dimensões externas, os recuos em relação ao alinhamento e às divisas do lote e os acessos de pessoas e veículos, bem como as áreas permeáveis e o reservatório de retenção de águas pluviais, quando obrigatório;

III – corte vertical esquemático indicando o perfil natural do terreno e, internamente, apenas as cotas dos níveis dos pavimentos para verificação do número de andares e atendimento ao nível máximo permitido para o pavimento térreo, à volumetria, ao gabarito e à altura da edificação junto às divisas do lote, bem como a simples indicação da localização de muros de arrimo, se houver;

IV – no caso de reforma, além do atendimento aos incisos I, II, e III deste subitem, a indicação da edificação existente, da intervenção pretendida e dos eventuais acréscimo ou decréscimo de área;

V – quadro de áreas, com discriminação organizada por pavimento, categoria de uso, áreas computáveis e não computáveis no cálculo do coeficiente de aproveitamento, da parte existente, a construir, a reformar e a regularizar, dependendo da situação;

VI – notas pertinentes ao entendimento do projeto e demonstrativas do atendimento à legislação aplicável, contendo, dentre outras:

a) a taxa de ocupação;

b) o coeficiente de aproveitamento;

c) a taxa de permeabilidade;

d) o número de vagas de estacionamento, inclusive para pessoas com deficiência ou mobilidade reduzida;

e) a lotação, calculada de acordo com a Seção 12.6 do Anexo I do COE, quando se tratar de local de reunião;

f) o número de banheiros e a indicação do atendimento à Lei nº 14.459, de 3 de julho de 2007, e ao Decreto nº 49.148, de 21 de janeiro de 2008, conforme o caso;

VII – declaração dos profissionais atuantes no projeto de que têm pleno conhecimento de que sua aprovação está fundamentada apenas em relação aos parâmetros urbanísticos relevantes estabelecidos na legislação vigente e que o projeto atende a todas as exigências da LOE, COE e LUOS, além daquelas previstas na legislação federal e estadual e nas NTOs.

• *Item 3.G.1.3 acrescido pelo Decreto nº 54.202, de 9.8.2013.*

3.G.2. Somente será necessária a apresentação de peças descritivas quando seu conteúdo for imprescindível ao entendimento e compreensão da solicitação.

3.G.3. Desde que em vigor, poderão ser apresentadas Ficha Técnica, Diretrizes de Projeto aceitas e Alvará de Alinhamento e Nivelamento.

3.G.4. O Alvará de Aprovação será entregue juntamente com uma via das peças gráficas e/ou descritivas aprovadas vistadas, inclusive o levantamento planialtimétrico.

3.G.5. O Alvará de Aprovação prescreverá em 1 (um) ano a contar da data de publicação do despacho de deferimento do pedido, podendo ser prorrogado mediante requerimento, por iguais períodos, desde que o projeto atenda à legislação em vigor na ocasião dos pedidos de prorrogação.

3.G.5.1. Quando se tratar de edificação constituída por um conjunto de mais de 1 (um) bloco isolado ou cujo sistema estrutural permita esta caracterização, o prazo do Alvará de Aprovação será dilatado por mais 1 (um) ano para cada bloco excedente, até o prazo máximo de 5 (cinco) anos.

3.G.5.2. O prazo de Alvará de Aprovação ficará suspenso durante o período de exame do pedido de prorrogação.

3.G.5.3. A revalidação do Alvará de Aprovação não será necessária quando houver Alvará de Execução em vigor.

3.G.6. O Alvará de Aprovação poderá, enquanto vigente o Alvará de Execução, ou quando do pedido para emissão deste, receber termo aditivo para constarem eventuais alterações de dados ou aprovação de projeto modificativo em decorrência de alteração do projeto originalmente aprovado.

3.G.6.1. O prazo dos Alvarás de Aprovação e de Execução ficará suspenso durante o período de aprovação de projeto modificativo.

3.G.7. A aprovação de equipamentos ou sistema de segurança dar-se-á em etapa posterior à emissão do Alvará de Aprovação da edificação.

3.G.7.1. Para edificações existentes será necessária a apresentação de planta aprovada.

3.G.8. A aprovação de Sistema Básico de Segurança poderá ter seu procedimento simplificado, desde que seja apresentado Projeto Contra Incêndio aprovado pelo Corpo de Bombeiros, aceitando-se os equipamentos exigidos por aquele órgão.

SEÇÃO 3.H – ALVARÁ DE EXECUÇÃO

Nos casos exigidos pela Seção 3.7 do COE, o proprietário do imóvel deverá apresentar, no expediente objeto do Alvará de Aprovação, requerimento de emissão de Alvará de Execução devidamente preenchido com identificação de seu objetivo, do solicitante, do profissional atuante e do imóvel objeto do pedido.

3.H.1. Em função de sua natureza, o requerimento será acompanhado dos seguintes documentos:

I – para movimento de terra:

a) título de propriedade, se não apresentado quando do pedido de Alvará de Aprovação;

b) peças gráficas e/ou descritivas, inclusive levantamento planialtimétrico do imóvel, idênticas às objeto do Alvará de Aprovação, avalizadas pelo Autor e pelo Dirigente Técnico da Obra, em três vias;

II – para muro de arrimo:

a) título de propriedade, se não apresentado quando do pedido de Alvará de Aprovação;

b) peças gráficas e/ou descritivas, inclusive levantamento planialtimétrico do imóvel, idênticas às objeto do Alvará de Aprovação, avalizadas pelo Autor e pelo Dirigente Técnico da Obra, em três vias;

III – para edificação nova:

a) título de propriedade, se não apresentado quando do pedido de Alvará de Aprovação;

b) peças gráficas e/ou descritivas, inclusive levantamento planialtimétrico do imóvel, idênticas às objeto do Alvará de Aprovação, avalizadas pelo Autor e pelo Dirigente Técnico da Obra, em três vias;

IV – para demolição total:

a) título de propriedade;

b) anuência prévia dos órgãos de preservação em caso de imóvel localizado em ZEPEC e em área envoltória de bem tombado, devendo ser observadas as restrições impostas pelos órgãos de preservação;

c) indicação do responsável técnico pela demolição, no caso de imóvel com mais de 2 (dois) andares.

• *Inciso IV com redação dada pelo Decreto nº 55.036, de 15.4.2014.*

V – para reforma:

a) título de propriedade, se não apresentado quando do pedido de Alvará de Aprovação;

b) peças gráficas e/ou descritivas, inclusive levantamento planialtimétrico do imóvel, quando necessário à aprovação, idênticas às objeto do Alvará de Aprovação, avalizadas pelo Autor e pelo Dirigente Técnico da Obra, em três vias;

VI – para reconstrução:

a) título de propriedade;

b) notificação-recibo do IPTU;

c) laudo técnico de sinistro;

d) peças gráficas e/ou descritivas necessárias ao perfeito entendimento da obra a ser executada, em três vias;

VII – para instalação de equipamento:

a) título de propriedade, se não apresentado quando do pedido de Alvará de Aprovação;

b) peças gráficas e/ou descritivas idênticas às objeto do Alvará de Aprovação, avalizadas pelo Autor e pelo Dirigente Técnico da Obra, em três vias;

VIII – para sistema de segurança:

a) título de propriedade, se não apresentado quando do pedido de Alvará de Aprovação;

b) peças gráficas e/ou descritivas idênticas às objeto do Alvará de Aprovação, avalizadas pelo Autor e pelo Dirigente Técnico da Obra, em três vias.

3.H.1.1. Quando houver necessidade de autorização da PMSP para o corte de árvores, ou de lavratura de escritura de doação ou de instituição de faixa de servidão não edificável, estes atos poderão ser providenciados pelo proprietário em época anterior ao requerimento de Alvará de Execução e em expediente próprio.

3.H.1.2. Não será necessária a comprovação da regularidade da edificação nos pedidos de demolição total.

• *Item 3.H.1.2 acrescido pelo Decreto nº 55.036, de 15.4.2014.*

3.H.1.3. A instalação de elevadores e aparelhos de transporte será licenciada conjuntamente com a emissão do Alvará de Execução da edificação, nos termos do item 3.7.1 do Anexo I do COE, devendo ser apresentada declaração, assinada pelo responsável técnico pela instalação, de que o projeto e a instalação atenderão às NTOs em vigor.

• *Item 3.H.1.3 acrescido pelo Decreto nº 55.036, de 15.4.2014.*

3.H.1.4. No caso de pedido de Alvará de Instalação de elevadores e aparelhos de transporte em análise, ainda sem despacho, o interessado deverá, para a emissão do documento, apresentar atestado do responsável técnico de atendimento às NTOs.

• *Item 3.H.1.4 acrescido pelo Decreto nº 55.036, de 15.4.2014.*

3.H.2. O Alvará de Execução será entregue, salvo quando se tratar de demolição total, juntamente com duas vias das peças gráficas e/ou descritivas apresentadas vistadas, e desse constará a finalidade das obras abrangidas.

3.H.3. O Alvará de Execução destinado exclusivamente a movimento de terra prescreverá em 1 (um) ano a contar da data de publicação do despacho de deferimento do pedido, podendo ser prorrogado, a pedido, por iguais períodos.

3.H.4. Para os demais casos, o Alvará de Execução prescreverá em 2 (dois) anos em sequência à validade do Alvará de Aprovação.

3.H.4.1. O Alvará de Execução será considerado prescrito quando não for comunicada a conclusão do sistema estrutural de fundação no prazo constante deste item.

3.H.4.2. Concluído o sistema estrutural de fundação, o Alvará de Execução prescreverá em 1 (um) ano se não forem devidamente protocolados comunicados que comprovem a continuidade das obras.

3.H.5. Quando se tratar de um conjunto de edificações, ou de uma edificação cujo sistema estrutural permita a execução em etapas, o Alvará de Execução prescreverá:

I – em 2 (dois) anos em sequência à validade do Alvará de Aprovação;

II – em 1 (um) ano, se não forem devidamente protocolados comunicados que comprovem o andamento das obras de bloco já iniciado, ou a conclusão do sistema estrutural de fundação de outros blocos.

3.H.6. Concluída a superestrutura da edificação, o Alvará de Execução não mais prescreverá.

3.H.6.1. Concluída a superestrutura de um bloco, o Alvará de Execução não mais prescreverá para este bloco.

3.H.7. Poderá ser revogado, atendendo a relevante interesse público, o Alvará de Execução de edificação cuja obra permanecer paralisada por um período superior a 5 (cinco) anos.

SEÇÃO 3.I – ALVARÁ DE FUNCIONAMENTO DE EQUIPAMENTOS

O proprietário, o possuidor ou o profissional habilitado deverão apresentar, no expediente objeto dos Alvarás de Aprovação e Execução, requerimento de emissão de Alvará de Funcionamento de Equipamentos, devidamente preenchido com identificação de sua finalidade, do solicitante e do imóvel em que será instalado o equipamento objeto do pedido.

3.I.1. O Alvará de Funcionamento de Equipamentos, é obrigatório para o funcionamento de:

I – elevadores e aparelhos de transporte, observados os procedimentos e prazos fixados pela Lei nº 10.348, de 4 de setembro de 1987;

II – equipamentos e conjunto de instalações que integrem os sistemas de segurança;

III – equipamentos permanentes, conforme inciso VII do Anexo 1 deste Decreto.

3.I.2. O Alvará de Funcionamento de Equipamentos poderá ser emitido juntamente com o Certificado de Conclusão.

3.I.2.1. O licenciamento do funcionamento de elevadores e aparelhos de transporte se dará quando do seu cadastro no sistema de licenciamento eletrônico de aparelhos de transporte, composto da inscrição do aparelho e do Relatório de Inspeção Anual – RIA.

- *Item 3.I.2.1 acrescido pelo Decreto nº 55.036, de 15.4.2014.*

3.I.2.2. No ato da inscrição, no sistema de licenciamento eletrônico de aparelhos de transporte deverão ser fornecidos os dados técnicos do aparelho e dados cadastrais do imóvel no qual está instalado.

- *Item 3.I.2.2 acrescido pelo Decreto nº 55.036, de 15.4.2014.*

3.I.2.3. No caso de pedido de Alvará de Funcionamento de Equipamentos em análise, ainda sem despacho, será obrigatória a inscrição de que trata o subitem 3.I.2.1, devendo ser arquivado o respectivo processo físico.

- *Item 3.I.2.3 acrescido pelo Decreto nº 55.036, de 15.4.2014.*

3.I.2.4. Após a inscrição do aparelho, a chapa de identificação deverá ser retirada na Secretaria Municipal de Licenciamento e fixada no aparelho em local visível.

- *Item 3.I.2.4 acrescido pelo Decreto nº 55.036, de 15.4.2014.*

3.I.3. O Alvará de Funcionamento de Equipamentos terá validade de 1 (um) ano a contar da data de publicação do despacho de sua emissão, e os pedidos de revalidação serão obrigatórios, exceto para elevadores e aparelhos de transporte, conforme inciso I do item anterior.

3.I.3.1. A revalidação do Alvará poderá ter procedimento simplificado, a ser estabelecido por Portaria do órgão emissor, desde que as condições de segurança, estabilidade, funcionamento e operacionalidade de cada equipamento sejam avalizadas por profissional habilitado.

SEÇÃO 3.J – CERTIFICADO DE CONCLUSÃO

3.J. (Revogado).

- *3.J,* caput, *revogado pelo Decreto nº 53.289, de 13.7.2012.*

3.J.1. É obrigatória a apresentação de quitação do Imposto sobre Serviços – ISS relativo à obra executada.

- *Item 3.J.1 com redação dada pelo Decreto nº 36.161, de 24.6.1996.*

3.J.2. Poderão ser aceitas alterações que não descaracterizem o projeto aprovado, nem impliquem em divergência superior a 5% (cinco por cento) entre as metragens lineares e/ou quadradas da edificação, constantes do projeto aprovado e as observadas na obra executada.

3.J.2.1. O disposto no presente item:

I – aplica-se às medidas externas da edificação, aos recuos indicados em projeto e às dimensões previstas em projeto para as áreas destinadas à circulação e segurança (Capítulo 12 do COE);

II – não se aplica ao afastamento mínimo exigido pelo item 11.2.6 do COE para abertura de compartimento voltada para a divisa do lote.

3.J.2.2. Excetuados os espaços destinados à circulação e segurança, as dimensões previstas em projeto para os diversos compartimentos poderão apresentar divergência superior à permitida, desde que a porcentagem de tolerância de 5% (cinco por cento) seja respeitada em relação às dimensões mínimas previstas nos Capítulos 10, 11, 13, 14 e 16 do COE.

3.J.2.3. (Revogado).

- *Item 3.J.2.3 revogado pelo Decreto nº 53.289, de 13.7.2012.*

3.J.3. (Revogado).

- *Item 3.J.3 revogado pelo Decreto nº 33.673, de 21.9.1993.*

3.J.4. (Revogado).

- *Item 3.J.4 revogado pelo Decreto nº 53.289, de 13.7.2012.*

SEÇÃO 3.L – ALVARÁ DE LICENÇA PARA RESIDÊNCIA UNIFAMILIAR

Alternativamente aos procedimentos previstos nas Seções 3.G e 3.H, o proprietário poderá apresentar requerimento de emissão de Alvará de Licença para Residência Unifamiliar, devidamente preenchido com identificação do solicitante, do profissional atuante e do imóvel objeto do pedido.

3.L.1. O requerimento deverá ser instruído com:

I – título de propriedade do imóvel ou compromisso de compra e venda;

II – levantamento topográfico para verificação das dimensões, área e localização do imóvel, exceto para os casos de reforma da edificação que não implique em modificação da topografia do imóvel ou de seus recuos;

- *Inciso II com redação dada pelo Decreto nº 54.202, de 9.8.2013.*

III – peças gráficas na forma de Projeto Simplificado, conforme disposições dos subitens 3.G.1.1, 3.G.1.2 e 3.G.1.3 do item 3.G.1 da Seção 3.G deste Anexo.

- *Inciso III com redação dada pelo Decreto nº 54.202, de 9.8.2013.*

IV – clara identificação da edificação existente e da intervenção pretendida, em caso de reforma, conforme inciso anterior.

3.L.1.1. A disposição interna dos compartimentos, suas dimensões e função serão de total responsabilidade dos profissionais envolvidos e do proprietário.

3.L.1.2. O projeto arquitetônico deverá observar, obrigatoriamente, as disposições da LPUOS, do Capítulo 10 do COE e Anexo 10 deste Decreto. Quando a edificação for executada em madeira, deverá ainda atender às Seções 9.6 do COE e 9.F deste Decreto.

3.L.2. Somente será necessária a apresentação de peças descritivas quando seu conteúdo for imprescindível ao entendimento e compreensão da solicitação.

3.L.3. Desde que em vigor, poderão ser apresentados Ficha Técnica, Diretrizes de Projeto aceitas e Alvará de Alinhamento e Nivelamento.

3.L.4. O Alvará de Licença para Residência Unifamiliar será entregue juntamente com duas vias das peças gráficas e/ou descritivas aprovadas vistadas.

3.L.5. O proprietário, quando da conclusão da obra, deverá requerer Certificado de Conclusão nos termos da Seção 3.J deste Anexo.

- *Item 3.L.5 com redação dada pelo Decreto nº 54.202, de 9.8.2013.*

3.L.6. Poderão ser aceitas dimensões que não impliquem em divergência superior a 5% (cinco por cento) entre as metragens lineares e/ou quadradas constantes da LPUOS e as observadas na obra executada.

3.L.6.1. O disposto no presente item:

I – aplica-se também às medidas externas da edificação e aos recuos indicados em projeto;

II – não se aplica ao afastamento mínimo exigido pelo item 11.2.6 do COE para abertura de compartimento voltada para a divisa do lote.

3.L.6.2. Para os casos previstos neste item deverão ser apresentadas peças gráficas fiéis à obra executada, avalizadas pelo Autor do Projeto e pelo Dirigente Técnico da Obra.

3.L.7. O Certificado de Conclusão será entregue juntamente com uma via das peças gráficas e/ou descritivas apresentadas vistadas, e dele constará a finalidade da obra.

SEÇÃO 3.M – CERTIFICADO DE MUDANÇA DE USO

Mediante procedimento administrativo, e a pedido do proprietário do imóvel, a PMSP emitirá Certificados de Mudança de Uso para as edificações regularmente existentes que venham a ter seu uso alterado, desde que:

I – não haja necessidade de alteração física do imóvel para atendimento às disposições do COE;

II – esteja atendida a LPUOS.

3.M.1. O requerimento será instruído com peças gráficas que representem a edificação existente, com sua nova utilização e com o novo destino de seus compartimentos.

3.M.2. Quando se tratar de condomínio, deverá ser apresentada Ata de Assembleia aprovando a mudança de uso requerida.

- *Item 3.M.2 acrescido pelo Decreto nº 34.314, de 5.7.1994.*

SEÇÃO 3.N – AUTO DE VERIFICAÇÃO DE SEGURANÇA

Nos casos exigidos pelo art. 18 deste Decreto, o proprietário ou possuidor do imóvel e o responsável pelo uso ou atividade desenvolvida na edificação, deverão apresentar requerimento de emissão de AVS, devidamente preenchido com identificação dos solicitantes, dos profissionais atuantes e do imóvel objeto do pedido, juntamente com o Projeto de Adaptação.

3.N.1. O requerimento deverá ser instruído com:

I – título de propriedade ou comprovante de posse;

II – notificação-recibo do IPTU;

III – peças gráficas e/ou descritivas necessárias ao perfeito entendimento da obra a ser aceita, em duas vias, contendo;

a) caracterização da edificação;

b) indicação de obra e/ou serviço imprescindível à adaptação da edificação;

IV – formulário de LTS avalizado pelo Autor do Projeto de adaptação, engenheiro-eletricista responsável pelas instalações elétricas e Dirigente Técnico da Obra, quando for o caso;

V – Cronograma de execução de obra e/ou serviço.

3.N.1.1. Somente será necessária a apresentação de peças descritivas, peças gráficas com indicação de obras e/ou serviços e Cronograma, quando a edificação não atender às condições mínimas de segurança exigidas no Anexo 17 deste Decreto.

3.N.2. Existindo obras e/ou serviços necessários à adaptação da edificação, respeitados os prazos fixados no Cronograma a PMSP, ao aceitar o Projeto de Adaptação, emitirá IEOS com:

a) prazo máximo de 180 (cento e oitenta) dias para edificações destinadas a Local de Reunião;

b) prazo máximo de 360 (trezentos e sessenta) dias para demais edificações.

3.N.2.1. Poderão ser prorrogados estes prazos, por igual período, ou aceitos prazos superiores, quando devidamente justificados.

3.N.2.2. A IEOS já emitida e não vencida até a data de publicação deste Decreto, por solicitação do interessado, poderá ter seu prazo aumentado até o máximo estabelecido neste item.

3.N.3. A IEOS produzirá os mesmos efeitos do Alvará de Aprovação e Alvará de Execução para as obras necessárias à adaptação da edificação, mesmo que resulte em aumento da área edificada.

3.N.4. Vencido o prazo da IEOS, poderá ser exigida a apresentação de atestados comprobatórios da conclusão das obras e/ou serviços analisados pelos profissionais atuantes e, ainda, quando julgado necessário, efetuada vistoria para constatar a execução e autenticidade destes atestados.

3.N.4.1. Atendida a IEOS será expedido o AVS após publicação do despacho.

ANEXO 4 – PROCEDIMENTOS ADMINISTRATIVOS

Os requerimentos e os comunicados serão instruídos pelo interessado e analisados frente à legislação Municipal, conforme a natureza do assunto, observadas as normas edilícias emanadas da PMSP, em especial as prescrições do COE e da LPUOS, sem prejuízo da observância, por parte do Autor do Projeto e do Dirigente Técnico da Obra, das disposições estaduais e federais pertinentes.

SEÇÃO 4.A – ANÁLISE DOS PROCESSOS

De acordo com sua natureza, os expedientes de que trata este Decreto classificam-se, conforme dispõe o Decreto nº 15.306, de 14 de setembro de 1978, em:

- *O Decreto nº 15.306, de 14.9.1978, foi revogado pelo Decreto nº 51.714, de 13.8.2010.*

I – Processos Especiais;

II – Requerimentos Padronizados.

4.A.1. Os processos especiais terão seus procedimentos fixados neste Decreto, e destinam-se à expedição ou aceitação de:

I – Diretrizes de Projeto;

II – Alvará de Alinhamento e Nivelamento;

III – Alvará de Autorização;

IV – Alvará de Aprovação;

V – Alvará de Execução;

VI – Certificado de Conclusão;

VII – Alvará de Licença para Residência Unifamiliar;

VIII – Certificado de Mudança de Uso;

IX – Alvará de Funcionamento de Equipamentos;

X – Auto de Verificação de Segurança.

4.A.2. Os Requerimentos Padronizados obedecerão aos procedimentos fixados no Decreto nº 15.306, de 14 de setembro de 1978, e neste Decreto, e destinam-se à expedição ou aceitação de:

- *O Decreto nº 15.306, de 14.9.1978, foi revogado pelo Decreto nº 51.714, de 13.8.2010.*

I – Ficha Técnica;

II – Comunicação.

4.A.3. As taxas devidas para cada fato gerador serão recolhidas por ocasião do pedido, salvo se o requerente estiver legalmente isento deste recolhimento.

4.A.3.1. A taxa devida pelo exame e aprovação de edificação nova, a ser reformada ou reconstruída, inclui o exame de movimento de terra e de muro de arrimo, quando estes serviços forem pedidos e aprovados simultaneamente à edificação.

4.A.3.2. A taxa devida a Alinhamento e Nivelamento somente será devida, e cobrada quando da retirada do Alvará de Aprovação, quando o alinhamento e/ou o nivelamento tiverem sido efetivamente demarcados e fornecidos pela PMSP.

4.A.4. A ordenação dos Processos Especiais, principalmente quanto à sua Formação, Movimentação, Juntada de Folhas e Documentos, Desentranhamento e Devolução de Documentos, Instrução e Despacho, obedecerão às regras gerais estabelecidas no Decreto nº 15.306, de 14 de setembro de 1978, sem prejuízo dos parâmetros fixados neste Anexo.

- *O Decreto nº 15.306, de 14.9.1978, foi revogado pelo Decreto nº 51.714, de 13.8.2010.*

4.A.5. Em um único processo, instruído de conformidade com o disposto no Anexo 3 deste Decreto, serão analisados e decididos os requerimentos de Diretrizes de Projeto e de emissão dos Alvarás e Certificados de um mesmo imóvel, bem como eventuais pedidos de reconsideração de despacho ou recurso.

4.A.5.1. Caso o requerente solicite a emissão de mais de um Alvará de Aprovação à mesma época, e opte por fazê-lo em um único processo, deverá indicar a sequência em que quer obtê-los, e estar ciente de que cada Alvará terá prazo próprio de emissão.

4.A.5.2. Serão requeridos em expediente próprio os pedidos de licença para corte de árvores, análise de Polo Gerador de Tráfego e outros, cujo exame e decisão independam de consulta ao processo principal.

4.A.6. Autuado o processo, inicia-se sua instrução com fornecimento de dados técnicos cadastrais e, em seguida, dá-se a análise administrativa e técnica do pedido pelo órgão competente.

4.A.6.1. Será dispensado o fornecimento dos dados técnicos cadastrais do imóvel quando o interessado instruir o pedido com Ficha Técnica em vigor.

4.A.7. O processo que apresentar elementos incompletos ou incorretos, ou que necessite de complementação da documentação exigida por lei ou de esclarecimentos, será objeto de comunicado completo ("comunique-se") para que todas as falhas sejam sanadas.

4.A.7.1. O profissional municipal responsável pela análise somente emitirá novo "comunique-se" em razão de atendimento incompleto ao chamado anterior, ou da constatação de novas falhas.

4.A.7.2. Quando o atendimento às exigências implicar em correção de peça gráfica:

I – as infrações serão anotadas na peça gráfica que apresentar incorreção, a qual será retirada do processo e colocada à disposição do profissional atuante;

II – não reclamada por este, tal peça será inutilizada.

4.A.7.3. A chamada para atendimento do comunicado será publicada no *Diário Oficial do Município* e cópia de todas as exigências será encaminhada, por via postal, ao profissional atuante, e ao proprietário ou possuidor.

4.A.7.4. O prazo para atendimento do comunicado será de 30 (trinta) dias a contar da data de publicação da chamada pelo DOM, e poderá ser prorrogado, a pedido, por igual período.

4.A.7.5. Prorrogações sucessivas de prazos poderão ser autorizadas pela autoridade imediatamente superior, desde que a justificativa apresentada para tal procedimento seja relevante.

4.A.7.6. As peças gráficas não poderão sofrer emendas ou rasuras.

4.A.8. Os pedidos serão indeferidos:

I – por abandono, quando não atendido o "comunique-se" no prazo regulamentar;

II – por motivo relevante, devidamente discriminado.

4.A.8.1. O prazo para formalização de pedido de reconsideração de despacho ou recurso será, a contar da data de publicação do despacho de indeferimento, de:

I – 60 (sessenta) dias, para os processos relativos a pedido de concessão de Certificado de Conclusão;

II – 15 (quinze) dias, para os processos relativos a pedido de emissão de AVS ou Alvará de Funcionamento de Local de Reunião, face o disposto no art. 5º da Lei nº 9.433, de 1º de abril de 1982;

III – 30 (trinta) dias, para os demais processos.

SEÇÃO 4.B – PRAZOS PARA DESPACHO

Na concessão dos documentos a serem expedidos nos Processos Especiais, o prazo para despacho não poderá exceder a 90 (noventa) dias, inclusive nos pedidos relativos a reconsideração de despacho ou recurso, exceto na concessão de Certificado de

Conclusão de obra regularmente licenciada e executada, quando este prazo não poderá exceder a 10 (dez) dias.

4.B.1. SAR e SEHAB poderão reduzir os prazos fixados nesta Seção, em razão de sua estrutura funcional e da espécie do documento solicitado.

4.B.2. A contagem destes prazos ficará suspensa durante a pendência do atendimento, pelo requerente, de exigências feitas em "comunique-se" e em suas prorrogações de prazo.

4.B.3. O despacho decisório deverá ser claro, preciso, e ter como requisitos essenciais sua fundamentação e publicação no DOM.

4.B.3.1. A fundamentação do despacho, que deverá mencionar a disposição legal pertinente, somente será dispensada quando houver referência expressa a pareceres contidos no processo.

4.B.3.2. Os despachos decisórios, além de publicados em inteiro teor no DOM, serão obrigatoriamente notificados, por via postal, ao interessado.

4.B.4. Escoado o prazo para decisão de processo de Alvará de Aprovação, poderá ser requerido Alvará de Execução, mediante apresentação, pelo profissional responsável pela execução das obras, de requerimento de Alvará de Execução, em duas vias.

4.B.4.1. Este requerimento será recebido pelo expediente do órgão onde se encontrar o pedido de aprovação do projeto.

4.B.4.2. As duas vias receberão autenticação do órgão receptor, indicando a data de sua apresentação, sendo uma via juntada ao processo de aprovação e outra devolvida ao interessado.

4.B.4.3. Decorridos 30 (trinta) dias deste requerimento sem que haja decisão do processo, a obra poderá ser iniciada, sendo de inteira responsabilidade do proprietário e profissionais envolvidos a eventual adequação da obra às posturas municipais.

4.B.4.4. Indeferido o pedido de Alvará de Aprovação e, consequentemente, o de Execução, a obra deverá ser paralisada de imediato; a interposição de recurso não terá efeito suspensivo, devendo a obra, se iniciada, permanecer sustada.

4.B.5. Deferido o expediente serão emitidos, simultaneamente, os Alvarás de Aprovação e de Execução.

SEÇÃO 4.C – PRAZO PARA RETIRADA DE DOCUMENTO

O prazo para retirada de documento será de 30 (trinta) dias a contar da data da publicação, pelo DOM, do despacho de deferimento, após o qual o processo poderá ser arquivado por abandono, sem prejuízo da cobrança de taxas devidas.

4.C.1. Quando do documento emitido, serão retiradas do processo as peças gráficas e/ou descritivas vistadas.

4.C.1.1. A entrega do Alvará e das peças desentranhadas será feita à parte interessada mediante recibo juntado ao processo do qual foram retirados.

4.C.2. O desentranhamento e devolução de quaisquer outros documentos será regulado pelas disposições do Capítulo IV do Título I do Decreto nº 15.306, de 14 de setembro de 1978.

- *O Decreto nº 15.306, de 14.9.1978, foi revogado pelo Decreto nº 51.714, de 13.8.2010.*

4.C.3. O arquivamento dos Processos Especiais de aprovação de projetos para edificações, ou sua movimentação, serão regulados pelas disposições dos arts. 29 a 32 do Decreto nº 15.306, de 14 de setembro de 1978.

- *O Decreto nº 15.306, de 14.9.1978, foi revogado pelo Decreto nº 51.714, de 13.8.2010.*

SEÇÃO 4.D – (Revogada).

- *Seção 4.D revogada pelo Decreto nº 53.415, de 17.9.2012.*

SEÇÃO 4.E – (Revogada).

- *Seção 4.E revogada pelo Decreto nº 34.713, de 30.11.1994.*

ANEXO 5 – PREPARAÇÃO E EXECUÇÃO DE OBRAS

A execução de obras, incluindo os serviços preparatórios e complementares, suas instalações e equipamentos, será procedida de forma a obedecer ao projeto aprovado, à boa técnica, ao COE, a este Decreto e ao direito de vizinhança, a fim de garantir a segurança dos trabalhadores, da comunidade, das propriedades e dos logradouros públicos observada, em especial, a legislação trabalhista pertinente.

SEÇÃO 5.A – CANTEIRO DE OBRAS

5.A.1. A implantação do canteiro de obras deverá atender à Norma Regulamentadora 18 da Consolidação das Leis do Trabalho relativa à Segurança e Medicina do Trabalho (NR) no que for pertinente, e às seções 5.1 e 5.2 do COE, inclusive quando se instalar em local diverso ao da obra.

5.A.2. A implantação de canteiro de obras em local diverso ao da obra, ou de estande de vendas de unidades autônomas de condomínio a ser erigido no próprio imóvel, dependerão de solicitação de Alvará de Autorização, nos termos da seção 3.5 do COE e do Anexo 3 deste Decreto.

5.A.3. Será permitida a implantação, em balanço, de alojamentos e escritório do canteiro de obras, desde que:

a) a projeção avance, no máximo, até metade do passeio;

b) seja mantido pé-direito mínimo igual a 2,50 m (dois metros e cinquenta centímetros) sob a projeção;

c) seja solicitado Alvará de Autorização para avanço de tapume, nos termos do item 3.F.1 "V" deste Decreto.

SEÇÃO 5.B – FECHAMENTO DO CANTEIRO DE OBRAS

5.B.1. Quando houver necessidade de avanço de tapume sobre o passeio, como dispõem os itens 5.2.1 do COE e 5.A.3.c deste Decreto, deverá ser solicitado Alvará de Autorização, de acordo com a Seção 3 do COE e itens 3.F.1.IV ou 3.F.1.V deste Decreto.

5.B.1.1. O avanço de tapume, que implicar em desvio de trânsito de pedestres para o leito carroçável, como dispõe o item 5.2.1.1 do COE, só será autorizado após manifestação da SMT.

SEÇÃO 5.C – PLATAFORMA DE SEGURANÇA E VEDAÇÃO EXTERNA DAS OBRAS

5.C.1. As plataformas de segurança e vedação externas deverão atender à Seção 5.3 do COE e à NR, no que não contrariar o COE.

5.C.2. As plataformas de segurança poderão ser substituídas por vedação fixa externa, em toda a altura da construção (andaimes fachadeiros).

ANEXO 6 – PROCEDIMENTOS FISCAIS

A execução de obras de movimento de terra; de construção, demolição, reconstrução, reforma, reparo, restauração e emergenciais, ainda que sem caráter de edificação; os serviços de transporte de terra; a utilização de edificações e/ou implantação de canteiros de obras, mobiliários, equipamentos permanentes e sistema de segurança, realizados na área do município, serão devidamente fiscalizados e acompanhados pela PMSP.

SEÇÃO 6.A – COMPETÊNCIAS, DEFINIÇÕES E DOCUMENTOS

6.A.1. Compete às AR's, na pessoa dos seus servidores municipais encarregados pela fiscalização de SUOS, a verificação de edificações e da execução de obras e serviços, cabendo a estes servidores a responsabilidade pela adoção de procedimentos fiscais quando, no exercício de suas funções, constatarem infrações ao COE.

6.A.2. Para efeito exclusivamente da aplicação deste Anexo, ficam assim estabelecidos os seguintes termos:

I – Embargo: providência administrativa destinada a impedir o prosseguimento da obra que infringe os preceitos legais do COE;

II – Flagrante Policial: providência administrativa destinada a manter o embargo da obra ou interdição da edificação, mediante auxílio policial;

III – Infração: ato de infringir o preceito legal;

IV – Infrator: o proprietário do imóvel e seus sucessores a qualquer título, o possuidor e ainda, quando for o caso, o síndico, o usuário, o responsável pelo uso e o Dirigente Técnico responsável pela execução da obra;

V – Interdição: providência administrativa objetivando impedir a continuidade de uso da edificação, quando constatado perigo de ruína e/ou insalubridade;

VI – Intimação: providência administrativa destinada a compelir o infrator, em prazo determinado, a praticar ato e/ou a cessar a inobservância de preceito legal;

VII – Multa: penalidade pecuniária imposta ao Infrator;

6.A.3. Quando for adotada qualquer das providências administrativas elencadas no item 6.A.2, a PMSP cientificará o infrator mediante expedição de Auto correspondente, contendo necessariamente os seguintes dados:

I – Auto de Intimação:

a) nome, endereço e identificação do intimado;

b) local da infração e número do contribuinte-CODIM;

c) descrição sucinta das obrigações impostas, prazo para cumprimento e preceito legal violado;

d) penalidade prevista, no caso de desobediência;

e) assinatura do servidor;

f) ciente do intimado ou seu representante ou, na hipótese de recusa do recebimento do Auto, declaração assinada pelo servidor e por duas testemunhas devidamente qualificadas e identificadas;

II – Auto de Infração:

a) nome, endereço e identificação do infrator;

b) local da infração e número do contribuinte-CODIM;

c) nome, endereço e registro no CREA e PMSP do Dirigente Técnico, se houver;

d) tipo da obra ou implantação, fase em que se encontra, metragem quadrada;

e) descrição sucinta do fato constitutivo;

f) preceito legal infringido e seu embasamento legal;

g) assinatura do servidor;

h) ciente do infrator ou seu representante ou, na hipótese de recusa do recebimento do Auto, declaração assinada pelo servidor e por duas testemunhas devidamente qualificadas e identificadas;

III – Auto de Embargo:

a) nome, endereço e identificação do infrator;

b) local da obra e número do contribuinte-CODIM;

c) nome, endereço e registros do CREA e PMSP do Dirigente Técnico, se houver;

d) tipo da obra e fase em que se encontra;

e) ciência do infrator ou seu representante, do Embargo da obra, amparo legal e a permissão de trabalhos indispensáveis ao restabelecimento das disposições violadas, após prévia comunicação à PMSP, nos termos do item 3.3.g do COE;

f) declaração de que o infrator estará sujeito às penalidades do art. 330 do Código Penal, no caso de desobediência;

g) data, hora, e assinatura do servidor;

h) ciente do infrator ou seu representante ou, na hipótese de recusa do recebimento do Auto, declaração assinada pelo servidor e por duas testemunhas devidamente qualificadas e identificadas;

IV – Auto de Interdição:

a) local da interdição;

b) motivo da providência administrativa e amparo legal;

c) penalidade prevista no caso de desobediência;

d) declaração de responsabilidade exclusiva do infrator, eximindo-se a PMSP pelos danos decorrentes de possível sinistro;

e) assinatura do servidor;

f) ciente do ocupante do imóvel ou seu representante ou, na hipótese de recusa do recebimento do Auto, declaração assinada pelo servidor e por duas testemunhas devidamente qualificadas e identificadas;

V – Auto de Flagrante Policial:

a) local, motivo da aplicação da medida e amparo legal;

b) penalidade prevista, no caso de desobediência;

c) assinaturas do servidor, policiais militares e testemunhas devidamente identificadas;

VI – Multa:

a) nome e endereço do infrator;

b) local da infração e número do contribuinte-CODIM;

c) penalidade e embasamento legal;

d) valor;

e) notificação ao infrator do prazo legal estabelecido para pagar ou apresentar defesa, sob pena de confirmação da penalidade imposta e de sua subsequente inscrição como dívida ativa.

6.A.3.1. O Auto de Infração e a Multa poderão formar um único documento.

SEÇÃO 6.B – VERIFICAÇÃO DA REGULARIDADE DA OBRA

São documentos hábeis à comprovação da regularidade da atividade edilícia em execução:

a) Comunicação aceita e peças gráficas e/ou descritivas vistadas;

b) Alvará de Execução e peças gráficas e/ou descritivas vistadas;

c) Alvará de Licença para Residências Unifamiliares e peças gráficas e/ou descritivas vistadas.

6.B.1. Deverá ser mantido, no local da obra, o documento que comprove a regularidade edilícia em execução, até o término dos trabalhos.

6.B.2. Constatada a existência de obra cujo documento comprobatório de regularidade não se encontre no local de sua execução, a fiscalização deverá:

a) lavrar Autos de Infração e Intimação ao(s) infrator(es) para, no prazo de até 10 (dez) dias, sanar a irregularidade, sob pena de embargo e multa;

b) aplicar a correspondente multa pecuniária.

6.B.2.1. O disposto no item anterior não se aplica nos casos consignados no item 3.D.3 deste Decreto.

6.B.3. O prazo para cumprimento da intimação prevista no item 6.B.2.a, quando expedida às obras de Moradia Econômica, será de 30 (trinta) dias.

Do Embargo

6.B.4. Desatendida a intimação prevista no item 6.B.2.a ou, se constatada irregularidade na execução da obra, seja pelo desatendimento às disposições do COE ou pelo desvirtuamento da atividade edilícia como indicada ou licenciada pela PMSP, a fiscalização deverá:

a) lavrar Autos de Embargo e Infração;

b) aplicar a correspondente multa pecuniária.

6.B.4.1. No caso de obra aceita ou licenciada, somente após vistoria técnica e mediante determinação por escrito, a fiscalização adotará as providências determinadas no item anterior.

6.B.5. Mantido o Embargo e, tratando-se de obra aceita ou licenciada, será permitida a execução dos serviços indispensáveis a sanar as infrações, mediante prévia comunicação à PMSP, nos termos do item 3.3.g do COE.

6.B.5.1. O embargo será suspenso após a eliminação das infrações que o motivaram e o pagamento das multas impostas.

6.B.6. Tratando-se de obra sem o documento que comprove a sua regularidade, o embargo será suspenso após cumprimento de todas as seguintes condições:

a) apresentação de Comunicação aceita ou Alvará de Execução ou Alvará de Licença para Residência Unifamiliar;

b) eliminação de eventuais divergências da obra em relação às condições constantes da Comunicação ou do Alvará de Execução e peças gráficas e/ou descritivas vistadas quando for o caso;

c) pagamento das multas impostas.

Da Desobediência ao Embargo

6.B.7. Desobedecido o Auto de Embargo, a fiscalização deverá:

a) lavrar Auto de Infração e aplicar a correspondente multa pecuniária;

b) encaminhar solicitações de abertura de inquérito e de auxílio policial para manutenção do embargo administrativo da obra.

6.B.8. Independentemente da adoção da providência consignada no item 6.B.7.b deste Anexo, se constatado o prosseguimento da obra, a fiscalização deverá aplicar multa diária ao(s) infrator(es) até que a regularização da obra seja comunicada, à repartição competente, devendo ser verificada pela PMSP no prazo de 5 (cinco) dias contados a partir da comunicação.

6.B.9. Por ocasião da utilização do auxílio policial, se constatado o prosseguimento da obra, deverá ser lavrado o Auto de Flagrante Policial e aplicada multa pecuniária ao(s) infrator(es).

Do Auxílio e Inquérito Policial

6.B.10. De conformidade com o estabelecido no Decreto nº 27.894, de 20 de julho de 1989, compete ao Administrador Regional, no âmbito de sua região administrativa, solicitar o auxílio da Polícia do Estado para garantia dos atos administrativos, como o previsto na letra "b" dos itens 6.B.7, 6.D.2 e 6.D.4.

6.B.11. Compete ao Administrador Regional ou ao Procurador Assistente da AR requerer, no Distrito Policial competente, abertura de inquérito policial nos termos da Lei Processual Penal e do COE.

6.B.12. A Supervisão de Uso e Ocupação do Solo das AR's fornecerá subsídios à abertura de inquérito policial, instruindo a solicitação correspondente estabelecida no item 6.B.7.b com os Autos já emitidos, e ainda, com dados precisos da obra e do(s) infrator(es) indicando a fonte informadora.

6.B.12.1. Aberto o inquérito, o expediente formado deverá ser encaminhado à SAR-ATAJ que, após ciência, remeterá ao Departamento Judicial para o acompanhamento da ação.

6.B.13. O(s) Servidor(es) que lavrar(em) as intimações, os Autos de Infração e Embargo, e os correspondentes Autos de Multa, responderá(ão) pela inexatidão dos dados que possam prejudicar as medidas administrativas ou judiciais cabíveis.

Disposições Especiais

6.B.14. Aplicam-se também ao Dirigente Técnico, responsável por obra aceita ou licenciada, as multas pecuniárias previstas nos itens 6.B.4, 6.B.7 e 6.B.8.

6.B.15. Constatada a existência de qualquer tipo de obra em execução e ameaçando ruir, com ou sem risco aos trabalhadores, imóveis vizinhos e/ou logradouros públicos, a fiscalização adotará, de imediato, as providências estabelecidas nesta Seção a partir do item 6.B.4, e, ainda, os procedimentos previstos nos itens 6.D.3.2 e 6.D.3.3 deste Anexo, se necessário.

6.B.16. Nos casos de restauro, reparos e pequenas reformas, quando constatado o desvirtuamento da Comunicação aceita, pela supressão ou acréscimo de área à edificação existente ou alterações do imóvel que infrinjam a LOE e a LPUOS, a obra será considerada sem licença, adotando-se as providências estabelecidas nos itens 6.B.4 e 6.E.9.

6.B.16.1. O disposto no item anterior, não isenta o Dirigente Técnico da penalidade pecuniária cabível.

SEÇÃO 6.C – IMPLANTAÇÕES E/OU UTILIZAÇÕES – VERIFICAÇÃO DA REGULARIDADE

São documentos hábeis para comprovação da regularidade das implantações e/ou utilizações consignadas nos itens 3.3.i e 3.5 do COE:

a) Comunicação aceita e peças gráficas e/ou descritivas vistadas;

b) Alvará de Autorização e peças gráficas e/ou descritivas vistadas.

6.C.1. Nos casos previstos nos itens 3.3.i e 3.5 do COE, quando constatada irregularidade, seja por falta de Comunicação aceita ou Autorização concedida, pela inexistência ou pelo desvirtuamento destes documentos e/ou por desatendimento às disposições do COE, a fiscalização deverá:

a) lavrar Auto de Infração e aplicar multa pecuniária;

b) encaminhar solicitação de cancelamento do Alvará de Autorização, quando existir.

6.C.1.1. No caso de utilização de edificação transitória destinada a abrigar eventos geradores de público, as AR's, no âmbito de suas atribuições, poderão solicitar a Interdição do local, adotando os procedimentos estabelecidos no item 6.D.3.

6.C.2. Aplicam-se também, ao Dirigente Técnico responsável pela implantação licenciada, as multas pecuniárias previstas no item 6.C.1.

SEÇÃO 6.D – VERIFICAÇÃO DA ESTABILIDADE, SEGURANÇA E SALUBRIDADE DA EDIFICAÇÃO

Compete aos servidores técnicos municipais da Supervisão de Uso e Ocupação das AR's vistoriar e avaliar edificações com respeito às suas condições de estabilidade, segurança e/ou salubridade e determinar à fiscalização para adoção dos procedimentos administrativos cabíveis.

6.D.1. Verificada a existência de edificação sem condições de estabilidade, segurança e/ou salubridade, a fiscalização deverá lavrar Auto de Intimação ao(s) proprietário(s) ou possuidor(es) do imóvel para, no prazo de 5 (cinco) dias, adotar as medidas necessárias à solução da irregularidade, sob pena de Interdição e multas diárias.

6.D.2. Desatendida a intimação prevista no item anterior, a fiscalização deverá:

a) lavrar Autos de Interdição, Infração e aplicar a correspondente multa pecuniária;

b) encaminhar solicitações de abertura de inquérito e de auxílio policial.

Do Perigo Iminente de Ruína

6.D.3. Verificada a existência de edificação com perigo iminente de ruína, no todo ou em parte, com ou sem risco aos ocupantes, a fiscalização deverá lavrar, de imediato, Autos de Interdição e Intimação ao(s) proprietário(s) ou possuidor(es) para, no prazo de até 5 (cinco) dias, promover(em) reparo, reforma ou demolição da edificação, sem prejuízo da obtenção da licença junto a PMSP e, quando for o caso, a desocupação do imóvel, sob pena de inquérito policial e multas diárias.

6.D.3.1. Após a interdição somente será permitida a execução dos serviços indispensáveis à eliminação da irregularidade constatada.

6.D.3.2. Quando a edificação apresentar risco aos imóveis vizinhos, a fiscalização deverá cientificar seus proprietários e/ou seus ocupantes das medidas adotadas e, se for o caso, da necessidade de sua desocupação.

6.D.3.3. Se a edificação apresentar risco aos logradouros públicos, a fiscalização solicitará providências objetivando impedir o trânsito de pedestres, junto ao local.

Da Desobediência à Intimação e/ou Interdição

6.D.4. Desatendida a intimação prevista no item 6.D.3 ou verificada a desobediência à Interdição, a fiscalização deverá:

a) lavrar Auto de Infração e aplicar a correspondente multa pecuniária;

b) encaminhar solicitações de abertura de inquérito e de auxílio policial.

6.D.5. Independentemente das providências consignadas na letra "b" dos itens 6.D.2 e 6.D.4, a fiscalização prosseguirá aplicando multa diária correspondente ao(s) infrator(es) até a adoção das medidas exigidas para sanar a irregularidade.

Do Auxílio e Inquérito Policial

6.D.6. As competências para solicitação do auxílio da Polícia do Estado e abertura de inquérito policial; a responsabilidade na instrução dos expedientes e na expedição dos respectivos Autos, estão consignados nos itens 6.B.10 a 6.B.13 deste Anexo.

Da Comunicação pelo Proprietário

6.D.7. Independentemente das providências estabelecidas nos itens 6.D.1 e 6.D.3, o proprietário ou possuidor de imóvel que constatar perigo iminente de ruína, no todo ou em parte, ou contaminação, poderá dar início imediato aos serviços de consolidação ou descontaminação, devidamente assistido por profissional habilitado e mediante Comunicação de Obras Emergenciais prevista no item 3.3.e do COE.

6.D.7.1. Comunicada a execução dos serviços a fiscalização, vistoriando o imóvel objeto do pedido, verificará a veracidade da necessidade de execução de obras emergenciais.

6.D.7.2. O desvirtuamento da Comunicação de Obras Emergenciais acarretará a aplicação das medidas determinadas nos itens 6.B.4 e seguintes deste Anexo, permitindo-se apenas o prosseguimento da execução dos serviços indispensáveis à consolidação e/ou demolição da edificação.

SEÇÃO 6.E – PENALIDADES

A inobservância a qualquer das disposições contidas no COE ensejará a aplicação da correspondente multa pecuniária ao(s) infrator(es).

Da Notificação

6.E.1. Simultaneamente à aplicação da multa, o infrator deverá ser notificado para, no prazo de até 10 (dez) dias, apresentar defesa ou efetuar o pagamento devido, sob pena de confirmação da penalidade e de sua subsequente inscrição como dívida ativa.

6.E.1.1. Às Moradias Econômicas, o prazo consignado no item 6.E.1 será de 30 (trinta) dias.

6.E.2. Simultaneamente à publicação no DOM, o infrator será cientificado do despacho decisório proferido na apreciação da defesa, mediante notificação de inteiro teor.

6.E.3. De preferência, a notificação será feita pessoalmente, podendo ser também por via postal, com aviso de recebimento, ou por edital, nas hipóteses de recusa do recebimento ou não localização do notificado.

Da Defesa e do Recurso

6.E.4. A defesa será apresentada, mediante protocolo, na Administração Regional em cuja circunscrição se constatou a infração e será dirigida ao Administrador Regional, que a decidirá, após manifestação do servidor autuante.

6.E.4.1. Às multas decorrentes de reaplicação caberá defesa, desde que fundamentada em comunicação de eliminação de irregularidade.

6.E.5. Do despacho decisório que desacolher a defesa caberá um único recurso, com efeito suspensivo, no prazo de 15 (quinze) dias contados da notificação, mediante prévio depósito do valor da multa.

6.E.5.1. Às Moradias Econômicas, o prazo consignado no item anterior será de 45 (quarenta e cinco) dias.

6.E.6. O recurso será apresentado mediante protocolo na Administração Regional em cuja circunscrição se constatou a infração e será dirigida ao Secretário das Administrações Regionais, que o decidir.

Do Valor das Multas

6.E.7. O desatendimento às disposições do COE, a execução de obras ou serviços sem o devido licenciamento ou em desacordo com o mesmo, constituem infração sujeita à aplicação das penalidades pecuniárias pelo índice constante da Tabela de Multas deste Anexo.

6.E.8. As multas serão aplicadas ao proprietário ou ao possuidor pelo índice indicado na Tabela de Multas deste Anexo.

6.E.9. Às obras irregulares citadas no item 6.B.16 deste Anexo, caberá multa pelo índice indicado no item 7. V da Tabela de Multas.

6.E.10. Ao Dirigente Técnico da obra caberá multa no valor de 80% (oitenta por cento) do valor referido no item 6.E.8.

6.E.11. O valor das multas impostas na autuação de Moradias Econômicas deverá ser reduzido em 50% (cinquenta por cento) do valor indicado na referida Tabela.

6.E.12. As multas por desobediência ao embargo terão, como base, a Tabela de Multas deste Anexo, sendo os valores correspondentes a 10% (dez por cento) do valor indicado.

6.E.13. Às infrações do COE, cujos valores não constem em seu Anexo III, aplicar-se-á o índice constante da Tabela anexa ao Decreto nº 28.482, de 29 de dezembro de 1989.

Tabela de Multas

Descrição da Infração	Dispositivo Infringido	Valor em UFM Proprietário		Valor em UFM Dirigente Técnico		Base de Cálculo
– Falta de documento comprobatório da regularidade de uma obra ou serviço no local de sua execução	6.1	10		8		unidade
– Inexistência de Comunicação ou seu desvirtuamento na execução de:		Embargo	Diária	Embargo	Diária	
I – restauração em edificação tombada	3.3.a	1	0.1	0.8	0.08	m²
II – reparos externos em edificações com de dois andares	3.3.b	29	2	16	1.6	unidade
III – reparos externos de fachada no alinhamento	3.3.c	1	0.1	0.8	0.08	m
IVa – pequena reforma em residência com até 80 m²	3.3.d	0.4	0.04	0.32	0.032	m²
IVb – pequena reforma em residência com mais de 80 m² ou em edificações para uso não residencial	3.3.d	0.6	0.06	0.48	0.048	m²
Va – obra emergencial em residência com até 80 m²	3.3.e	0.4	0.04	0.32	0.032	m²

Vb – obra emergencial em residência com mais de 80 m² ou em edificações para uso não residencial	3.3.e	0.6	0.06	0.48	0.048	m²
VI – muros e gradis nas divisas do lote	3.3.f	0.4	0.04	0.32	0.032	m
VIIa – serviços necessários à suspensão de embargo de obra licenciada em residência com até 80 m²	3.3.g	1.6	0.16	1.28	0.128	m²
VIIb – serviços necessários à suspensão de embargo de obra licenciada em residência com mais de 80 m² ou em edificação para uso não residencial	3.3.g	2.4	0.24	1.92	0.192	m²
– Inexistência de Comunicação relativa ao início, paralização ou reinício de obras para comprovação da validade do Alvará de Execução	3.3.h	10	1	8	0.8	unidade
– Inexistência de Comunicação ou seu desvirtuamento na implantação de mobiliário	3.3.i					
– Execução de obra ou serviço em residência com até 80 m² sem assunção de novo dirigente técnico	3.3.j	1.6	0.16	1.28	0.128	m²
– Execução de obra ou serviço em residência com mais de 80 m² ou em edificações para uso não residencial sem assunção de novo dirigente técnico	3.3.j	2.4	0.24	1.92	0.192	
– Inexistência de Alvará de Autorização ou seu desvirtuamento nos casos de:						
I – implantação e/ou utilização de edificação transitória ou equipamento transitório	3.5.a	20	2	16	1.6	unidade
II – implantação e/ou utilização de canteiro de obras em imóvel distinto daquele onde se desenvolve a obra	3.5.b					
III – implantação e/ou utilização de estandes de unidades autônomas de condomínio a ser erigido no próprio imóvel	3.5.c	10	1	8.0	0.8	
IV – avanço de tapume sobre parte do passeio público	3.5.d 5.2.1	1	0.1	0.8	0.08	m

<table>
<tr><td>V – utilização temporária de edificação licenciada para uso diverso do pretendido</td><td>3.5.e</td><td>20</td><td>2</td><td>16</td><td>1.6</td><td>unidade</td></tr>
<tr><td>VI – transporte de terra ou entulho</td><td>3.5.f</td><td colspan="2">3</td><td colspan="2"></td><td>viagem</td></tr>
<tr><td>– Inexistência de Alvará de Execução ou seu desvirtuamento na execução de:</td><td colspan="6"></td></tr>
<tr><td>I – movimento de terra</td><td>3.7.a</td><td>0.04</td><td>0.004</td><td>0.032</td><td>0.0032</td><td>m^2</td></tr>
<tr><td>II – muro de arrimo</td><td>3.7.b</td><td>0.5</td><td>0.05</td><td>0.4</td><td>0.04</td><td>m</td></tr>
<tr><td>III – edificação nova</td><td>3.7.c</td><td>1</td><td>0.1</td><td>0.8</td><td>0.08</td><td rowspan="4">m^2</td></tr>
<tr><td>IV – demolição</td><td>3.7.d</td><td>0.012</td><td>0.0012</td><td>0.0096</td><td>0.00096</td></tr>
<tr><td>V – reforma</td><td>3.7.e</td><td rowspan="2">1</td><td rowspan="2">0.1</td><td rowspan="2">0.8</td><td rowspan="2">0.08</td></tr>
<tr><td>VI – reconstrução</td><td>3.7.f</td></tr>
<tr><td>VII – instalação de equipamento</td><td>3.7.g</td><td>3</td><td>0.3</td><td>2.4</td><td>0.24</td><td>unidade</td></tr>
<tr><td>VIII – sistema de segurança</td><td>3.7.h</td><td>0.05</td><td>0.005</td><td>0.04</td><td>0.004</td><td>m^2</td></tr>
<tr><td>– Utilização de equipamento sem alvará de funcionamento</td><td>3.8</td><td colspan="2">6</td><td colspan="2"></td><td>unidade</td></tr>
<tr><td>– Utilização de edificação sem certificado de conclusão</td><td>3.9</td><td colspan="2">1.5</td><td colspan="2"></td><td rowspan="2">m^2</td></tr>
<tr><td>– Utilização de edificação para uso diverso do licenciado</td><td>3.11</td><td colspan="2">2</td><td colspan="2"></td></tr>
<tr><td>– Canteiro de Obras:</td><td colspan="6"></td></tr>
<tr><td>I – obstrução do passeio ou sua utilização como canteiro de obras ou para carga e descarga de materiais</td><td>5.1.1</td><td rowspan="6">6</td><td rowspan="6">0.6</td><td rowspan="6">4.8</td><td rowspan="6">0.48</td><td rowspan="6">unidade</td></tr>
<tr><td>II – prejuízos à arborização da rua, à iluminação pública, à visibilidade de avisos ou sinais de trânsito etc.</td><td>5.1.2</td></tr>
<tr><td>III – tapume no passeio enquanto os serviços da obra são desenvolvidos a altura superior a 4,80 m do passeio</td><td>5.2.1.2</td></tr>
<tr><td>IV – tapume no passeio com obras paralizadas por mais de 30 dias ou concluídos os serviços de fachada</td><td>5.2.2.2</td></tr>
<tr><td>V – inexistência de plataformas de segurança</td><td>5.3.a</td></tr>
<tr><td>VI – inexistência de vedação externa envolvendo a obra</td><td>5.3.b</td></tr>
</table>

ANEXO 7 – EDIFICAÇÕES EXISTENTES

SEÇÃO 7.A – NORMAS GERAIS

Uma edificação será considerada regularmente existente, ainda que a área edificada real seja menor, ou apresente divergência de, no máximo, 5% (cinco por cento) para maior, da área constante no documento utilizado para comprovação da regularidade.

7.A.1. São documentos hábeis para a comprovação da regularidade de edificação existente:

a) planta aprovada, com respectivo "habite-se", ou auto de vistoria, ou auto de conclusão; ou,

b) planta conservada com Auto de Conservação correspondente; ou,

c) planta regularizada com Auto de Regularidade correspondente; ou,

d) certificado de regularidade da edificação no cadastro do CEDI.

SEÇÃO 7.B – REFORMAS

Considera-se reforma qualquer alteração da edificação por supressão, acréscimo na área edificada, ou modificação na estrutura, na compartimentação vertical ou na volumetria, com ou sem mudança do uso instalado exceto quando se tratar de adaptação às condições mínimas de segurança. A edificação regularmente existente poderá ser reformada, desde que a edificação resultante não crie nem agrave eventual desconformidade com a LOE ou com a LPUOS.

7.B.1. Qualquer pretensão de acréscimo ou supressão de área em relação à área edificada existente gerará a obrigatoriedade da formalização de pedido de Alvará de Aprovação de Reformas, nos termos da Seção 3.6 do COE.

7.B.1.1. Não constitui reforma, inclusive para efeitos fiscais, a implantação de mobiliário em lotes edificados, desde que sejam respeitados os parâmetros estabelecidos pela Tabela 10.11 do COE, devendo ser objeto de Comunicação.

7.B.2. Qualquer modificação na estrutura, compartimentação vertical ou volumetria gerará, também, a obrigatoriedade de formalização do pedido de Alvará de Aprovação de Reformas, nos termos da Seção 3.6 do COE.

7.B.2.1. Entende-se como modificação na compartimentação vertical a alteração no desnível "d", conforme Seção 10.3 do COE, devendo ser motivo de reforma a subdivisão de andares ou a supressão de número de andares.

7.B.2.2. Entenda-se como modificação na volumetria qualquer alteração nas dimensões externas que determinam o volume de uma edificação.

7.B.3. Fica caracterizada como pequena reforma aquela que, mesmo implicando em mudança de uso, não suprima ou acrescente área construída à existente, desde que as alterações no imóvel não infrinjam a LOE e a LPUOS, devendo ser formalizado pedido de Comunicação para a sua execução, conforme Seção 3.3 do COE.

7.B.3.1. Também será objeto de pedido de Comunicação para pequena reforma a alteração da compartimentação horizontal da edificação.

7.B.4. Desde que venha a ser atendida a LOE e a LPUOS, pagas as taxas e multas devidas, qualquer edificação irregular, no todo ou em parte, poderá ser regularizada e reformada, concomitantemente.

7.B.4.1. Para a área a regularizar será expedido um Certificado de Conclusão, e para a reforma pretendida, será expedido Alvará de Aprovação de Reforma.

7.B.5. A edificação irregular, no todo ou em parte, poderá ser reformada desde que seja prevista a supressão da infração à LOE ou à LPUOS.

7.B.5.1. Para adequação da edificação será expedida, pela PMSP, Notificação de Exigências Complementares – NEC, com prazo para atendimento de, no máximo, 180 (cento e oitenta) dias para supressão das infrações à LOE e à LPUOS, sendo que o prazo para despacho ficará suspenso durante a pendência do atendimento às exigências, conforme disposto no item 4.2.1 do COE.

7.B.5.2. Após o atendimento da NEC, o interessado deverá informar à PMSP, para que o imóvel seja vistoriado para constatação da supressão da irregularidade e posterior emissão do Certificado de Conclusão.

7.B.5.3. Por opção do interessado, poderá ser emitido somente Alvará de Aprovação de Reforma para a edificação irregular, sendo que não será concedido Certificado de Conclusão, ainda que parcial, sem que a infração a LOE ou a LPUOS tenha sido suprimida.

7.B.6. Nas edificações com comprovada existência regular em período de 10 (dez) anos, a serem reformadas com mudança de uso poderão ser aceitas, para a parte existente e a critério da CEUSO, soluções que, por implicações de caráter estrutural, não atendam integralmente às disposições previstas na LOE ou na LPUOS, relativas a dimensões e recuos, desde que não comprometam a salubridade nem acarretem redução de segurança.

7.B.7. Edificações com soluções alternativas de proteção contra incêndios, aceitas pela PMSP através dos seus órgãos de aprovação ou normativos, serão consideradas "conformes" nos termos do COE.

7.B.7.1. Consideram-se como alternativas as soluções técnicas diversas das exigidas pelo COE, introduzidas em atendimento aos requisitos mínimos de segurança, desde que, no projeto e na execução, sejam respeitadas as NTO ou critério de comprovada eficácia.

SEÇÃO 7.C – RECONSTRUÇÃO

A edificação regular poderá ser reconstruída, no todo ou em parte, dependendo de sua conformidade com a LOE e a LPUOS.

7.C.1. A reconstrução de edificação que abrigava uso instalado irregularmente, em desacordo com o disposto na LPUOS, só será permitida se:

a) for destinada a uso permitido na zona; e,

b) adaptar-se às disposições de segurança do COE.

7.C.2. A critério da CEUSO, ouvida a CNLU, a PMSP poderá recusar, no todo ou em parte, a reconstrução nos moldes anteriores, de edificação com índices e volumetria em desacordo com o disposto na LOE ou na LPUOS, que seja considerada prejudicial ao interesse urbanístico.

ANEXO 8 – USO DAS EDIFICAÇÕES

Para efeitos deste Decreto, inclusive com relação à emissão dos documentos para controle da atividade de obras e edificações de que trata a seção 3 do COE e o Anexo 3 deste, as edificações agrupar-se-ão conforme sua finalidade se assemelhar, no todo ou em parte, a uma ou mais atividades previstas no Capítulo 8 do COE.

SEÇÃO 8.A – ATIVIDADES TEMPORÁRIAS

As edificações ou instalações destinadas a abrigar atividades consideradas temporárias, seja por períodos restritos de tempo, seja em edificações de caráter transitório incluem, dentre outros, os seguintes tipos:

a) circos e parques de diversões;

b) bancas de jornais, quiosques promocionais, cabines de fotos automáticas, cabines de recepção e vendas de filmes fotográficos e similares;

c) caixas automáticos ou caixas eletrônicos de bancos e similares.

8.A.1. A instalação de atividades temporárias estará condicionada ao atendimento da LPUOS, do COE e da LOE e dependerá da prévia emissão de Alvará de Autorização, de acordo com a seção 3.5 do COE e seção 3.F do Anexo 3 deste Decreto.

8.A.2. As atividades relacionadas no item 8.A.a, quando possuírem capacidade de lotação superior a 100 pessoas, só serão autorizadas após manifestação do departamento competente da SEHAB.

8.A.3. As atividades relacionadas nos itens 8.A.b e 8.A.c deverão atender os mesmos parâmetros de "caixa eletrônico", estabelecidos na Tabela 10.12.2 do COE.

SEÇÃO 8.B – USO MISTO

A implantação em uma edificação, de mais de uma atividade, estará condicionada à LPUOS, ao COE e a este Decreto, em especial no que se refere a espaços destinados a circulação e segurança.

8.B.1. Em edificação destinada a uso misto, o número de vagas para estacionamento de veículos deverá ser dimensionado considerando-se, isoladamente, as áreas destinadas a cada atividade.

8.B.2. As atividades temporárias listadas nos itens 8.A.b e 8.A.c, quando forem instaladas na área externa de lote já edificado, não poderão comprometer:

a) o atendimento da reserva mínima de vagas para estacionamento de veículos;

b) as faixas de acesso e circulação de veículos e pedestres.

8.B.2.1. As atividades referidas no item 8.B.2, quando forem instaladas na área interna de uma edificação regularmente existente, não poderão comprometer as rotas de saída exigidas para os demais usos instalados no mesmo imóvel.

8.B.3. Para as demais atividades temporárias, inclusive as constantes no item 8.A.a, será admitido o uso misto, desde que sejam estabelecidas, pela CEUSO, as condições de acesso a serem utilizadas.

ANEXO 9 – COMPONENTES, MATERIAIS, ELEMENTOS CONSTRUTIVOS E EQUIPAMENTOS

SEÇÃO 9.A – DESEMPENHO

Os elementos construtivos de obras, edificações, equipamentos e mobiliário deverão garantir estabilidade, salubridade e segurança, pelo dimensionamento, especificação e emprego dos materiais constantes das NTO, do COE e da LOE, assegurando adequado desempenho, ainda que sua instalação não seja obrigatória.

9.A.1. Deverão também ser observadas as recomendações da Secretaria Municipal da Saúde no que se refere à prevenção e controle das zoonoses.

SEÇÃO 9.B – COMPONENTES BÁSICOS

As fundações, estruturas, paredes, pisos, revestimento e cobertura deverão apresentar resistência ao fogo, isolamento térmico, isolamento e condicionamento acústicos e impermeabilidade adequados à função e porte do edifício, de acordo com as NTO, COE e LOE.

SEÇÃO 9.C – INSTALAÇÕES PREDIAIS

A execução de instalações prediais nas edificações deverá atender preferencialmente às NTO, além das disposições da seção 9.3 do COE e, em especial, às Normas Técnicas das concessionárias de serviços públicos.

9.C.1. Não será permitido o despejo de águas pluviais ou servidas, inclusive daquelas provenientes do funcionamento de equipamentos, sobre as calçadas e os imóveis vizinhos, devendo as mesmas serem conduzidas por canalização sob o passeio à rede coletora própria, de acordo com as Normas emanadas do órgão competente.

9.C.1.1. Integram a rede coletora de águas pluviais as guias e sarjetas dos logradouros.

9.C.2. As edificações deverão dispor de instalação permanente de gás combustível, conforme disposto no Decreto nº 24.714, de 7 de outubro de 1987, com as alterações introduzidas pelos Decretos nº 24.757, de 14 de outubro de 1987, e nº 27.011, de 30 de setembro de 1988.

9.C.2.1. A ventilação permanente nos compartimentos que contiverem equipamentos com funcionamento a gás, deverá atender às NTC da Companhia de Gás de São Paulo – COMGÁS.

9.C.2.2. O armazenamento de recipientes de gás (cilindros de GLP) deverá estar em ambiente exclusivo, dotado de abertura com ventilação permanente, situado em área externa à edificação, podendo ser enquadrado como obra complementar, de acordo com a Tabela 10.12.2 do COE.

9.C.3. Os abrigos de lixo, quando obrigatórios conforme item 9.3.3.1 do COE, poderão ser enquadrados como obra complementar, de acordo com a Tabela 10.12.2 do COE, devendo possibilitar fácil acesso ao Serviço Público de Coleta, de modo a impedir o acúmulo de lixo sobre o passeio.

9.C.3.1. As edificações destinadas a hospitais, farmácias, clínicas médicas ou veterinárias e assemelhados, deverão ser providas de instalação especial para coleta e eliminação do lixo séptico, de acordo com as normas emanadas do órgão competente, distinguindo-se da coleta pública de lixo comum ficando, nestes casos, dispensada a obrigatoriedade do item 9.3.3.1 do COE.

9.C.3.2. Será aceito dimensionamento diverso daquele constante da Tabela 10.12.2 do COE, quando o órgão municipal competente, através de norma específica, o exigir.

9.C.4. As edificações com altura superior a 12,00 m (doze metros) deverão dispor de sistema de proteção contra descargas atmosféricas, executado de acordo com a NTO, não podendo ser utilizado captor iônico-radioativo nas instalações.

9.C.4.1. Será dispensada tal instalação na edificação que manipule e/ou armazene produto que desaconselhe sua utilização.

SEÇÃO 9.D – EQUIPAMENTOS MECÂNICOS

Os equipamentos mecânicos, atendidas as disposições da Seção 9.4 do COE, deverão requerer Alvarás de Aprovação, Execução e Funcionamento de equipamentos, conforme Anexo 3 deste Decreto.

9.D.1. Para equipamento permanente da edificação, classificado conforme inciso VII do Anexo 1 deste Decreto, será obrigatório licenciamento, nos termos do *caput* desta Seção.

SEÇÃO 9.E – ELEVADORES DE PASSAGEIROS

As edificações deverão ser servidas por elevadores de passageiros, de acordo com as disposições da Seção 9.5 do COE, conforme exemplificado no desenho 9. I do Anexo 18 deste Decreto.

9.E.1. O desnível a ser considerado, conforme item 9.5.1 do COE, somente será tomado a partir do andar inferior destinado a estacionamento, quando este situar-se sob a projeção da edificação.

9.E.2. Havendo pelo menos um elevador que atenda ao uso por pessoas portadoras de deficiências físicas, conforme exigência do item 9.5.3 do COE, será permitido, aos demais, a parada em andares alternados, desde que o desnível entre seu acesso e o pavimento seja, no máximo, de 1,50 m (um metro e cinquenta centímetros) vencido através de escada.

9.E.3. O *hall* de acesso a no mínimo um elevador, em todos os pavimentos, excluído o térreo, conforme exemplificado nos desenhos 9. II. "a" e "b" do Anexo 18 deste Decreto, deverá estar interligado à circulação vertical da edificação (escadas e/ou rampas) por espaço de circulação coletiva (largura mínima de 1,20 m) podendo os demais elevadores estarem interligados às escadas e/ou rampas por espaço de circulação privativa (largura mínima de 0,80 m) de uso comum ao edifício.

9.E.3.1. A interligação por circulação privativa poderá ser dispensada, desde que o elevador possua sistema que possibilite a movimentação do equipamento até o andar térreo e gerador de energia própria.

9.E.4. Nas edificações cujos elevadores abram suas portas para vestíbulos independentes, ainda que tenham comunicação entre si, cada elevador ou grupo de elevadores serão considerados, para efeito do cálculo de intervalo de tráfego, separadamente com relação aos setores por eles servidos. Quando dois ou mais elevadores servirem à mesma unidade, o cálculo poderá ser feito em conjunto. Este parâmetro será considerado, até que a NTO disponha de modo diverso.

SEÇÃO 9.F – EDIFICAÇÕES DE MADEIRA

Atendidas as disposições da seção 9.6 do COE, serão permitidas edificações de madeira, para qualquer uso ou atividade, desde que garantida a segurança de seus ocupantes, na hipótese de risco, em função de sua população e correto dimensionamento, obedecidas também as disposições desta Seção.

9.F.1. Visando a segurança ao uso, as edificações de madeira, que possuírem população superior a 100 (cem) pessoas, deverão possuir Sistema Básico de Segurança, conforme item 12.11.1.1 do COE.

9.F.2. Nas edificações de madeira, a distância máxima a se percorrer ficará reduzida a 1/3 (um terço) do estabelecido na Tabela 12.8.1 do COE.

9.F.2.1. Ficará igualmente reduzida a 1/3 (um terço) a distância de qualquer ponto até a porta de acesso, estabelecida no item 12.8.1.1 do COE.

9.F.3. A altura máxima de 8,00 m (oito metros) conforme letra "b" do item 9.6.3 do COE, será tomada entre o pavimento inferior e o teto do andar superior, excluído o telhado.

9.F.4. Somente os parâmetros fixados nas letras "c" e "d" do item 9.6.3 do COE poderão ser alterados por solução que, comprovadamente, garanta a segurança dos usuários e seu entorno.

ANEXO 10 – IMPLANTAÇÃO, AERAÇÃO E INSOLAÇÃO DAS EDIFICAÇÕES

A implantação no lote de qualquer edificação, obra complementar ou mobiliário, além do atendimento às disposições previstas, na LPUOS e no COE, especialmente em seu Capítulo 10, deverão observar as regras fixadas por este Decreto.

SEÇÃO 10.A – CONDIÇÕES GERAIS DE IMPLANTAÇÃO NO LOTE E DE FECHAMENTO DE TERRENOS EDIFICADOS

10.A.1. Para o atendimento ao item 10.1.1 do COE encontra-se exemplificada, no desenho 10. I do Anexo 18 deste Decreto, a implantação junto às divisas.

10.A.2. O guarda-corpo de proteção contra quedas, conforme item 9.2.3 do COE, atenderá aos seguintes dispositivos:

a) será considerado no cômputo da altura máxima estabelecida no item 10.1.1 do COE; e

b) não será considerado no cálculo da somatória "N" estabelecido na Seção 10.3 do COE, desde que atendido o item 10.E.2 deste Anexo.

10.A.3. Os anteparos verticais, como gradil, muro, guarda-corpo, torres em geral e assemelhados, que apresentarem superfície vazada, uniformemente distribuída, igual ou superior a 90% (noventa por cento) de sua superfície total, situados no topo do volume "VI" ou "VS", não serão considerados na altura de 9,00 m (nove metros) estabelecida no item 10.1.1 do COE, nem no cálculo da somatória "N".

10.A.4. As disposições naturais de absorção das águas pluviais no lote deverão ser garantidas, conforme item 10.1.5 do COE.

10.A.4.1. Considera-se reservatório qualquer dispositivo de retenção e acumulação das águas pluviais podendo ser, dentre outros, o volume situado acima do nível d'água das piscinas e espelhos d'água e 1/3 (um terço) do volume efetivo das floreiras e jardins sobre laje.

10.A.4.2. A absorção das águas pelo sistema de drenagem deverá ser dimensionada conforme NTO.

10.A.4.3. Na execução de reformas e na aprovação de projeto modificativo de Alvará de Aprovação ou de Licença para Residências Unifamiliares, em que a situação existente ou aprovada impossibilite a aplicação, total ou parcial, do disposto no item 10.1.5 do COE, as condições de permeabilidade do terreno não poderão ser agravadas.

SEÇÃO 10.B – DISPOSITIVOS PARA ATENDIMENTO DA AERAÇÃO E INSOLAÇÃO

A aeração e insolação dos compartimentos, deverão ser proporcionadas conforme sua função e localização no volume da edificação, de acordo com as disposições previstas no COE e neste Anexo. As reentrâncias obrigatórias encontram-se exemplificadas nos desenho 10. II. "a" e "b" do Anexo 18 deste Decreto.

SEÇÃO 10.C – CLASSIFICAÇÃO DOS VOLUMES DE UMA EDIFICAÇÃO

Os volumes de uma edificação, conforme estabelecido na Seção 10.3 do COE, encontram-se exemplificados no desenho 10.III. "a", "b" e "c" do Anexo 18 deste Decreto.

10.C.1. Quando houver chaminé ou torre instaladas sobre a edificação, "N" será a somatória "N" da edificação, acrescida do índice volumétrico "n" da chaminé ou torre.

10.C.1.1. Não será considerado o índice volumétrico "n" de dutos de lareira e ventilação.

10.C.2. O andar em mezanino, com até 1/3 (um terço) da área do andar inferior, não será considerado como "andar" exclusivamente para fins de aplicação dos índices da LPUOS.

SEÇÃO 10.D – AERAÇÃO E INSOLAÇÃO DO VOLUME "VI"

A aeração e insolação naturais de qualquer compartimento situado nos volumes "VI" e "VE", deverão atender ao disposto na Seção 10.4 do COE, conforme exemplificado no desenho 10.IV do Anexo 18 deste Decreto.

SEÇÃO 10.E – AERAÇÃO DO VOLUME SUPERIOR "VS" – FAIXA LIVRE "A"

O volume "VS" e a faixa livre "A" deverão atender ao item 10.5.1 do COE, conforme exemplificado no desenho 10.V. "a" e "b" do Anexo 18 deste Decreto.

10.E.1. O coroamento das edificações que apresentar superfície vazada superior a 2/3 (dois terços) de sua superfície total poderá, à semelhança do ático, observar a faixa livre "A" do andar mais elevado da edificação.

10.E.1.1. A superfície total do coroamento será tomada a partir da platibanda ou guarda-corpo de proteção, até o nível da cobertura do ático, considerada na fachada correspondente.

10.E.2. A platibanda de envolvimento do telhado e o guarda-corpo de proteção contra queda, quando situados no volume "VS", não serão considerados no cálculo da somatória "N" desde que não apresentem altura superior a 1,20 m (um metro e vinte centímetros).

SEÇÃO 10.F – AERAÇÃO E INSOLAÇÃO DO "VS" – ESPAÇO LIVRE "I"

Para os compartimentos situados no volume "VS", classificados nos GRUPOS "A" ou "B", deverá ser previsto espaço livre "I", calculado conforme item 10.6.1 do COE e exemplificado nos desenhos 10.VI, "a","b", e "c" do Anexo 18 deste Decreto.

10.F.1. O espaço livre "I" corresponderá a um semicírculo (arco) do raio "I" que contenha, em projeção horizontal, pelo menos um ponto de seu diâmetro (corda) tangenciando a fachada do edifício.

10.F.1.1. O semicírculo de raio "I" poderá ser substituído por plano retangular, desde que:

a) seu lado maior seja a soma das dimensões "I" e "A" e seu lado menor seja a dimensão "I";

b) o lado maior esteja justaposto à face da edificação.

10.F.1.2. Quando da utilização do plano retangular, conforme item anterior, não será admitido qualquer avanço sobre o logradouro público.

10.F.1.3. Quando no volume "VS", os compartimentos poderão ser aerados e insolados por área livre interna à edificação, conforme exemplificado no desenho 10.IV."d" do Anexo 18 deste Decreto, desde que esta área contenha:

a) o semicírculo de raio "I" justaposto à fachada onde haja compartimentos dos GRUPOS "A" ou "B", e

b) a faixa livre "A" sem interferência com o raio "I" em, pelo menos, duas outras fachadas concorrentes.

SEÇÃO 10.G – AERAÇÃO E INSOLAÇÃO DO VOLUME ENTERRADO OU SEMI ENTERRADO "VE"

Quando, no volume "VE", existir compartimento classificado nos GRUPOS "A" ou "B", a aeração e insolação deverão atender ao disposto na Seção 10.7 do COE.

SEÇÃO 10.H – AERAÇÃO INDUZIDA

Os compartimentos do GRUPO "D" poderão ter sua aeração proporcionada conforme item 10.8 do COE e tabela explicativa 11.A do Anexo 11 deste Decreto.

SEÇÃO 10.I – AERAÇÃO E INSOLAÇÃO ALTERNATIVAS

Através de elementos gráficos elucidativos, poderão ser apresentadas outras formas de aeração e insolação, de acordo com o item 10.9 do COE.

SEÇÃO 10.J – AJUSTES DA FAIXA LIVRE "A" E ESPAÇO LIVRE "I"

Serão admitidos ajustes na faixa "A" e no espaço livre "I" quando a edificação for implantada nas condições admitidas na seção 10.10 do COE, incluindo as zonas de uso para as quais haja expressa dispensa da observância dos recuos previstos pela LPUOS, conforme exemplificado no desenho 10.VII do Anexo 18 deste Decreto.

SEÇÃO 10.L – MOBILIÁRIO

Para a implantação e execução de mobiliário deverão ser atendidos o disposto no Seção 10.11 do COE e respectiva tabela.

10.L.1. A implantação de mobiliário em terreno ou edificação existente deverá atender aos procedimentos constantes da Seção 3.C do Anexo 3.

10.L.1.1. A implantação de mobiliário em edificação nova ou reforma será licenciada conjuntamente com a edificação conforme Seção 3.F, 3.G e 3.I do Anexo 3.

10.L.2. As coberturas metálicas retráteis, que atendam aos parâmetros de pérgula fixados na Tabela 10.11 do COE serão consideradas, de acordo com sua função, como abrigo para auto, abrigo para portão, abrigo para porta ou passagem coberta de pedestres sem vedação lateral, desde que atendidos os parâmetros da Tabela 10.12.2 do COE.

10.L.2.1. Atendidas as condições deste item, as coberturas metálicas retráteis serão consideradas Mobiliário para fins de licenciamento, observadas as disposições dos itens 10.11.1, 10.11.2 e 10.11.3 do COE.

SEÇÃO 10.M – SALIÊNCIAS E OBRAS COMPLEMENTARES

As saliências e obras complementares deverão atender à Seção 10.12 do COE e suas respectivas tabelas.

SEÇÃO 10.N – OBRAS JUNTO A REPRESAS, LAGOS E CURSOS D'ÄGUA

O recuo junto a córregos, fundos de vale e faixas de escoamento de águas pluviais não canalizadas, estabelecido na letra "c" do item 10.13.1 do COE, em função do dimensionamento da bacia hidrográfica, deverá atender às seguintes tabelas:

Tabela 10.N.1

ÁREA DA BACIA HIDROGRÁFICA (ha = hectare)	FAIXA NÃO EDIFICÁVEL RECUO DO EIXO (m)
Até 10	3,00
11 a 20	4,00
21 a 50	5,00
51 a 100	7,50

Tabela 10.N.2 – A critério de SVP

ÁREA DA BACIA HIDROGRÁFICA (ha = hectare)	FAIXA NÃO EDIFICÁVEL RECUO DO EIXO (m)
101 a 200	7,50
201 a 500	10,00
501 a 1000	15,00
1001 a 2000	20,00
2001 a 5000	25,00
acima de 5000	caso a caso

10.N.3. O estabelecido nas tabelas anteriores aplicam-se também às represas, lagos e lagoas.

10.N.4. Em virtude da apresentação de projeto específico, SVP poderá aceitar dimensionamento do recuo de forma diversa, de acordo com suas normas.

SEÇÃO 10.O – MOVIMENTO DE TERRA

Qualquer movimento de terra deverá atender ao item 10.14 do COE.

10.O.1. O movimento de terra em terreno lindeiro a cursos d'água ou linhas de drenagem, em área de várzea alagadiça, de solo mole ou sujeita a inundações, em área declarada de proteção ambiental ou sujeita à erosão, já delimitada pela PSMP, terá sua análise e licenciamento regulamentados pelo Executivo.

ANEXO 11 – COMPARTIMENTOS

Os compartimentos e ambientes deverão ser posicionados na edificação e dimensionados de forma a proporcionar conforto ambiental, térmico, acústico e proteção contra a umidade, sendo classificados em "GRUPOS" em razão da função exercida, que determinará seu dimensionamento, aeração e insolação necessários, conforme Capítulo 11 do COE.

SEÇÃO 11.A – CLASSIFICAÇÃO, DIMENSIONAMENTO E ABERTURAS

Tabela 11.A

GRUPO	USO DA EDIFICAÇÃO	COMPARTIMENTO	DIMENSIONAMENTO MÍNIMO			AERAÇÃO E INSOLAÇÃO NO VOLUME "VS" PROPORCIONADAS POR	ABERTURAS (% DA ÁREA) [1]	
			PÉ DIREITO (m)	ÁREA (m²)	CONTER CÍRCULO (Ø m)		INSOLAÇÃO	VENTILAÇÃO
"A"	Habitação	Repouso, Estar Estudo	2,50	5,00	2,00	Espaço "I"	15% e mínimo 0,60 m²	7,5% e mínimo 0,30 m²
	Saúde	Repouso						
	Educação	Repouso						
	Educação até 2º Grau	Estudo						
"B"	Hospedagem	Repouso	2,50	–	1,50	Espaço "I" ou Faixa "A" [2]	15% e mínimo 0,60 m²	7,5% e mínimo 0,30 m²
	Educação exceto 2º Grau	Estudo						
	Qualquer uso	Trabalho, reunião, espera esportes						
"C"	Qualquer uso	Cozinha Copa Lavanderia Depósito > 2,50 m²	2,50	–	1,20	Faixa "A"	10% e mínimo 0,60 m²	5% e mínimo 0,30 m²

"D"	Qualquer uso	Sanitários Vestiários Circulação Depósitos ≤ 2,50 m² Outros (3)	2,30 (4)	–	0,80	Faixa "A" ou (5)	–	5% e mínimo 0,30 m²

Notas:

(1) poderão ser reduzidas quando através de abertura zenital.

(2) quando existirem meios mecânicos de ventilação e iluminação, poderão estar voltadas para faixa "A".

(3) qualquer compartimento que deva dispor de meios mecânicos artificiais de ventilação e iluminação.

(4) destinados a abrigar equipamentos poderão ter pé-direito compatível com sua função.

(5) poço descoberto, duto vertical, duto horizontal ou meios mecânicos.

11.A.1. Qualquer compartimento situado no volume inferior "VI", em qualquer tipo de edificação, poderá ser aerado e insolado através dos seguintes espaços:

a) recuos obrigatórios da LPUOS;

b) logradouro(s) público(s);

c) espaço interno ao lote, com área mínima de 5,00 m^2 (cinco metros quadrados) e largura mínima de 1,50 m (um metro e cinquenta centímetros).

11.A.2. O vestíbulo de acesso a elevador e escada, classificado no "Grupo D", poderá ter sua aeração proporcionada por meio de abertura ao poço do elevador, atendidas as seguintes condições:

a) a área do vestíbulo seja, no máximo, de 12,00 m^2 (doze metros quadrados);

b) a área da abertura seja, no mínimo, de 0,04 m^2 (quatro decímetros quadrados); e

c) a abertura possua dispositivo que impeça a entrada de objetos no poço, bem como garanta adequada proteção às pessoas, contra acidentes.

ANEXO 12 – CIRCULAÇÃO E SEGURANÇA

SEÇÃO 12.A – NORMAS GERAIS

12.A.1. As edificações existentes, que não se enquadrarem nas disposições do item 12.1.1.1 do COE, deverão ser adaptadas, nas condições e prazos estabelecidos pelo Anexo 17 deste Decreto.

12.A.2. Para efeito do Capítulo 12 do COE e deste Anexo, pavimento(s) de saída, é(são) aquele(s) que possibilita(m) à população, alcançar o logradouro público por área descoberta externa à edificação podendo ocorrer mais de um.

12.A.3. A altura da edificação, para efeito do Capítulo 12 do COE e deste Anexo, será tomada como sendo o desnível real entre um dos pavimentos de saída, e o último pavimento, excluído o ático.

12.A.3.1. O pavimento de saída considerado para o cálculo da altura, deverá possibilitar o escoamento da lotação corrigida "Lc" da edificação, ou a parte desta, que venha a utilizar a via de escoamento vertical.

SEÇÃO 12.B – ESPAÇOS DE CIRCULAÇÃO

12.B.1. Poderão ser servidos por espaço de circulação privativo, conforme letra "a" da Seção 12.2 do COE, os compartimentos com lotação "Lo" menor ou igual a 30 (trinta) pessoas e os jiraus.

12.B.1.1. Estes espaços, quando forem corredores ou vestíbulos, não poderão ter seu comprimento superior a 15,00 m (quinze metros) e, quando forem escadas ou rampas, não poderão vencer desnível superior a 3,20 m (três metros e vinte centímetros) sem prejuízo ao atendimento ao item 12.2.1 do COE.

SEÇÃO 12.C – ESCADAS

12.C.1. As escadas externas, destinadas a vencer desnível entre o logradouro público e o pavimento de ingresso da edificação, poderão ocupar os recuos da LPUOS e deverão dispor de, pelo menos, um corrimão, instalado entre 0,80 m (oitenta centímetros) e 1,00 m (um metro) de altura, de modo a auxiliar os idosos e deficientes visuais, prolongando-se pelo menos 0,30 m (trinta centímetros) do seu início e término.

12.C.2. A descontinuidade das escadas, conforme dispõe o item 12.3.5 do COE, poderá ocorrer em mais de um pavimento, desde que estes sejam "pavimentos de saída", de acordo com o item 12.A.2 deste Anexo.

SEÇÃO 12.D – RAMPAS

As rampas obrigatórias, conforme item 12.4.1 do COE, destinadas a interligar o logradouro público à soleira de ingresso da edificação, poderão ocupar os recuos da LPUOS.

SEÇÃO 12.E – POTENCIAL DE RISCO

Ficam classificados os principais materiais comumente utilizados nas edificações, conforme dispõe o item 12.5.3 do COE, sendo que a avaliação do potencial de risco dependerá da forma, localização, acondicionamento ou manipulação, nas seguintes classes:

Classe I
- Cânfora
- Cera de Carnaúba
- Formol
- Glicerina
- Lanolina
- Madeira Pré-ignifugada
- Minerais
- Óleos Comestíveis
- Parafina
- Resina de Pinho
- Sebo
- Tecido Pré-ignifugado

Classe II
- Alimentos em geral
- Algodão
- Anilinas
- Bebidas (teor alcoólico < 25%)
- Breu
- Celulose
- Cereais em geral
- Couro
- Estopa
- Lã
- Madeira, Lenha
- Óleo de pinho
- Papel, papelão
- Película de Acetato de Celulose
- Querosene
- Soda Cáustica
- Tecido de Fibra Natural
- Tintas à base de óleo
- Ureia

Classe III

Acetona
Álcool
Asfalto
Bebidas (teor alcoólico > 25%)
Benzina
Borrachas
Carvão
Ceras em geral
Éter
Fenol
Gasolina
Nafta
Óleos Combustíveis
Óleos Lubrificantes de motores
Plásticos em geral
Pneus
Poliester
Poliestireno
Solventes à base de petróleo
Tecidos de fibras sintéticas

Classe IV

Detonantes e Detonadores
Dinamite
Espoletas e Estopins
Explosivos Diversos
Fogos de Artifício
Magnésio em pó
Nitroglicerina
Pólvora
Trotil ou TNT.

SEÇÃO 12.F – LOTAÇÃO DAS EDIFICAÇÕES

A lotação das edificações será calculada conforme dispõe a Seção 12.6 do COE.

SEÇÃO 12.G – DIMENSIONAMENTO DAS ESCADAS DE CIRCULAÇÃO COLETIVA

12.G.1. Para o cálculo da lotação corrigida "Lc" deverá ser considerada a altura "Ho", medida em metros, entre a cota do pavimento de saída, e a cota do último pavimento da via de escoamento considerada.

12.G.2. As portas de acesso da edificação situadas no pavimento de saída, necessárias ao escoamento da população, deverão atender ao disposto no item 12.7.4 do COE, abrindo sempre no sentido da saída e, quando abrirem não poderão obstruir o passeio público.

SEÇÃO 12.H – DISPOSIÇÃO DE ESCADAS E SAÍDAS

12.H.1. A distância igual ou superior a 10,00 m (dez metros) entre escadas, conforme item 12.8.2 do COE, deverá ser tomada a partir da porta de acesso à escada e não da porta de acesso ao vestíbulo/antecâmara, considerando-se sempre o percurso real.

12.H.2. Será dispensada a exigência de duas saídas distanciadas 10,00 m (dez metros) entre si, conforme dispõe o item 12.8.3 do COE, quando o percurso, da escada até o exterior, realizar-se nas seguintes situações:

I – Através de espaço coletivo não protegido, desde que:

a) a distância máxima horizontal a percorrer, da escada até o exterior da edificação, estabelecida na Tabela 12.8.1 do COE, seja reduzida a 1/3 (um terço); e

b) esta circulação não possua comunicação com outros compartimentos que possam agravar as condições de segurança no escoamento;

II – Através de espaço coletivo protegido, ou com chuveiro automático, atendida a distância máxima estabelecida na Tabela 12.8.1 do COE.

12.H.3. Sem prejuízo do dimensionamento dos espaços de circulação coletiva calculados conforme Seção 12.7 do COE, as edificações deverão dispor, no mínimo, das escadas constantes na seguinte tabela:

USO	ALTURA "Ho" [1] (m)	LOTAÇÃO "Lo" DO ANDAR [2] (pessoas)	QUANTIDADE E TIPO DE ESCADAS
HABITACIONAL	Ho ≤ 12	---	coletiva não protegida
	12 < Ho ≤ 27	---	protegida sem antecâmara
	27 < Ho ≤ 80	---	protegida com antecâmara
	Ho > 80	---	2 (duas) protegidas com antecâmara
DEMAIS USOS	Ho ≤ 9	Lo ≤ 100	coletiva não protegida
		Lo > 100	protegida com antecâmara
	9 < Ho ≤ 36	Lo ≤ 100	protegida com antecâmara
		Lo > 100	2 (duas) protegidas com antecâmara
	Ho ≥ 36	---	2 (duas) protegidas com antecâmara

Notas:

1. *Altura "Ho" entre a cota do pavimento de saída, e a cota do último pavimento, excluído o ático.*
2. *Excluída a lotação "Lo" do pavimento de saída.*

SEÇÃO 12.I – ESPAÇOS DE CIRCULAÇÃO PROTEGIDOS

12.I.1. Os espaços de circulação protegidos deverão atender às disposições da Seção 12.9 do COE, enquadrando-se como escadas protegidas as seguintes:

I – Escada aberta para o exterior, limitada a altura máxima de 27,00 m (vinte e sete metros) sem obrigatoriedade de comunicação através de vestíbulo/antecâmara protegidos, desde que:

a) possua ventilação natural através de abertura em pelo menos 50% (cinquenta por cento) de seu perímetro, com altura igual ou superior à metade do seu pé-direito;

b) as aberturas estejam distanciadas, no mínimo, 5,00 m (cinco metros) de outra abertura da mesma edificação;

c) a face aberta da escada esteja distanciada, no mínimo, 5,00 m (cinco metros) de outra edificação no mesmo lote e 3,00 m (três metros) das divisas do imóvel.

II – Escada pressurizada, dimensionada de acordo com as NTO, garantido o seu funcionamento automático no caso de falta de energia, comunicando-se através de vestíbulo/antecâmara protegidos;

III – Escada Fechada sem iluminação natural, comunicando-se através de vestíbulo/antecâmara protegidos;

IV – Escada Fechada com iluminação natural, efetuada através de abertura para o exterior com área máxima de 0,50 m^2 (cinquenta decímetros quadrados) distanciada, no mínimo, 3,00 m (três metros) de outra abertura da edificação e das divisas do imóvel, comunicando-se através de vestíbulo/antecâmara protegidos.

V – Escada "protegida", "enclausurada" e " à prova de fumaça" conforme NTO – NBR 9077, de acordo com os limites fixados na Tabela 2 desta Norma.

12.I.2. Nos andares situados no volume "Ve", destinados exclusivamente a estacionamento de veículos, será dispensado o vestíbulo/antecâmara de acesso à escada protegida.

SEÇÃO 12.J – CONDIÇÕES CONSTRUTIVAS ESPECIAIS

12.J.1. A subdivisão dos Setores de Incêndio, conforme dispõe o item 12.10.2 do COE, em subsetores menores, será exigida somente quando o andar tiver área igual ou superior a 1.000 m² (mil metros quadrados).

12.J.1.1. A obrigatoriedade da compartimentação deverá ser respeitada em todos os andares da edificação, excetuados os andares destinados exclusivamente a estacionamento de veículos.

12.J.2. Os andares situados no volume "Ve", destinados exclusivamente à estacionamento de veículos, exceto nas residências – casas – deverão ser isolados dos demais andares da edificação, por elementos com resistência ao fogo RF-120 (parede e piso) e RF-60 (portas) ainda que não haja necessidade de espaço de circulação protegido.

SEÇÃO 12.L – SISTEMAS DE SEGURANÇA

12.L.1. Para fins de aplicação do item 12.11.5.1 do COE, considera-se material predominante o que representa, no mínimo, 2/3 (dois terços) da quantidade total do material depositado, manipulado ou comercializado na edificação, adotando-se a equivalência entre quantidades nas diferentes classes, definida pelo item 12.5.4 do COE.

12.L.2. As edificações destinadas a Comércio, Prestação de Serviços Automotivos, Indústria, Oficinas e Depósitos, que não ultrapassarem os limites estabelecidos no item 12.11.5.1 do COE, mas que possuam lotação total superior a 100 (cem) pessoas, deverão dispor de Sistema Básico de Segurança.

12.L.2.1. Incluem-se na obrigatoriedade de Sistema Básico de Segurança, as edificações com lotação superior a 100 (cem) pessoas, destinadas aos seguintes usos:

a) Prestação de Serviços de Saúde;

b) Prestação de Serviços de Educação;

c) Locais de Reunião;

d) Prática de Exercício Físico ou Esporte.

ANEXO 13 – ESTACIONAMENTO

Os espaços e faixas de acesso, circulação, vagas e estacionamento de veículos serão projetados, dimensionados e executados livres de qualquer interferência estrutural ou física que possa reduzi-los, podendo ser destinados a uma das seguintes utilizações:

a) particular – de uso reservado, integrante de edificação residencial unifamiliar--casa;

b) privativo – de utilização exclusiva da população permanente da edificação, enquadrando-se neste conceito as de uso habitacional, exceto as residências unifamiliares-casas;

c) coletivo – aberto à utilização da população permanente e flutuante da edificação, enquadrando-se neste conceito os demais usos.

SEÇÃO 13.A – ACESSO

13.A.1. O rebaixamento de guias, destinado a acesso de veículos, não poderá exceder 50% (cinquenta por cento) da extensão da testada do imóvel, excetuados os conjuntos de habitações agrupadas horizontalmente.

13.A.1.1. O rebaixamento de guias poderá ser de 5,50 m (cinco metros e cinquenta centímetros) ainda que exceda 50% (cinquenta por cento) da testada quando se tratar de:

I – residência unifamiliar-casa;

II – demais usos, desde que;

a) o imóvel possua uma única testada, menor ou igual a 11,00 m (onze metros), e

b) o acesso ao estacionamento necessite de faixa dupla de circulação de veículos, conforme item 13.2.1 do COE.

13.A.2. Deverá ser garantido o acesso a pedestres, independente da circulação de veículos, entre o alinhamento do imóvel e o ingresso da edificação, por faixa exclusiva com largura mínima de 1,20 m (um metro e vinte centímetros) excetuadas as casas e as habitações agrupadas horizontalmente.

13.A.2.1. Havendo cruzamento entre a circulação de pedestres e de veículos, dentro do lote, deverá haver sinalização adequada de modo a alertar os usuários, através de “faixa de pedestres” e/ou sinais de advertência.

SEÇÃO 13.B – CIRCULAÇÃO

13.B.1. O recuo de 4,00 m (quatro metros) do alinhamento dos logradouros, para início das rampas, destinado a possibilitar o nivelamento do veículo com o passeio para melhor visualização dos pedestres, deverá ser tomado no sentido da faixa de circulação de veículos, podendo formar ângulo oblíquo ao alinhamento.

SEÇÃO 13.C – ESPAÇOS PARA MANOBRA E ESTACIONAMENTO

13.C.1. Nos estacionamentos coletivos, com acesso controlado, o dimensionamento da área de acumulação poderá ser inferior à porcentagem estabelecida no item 13.3.1 do COE, desde que seja demonstrado, matematicamente, que a área de acumulação poderá conter, no mínimo, 90% (noventa por cento) da formação de fila provável, em função do volume de veículos na hora de pico de entrada e da capacidade de atendimento do portão de acesso, conforme o tipo de controle.

13.C.2. A porcentagem de vagas destinadas a pessoas com deficiência e/ou mobilidade reduzida, motocicletas e bicicletas, conforme Tabela 13.3.4 do COE, com as alterações promovidas pelo art. 1º da Lei nº 15.649, de 5 de dezembro de 2012, será acrescida, em número de vagas, ao mínimo exigido pela LPUOS, devendo ser demarcadas.

- *Item 13.C.2 com redação dada pelo Decreto nº 53.942, de 28.5.2013.*

13.C.3. Nas edificações classificadas como Polo Gerador de Tráfego, conforme seção 4.D deste Decreto, em que SMT, na fixação de diretrizes, estabelecer características próprias de previsão, dimensionamento e disposição de vagas, estas deverão ser atendidas para emissão de Alvará de Aprovação.

ANEXO 14 – INSTALAÇÕES SANITÁRIAS

Os índices para determinação do número de pessoas que utilizarão as instalações sanitárias serão os mesmos adotados para o cálculo da lotação das edificações, de acordo com a Seção 12.6 do COE descontadas, para este fim, as áreas de garagens de uso exclusivo.

SEÇÃO 14.A – QUANTIFICAÇÃO

14.A.1. As áreas de uso comum de edificações multifamiliares (prédios de apartamentos) exceto HIS, deverão dispor de dois conjuntos sanitários, destinados um a cada sexo, contendo: 1 (uma) bacia, 1 (um) lavatório, 1 (um) chuveiro.

14.A.2. Quando houver necessidade de instalações sanitárias separadas por sexo, conforme item 14.1.2.1 do COE, a distribuição da quantidade de peças para cada sexo será decorrente da atividade desenvolvida na edificação.

14.A.2.1. A soma das instalações sanitárias, masculinas e femininas, deverá totalizar as quantidades mínimas exigidas pelo item 14.1.2 do COE.

14.A.3. A distância máxima de 50,00 m (cinquenta metros) de percurso real, conforme item 14.1.2.4 do COE, poderá ser aumentada, desde que devidamente justificada em função de características próprias da edificação e tipo de população que venha a utilizar os sanitários.

14.A.4. A antecâmara ou anteparo exigidos no item 14.1.2.6 do COE, destinam-se a inibir a visualização dos usuários ao interior dos sanitários, quando houver acesso direto entre estes e os compartimentos.

SEÇÃO 14.B – DIMENSIONAMENTO

14.B.1. Quando prevista instalação de chuveiros, deverá ser dimensionado vestiário com área mínima de 1,20 m^2 (um metro e vinte decímetros quadrados) para cada chuveiro instalado, excetuada a área do próprio chuveiro. A área do vestiário poderá integrar o compartimento da instalação sanitária.

14.B.1.1. A área de vestiário, exigida em função dos chuveiros instalados, não se aplica às unidades residenciais nem às unidades de internação e hospedagem.

ANEXO 15 – CONDIÇÕES DE INSTALAÇÃO E ARMAZENAGEM DE PRODUTOS QUÍMICOS, INFLAMÁVEIS E EXPLOSIVOS

A armazenagem de produtos químicos, inflamáveis e explosivos nos estados sólido, líquido e gasoso, bem como suas canalizações e equipamentos deverão atender às NTO e, na falta destas, às Normas Regulamentadoras expedidas pela PMSP, às disposições deste Decreto, bem como às Normas Especiais emanadas da autoridade competente.

SEÇÃO 15.A – ARMAZENAGEM DE LÍQUIDO INFLAMÁVEL

15.A.1. Nas edificações destinadas à Prestação de Serviços Automotivos ou naquelas que possuam abastecimento de veículos destinada a frota própria, a armazenagem de produto inflamável em estado líquido, em tanques enterrados, deverá atender aos afastamentos mínimos fixados na seguinte tabela:

TIPO	AFASTAMENTO MÍNIMO (m)		
	LOGRADOURO	DEMAIS DIVISAS	EDIFICAÇÕES
Tanque enterrado	1,50	1,50	1,50
Bomba de abastecimento	4,50	1,50	1,50
Outros equipamentos	recuos das LPUOS	3,00	---

15.A.1.1. Os tanques enterrados deverão estar afastados entre si, no mínimo, 1,00 m (um metro) e instalados à profundidade mínima de 1,00 m (um metro).

15.A.1.2. Classificam-se como "outros equipamentos" os elevadores para troca de óleo, conjunto para lavagem e/ou lubrificação e aparelho de lavagem automática.

15.A.2. O armazenamento e manuseio de líquidos inflamáveis e a fabricação e instalação de tanques subterrâneos deverão atender, em especial, às seguintes NTO: NB-190, PNB-98 e PNB-216.

SEÇÃO 15.B – ARMAZENAGEM DE GÁS LIQUEFEITO DE PETRÓLEO – GLP

Além das disposições gerais estabelecidas no Capítulo 15 do COE, a instalação de reservatório estacionário deverá atender, em especial, à NTO PNB-107.

SEÇÃO 15.C – ARMAZENAGEM DE PRODUTOS QUÍMICOS

A armazenagem de produtos químicos deverá atender às disposições do Capítulo 15 do COE, em especial às condições e afastamentos estabelecidos nas letras "a" a "d".

ANEXO 16 – EXIGÊNCIAS ESPECÍFICAS COMPLEMENTARES

SEÇÃO 16.A – HABITAÇÃO

16.A.1. A área mínima da instalação sanitária, estabelecida na Tabela 14.2 do COE, para casas e apartamentos, deverá ser atendida obrigatoriamente apenas para uma instalação podendo, as demais, possuírem área menor que 2,00 m^2 (dois metros quadrados).

SEÇÃO 16.B – LOCAIS DE REUNIÃO

16.B.1. A fim de fornecer melhores condições às pessoas portadoras de deficiências físicas, todo local de reunião com mais de 100 (cem) pessoas, além do atendimento ao item 12.4.1 do COE – rampa de acesso – ao item 13.3.4 do COE – vagas para estacionamento – e ao item 14.1.2.8 do COE – instalação sanitária específica – devera proporcionar condições adequadas de uso, acesso e circulação no seu interior.

16.B.2. A lotação de origem "Lo", dos auditórios dotados de assento fixo, será correspondente ao número de lugares oferecidos e não em função da área do compartimento.

ANEXO 17 – ADAPTAÇÃO DAS EDIFICAÇÕES EXISTENTES ÀS CONDIÇÕES MÍNIMAS DE SEGURANÇA

As edificações existentes, que não apresentem condições de segurança, deverão ser adaptadas às exigências deste Anexo, mediante a execução de obras e serviços considerados necessários.

SEÇÃO 17.A – NORMAS GERAIS

As edificações existentes, que não atenderem aos requisitos mínimos de segurança estabelecidos no COE, deverão ser adaptadas nos termos deste Decreto, quando:

a) destinadas a qualquer uso, exceto as de uso residencial aprovadas anteriormente a 20.6.1975, que não tenham sido objeto de adaptação às Normas de Segurança posteriores;

b) aprovadas após 20.6.1975, exceto as de uso residencial que sofreram alterações de ordem física e/ou de utilização em relação ao regularmente licenciado.

17.A.1. Não serão necessariamente adaptadas as edificações que estejam desobrigadas de espaços de circulação protegidos, de acordo com o Capítulo 12 do COE, que tenham:

a) altura igual ou inferior a 9,00 m (nove metros); e

b) população igual ou inferior a 100 (cem) pessoas por andar.

17.A.2. Para efeito deste Anexo, o(s) pavimento(s) de saída será(ão) aquele(s) que possibilite(m) à população, alcançar o logradouro público por área descoberta externa à edificação, podendo ocorrer mais de um.

17.A.3. Para efeito deste Anexo, a altura da edificação será tomada como sendo o desnível real entre um dos pavimentos de saída da população e o último pavimento, excluído o ático.

17.A.3.1. O pavimento de saída considerado para o cálculo da altura, deverá possibilitar o escoamento da Lotação corrigida "Lc" da edificação, ou a parte desta que venha a utilizar a via de escoamento vertical.

17.A.4. Os eventuais acréscimos de área construída, destinados aos espaços de circulação e segurança, poderão beneficiar-se do disposto na Lei nº 8.050, de 22 de abril de 1974.

17.A.5. Quando o atendimento aos parâmetros deste Anexo for inviável tecnicamente, poderão ser aceitas soluções alternativas, desde que baseadas em Norma Técnica e/ou critério de comprovada eficácia.

- *Criação de Grupo Técnico pela Portaria CONTRU nº 01/2007.*

17.A.6. As edificações existentes de uso residencial multifamiliar, isentas de adaptação nos termos deste Anexo, deverão observar as recomendações mínimas a serem fixadas pelo órgão municipal competente.

17.A.6.1. Em casos excepcionais, constatadas graves irregularidades quanto à segurança de uso nos edifícios residenciais multifamiliares, poderá ser exigido Projeto de Adaptação e AVS.

SEÇÃO 17.B – ESPAÇOS DE CIRCULAÇÃO

Consideram-se espaços de circulação as escadas, as rampas, os corredores e os vestíbulos que, sendo de uso coletivo, deverão observar a largura mínima de 1,20 m (um metro e vinte centímetros).

17.B.1. Poderão ser tolerados os espaços de circulação existentes, com largura inferior a 1,20 m (um metro e vinte centímetros).

SEÇÃO 17.C – ESCADAS

De acordo com sua utilização, as escadas de uso coletivo poderão ser classificadas como protegidas, e consideradas para o escoamento da população em condições especiais de segurança, desde que atendam aos demais requisitos deste Anexo.

17.C.1. Os degraus deverão apresentar altura "a" (espelho) e largura "l" (piso) dispostos de forma a assegurar passagem com altura livre de 2,00 m (dois metros) respeitando ainda as seguintes dimensões:

a) escada existente:

$a \leq 0{,}19$ m e $l \geq 0{,}25$ m;

b) escada a construir:

$a \leq 0{,}18$ m e $l \geq 0{,}27$ m.

17.C.2. Quando em curva, a largura "l" do piso dos degraus será medida a partir do perímetro interno da escada, a uma distância de:

a) 0,50 m (cinquenta centímetros) se existente, ou com largura inferior a 1,20 m (um metro e vinte centímetros);

b) 1,00 m (um metro) se a construir, ou com largura igual ou superior a 1,20 m (um metro e vinte centímetros).

17.C.3. Nas escadas a construir, serão obrigatórios patamares intermediários, sempre que:

a) a escada vencer desnível superior a 3,25 m (três metros e vinte e cinco centímetros); ou,

b) houver mudança de direção.

17.C.3.1. Os patamares das escadas coletivas a construir deverão atender às seguintes dimensões mínimas:

a) de 1,20 m (um metro e vinte centímetros) quando sem mudança de direção;

b) da largura da escada, quando houver mudança de direção, de forma a não reduzir o fluxo de pessoas.

17.C.4. As escadas deverão dispor de corrimão, instalado entre 0,80 m (oitenta centímetros) e 1,00 m (um metro) de altura, conforme as seguintes especificações:

a) apenas de um lado, para escada com largura inferior a 1,00 m (um metro);

b) de ambos os lados, para escada com largura igual ou superior a 1,00 m (um metro);

c) intermediário, quando a largura for igual ou superior a 2,40 m (dois metros e quarenta centímetros) de forma a garantir largura mínima de 1,20 m (um metro e vinte centímetros) para cada lance.

17.C.4.1. Para auxílio aos deficientes visuais, os corrimãos das escadas coletivas, se possível, deverão ser contínuos, sem interrupção nos patamares, prolongando-se pelo menos 0,30 m (trinta centímetros) do início e do término da escada.

17.C.5. As escadas coletivas existentes, em curva ou com degraus em leque, poderão ser consideradas para o cálculo do escoamento da população, atendendo ao disposto no item 17.G.1 deste Anexo.

17.C.6. As escadas deverão ser descontínuas a partir do pavimento de saída da edificação, de forma a orientar o usuário ao exterior.

17.C.6.1. A descontinuidade poderá ocorrer em mais de um pavimento, desde que estes sejam "pavimentos de saída", de acordo com o item 17.A.2 deste Anexo.

17.C.6.2. Nas escadas existentes, quando não houver a possibilidade de descontinuidade, deverá ser providenciado seu isolamento através de paredes RF-120 e portas RF-60.

SEÇÃO 17.D – RAMPAS

As rampas terão inclinação máxima de 10% (dez por cento) quando forem meio de escoamento vertical da edificação, sendo que sempre que a inclinação exceder 6% (seis por cento) o piso deverá ser revestido com material antiderrapante.

SEÇÃO 17.E – POTENCIAL DE RISCO

O potencial de risco, que definirá as exigências de circulação e segurança de uma edificação, será estabelecido em função de sua destinação, área construída, altura e natureza do material utilizado efetivamente na construção.

17.E.1. O material empregado na decoração dos ambientes e aquele armazenado em função da própria utilização da edificação, constituirão fator agravante de risco se obstruírem os espaços de circulação ou reduzirem o fluxo de pessoas.

17.E.2. Ficam classificados os principais materiais comumente utilizados nas edificações, conforme dispõe o item 12.5.3 do COE, nas classes I, II, III e IV, de acordo com a listagem da Seção 12.E, do Anexo 12 deste Decreto.

17.E.3. Para formulação das exigências relativas à segurança de uso admitir-se-ão as seguintes equivalências entre quantidades, definidas em peso, de materiais incluídos nas diferentes classes: 1 kg da classe III, equivale a 10 kg da classe II que equivale a 100 kg da classe I.

SEÇÃO 17.F – LOTAÇÃO DAS EDIFICAÇÕES

Considera-se lotação de uma edificação o número de usuários da mesma, calculado na dependência de sua área e utilização.

17.F.1. A lotação de uma edificação será a somatória das lotações dos seus andares ou compartimentos onde se desenvolverem diferentes atividades, calculada tomando-se a área útil efetivamente utilizada no andar para o desenvolvimento de determinada atividade, dividida pelo índice correspondente determinado na Tabela 17.F.1.

17.F.1 – Tabela para cálculo de lotação

OCUPAÇÃO	M²/PESSOA
COMÉRCIO E SERVIÇO	
Setores com acesso ao Público (Vendas/espera/recepção etc.)	5,00
Setores sem acesso ao Público (áreas de trabalho)	7,00
Circulação horizontal em Centros Comerciais	5,00
BARES E RESTAURANTES	
Frequentadores em Pé	0,40
Frequentadores Sentados	1,00
Demais áreas	7,00
PRESTAÇÃO DE SERVIÇOS DE SAÚDE	
Atendimento e Internação	5,00
Espera e Recepção	2,00
Demais Áreas	7,00
PRESTAÇÃO DE SERVIÇOS DE EDUCAÇÃO	
Salas de Aulas	1,50
Laboratórios, Oficinas	4,00
Atividades não específicas e Administrativas	15,00
PRESTAÇÃO DE SERVIÇOS DE HOSPEDAGEM	15,00
PRESTAÇÃO DE SERVIÇOS AUTOMOTIVOS	30,00
INDÚSTRIAS, OFICINAS	9,00
DEPÓSITOS	30,00
LOCAIS DE REUNIÃO	
Setor para Público em Pé	0,40
Setor para Público Sentado	1,00
Atividades não específicas ou Administrativas	7,00

PRÁTICA DE EXERCÍCIO FÍSICO OU ESPECIAL	
Setor para Público em Pé	0,30
Setor para Público Sentado	0,50
Outras Atividades	4,00
ATIVIDADES E SERVIÇOS DE CARÁTER ESPECIAL	
A ser estipulado Caso a Caso	—
ATIVIDADES TEMPORÁRIAS	
A semelhança de outros usos	—

17.F.1.1. A área a ser considerada para o cálculo da lotação será obtida excluindo-se, da área bruta, aquela correspondente às paredes, às unidades sanitárias, aos espaços de circulação horizontais e verticais efetivamente utilizados para escoamento, vazios de elevadores, monta-cargas, passagem de dutos de ventilação e depósitos até 2,50 m² (dois metros e cinquenta decímetros quadrados).

17.F.1.2. Nas edificações destinadas a locais de reuniões e centro de compras, da área a ser considerada para o cálculo da lotação não poderão ser excluídos os espaços destinados à circulação horizontal que ultrapassarem 1,50 m (um metro e cinquenta centímetros) de largura.

17.F.1.3. Em casos especiais, a relação m²/pessoa poderá ser alterada, desde que devidamente justificada através de dados técnicos constantes do projeto.

17.F.1.4. Nas salas de cinema, teatro e auditório dotados de assento fixo, a lotação será correspondente ao número de lugares oferecidos e não em função da relação m²/pessoa.

SEÇÃO 17.G – DIMENSIONAMENTO DOS ESPAÇOS DE CIRCULAÇÃO

Os espaços de circulação coletiva, ou vias de escoamento, serão constituídos por módulos de 0,30 m (trinta centímetros) adequados ao escoamento de 30 (trinta) pessoas por módulo, respeitada a largura mínima de 1,20 m (um metro e vinte centímetros) para os espaços que vierem a ser construídos.

17.G.1. De acordo com suas características e dimensionamento, os espaços de circulação existentes serão adequados ao escoamento da população conforme tabela seguinte:

Largura efetiva "LE" existente (m)	Escoamento do espaço de circulação (pessoas)			
	Horizontal	Vertical		
		Mudança de direção		Em curva
		Com patamar	Com degraus em leque	
0,60 ≤ LE < 0,90	60	60	30	40
0,90 ≤ LE < 1,20	90	90	45	60
LE ≤ 1,20	120	120	60	80

17.G.2. A lotação de cada ambiente, setor ou andar, será corrigida em virtude da distância entre o local de origem e a via de escoamento a dimensionar, através da fórmula:

$$Lc = \frac{60 \times Lo \times Y}{K}, \text{ onde:}$$

"Lc" é a lotação corrigida;

"Lo" é a lotação de origem;

"Y" e "K" são valores determinados pelas características da edificação.

17.G.2.1. O valor de "Y" , obtido pela fórmula:

$$Y = \frac{Ho + 3}{15} \geq 1, \text{ onde:}$$

"Ho" é altura a ser considerada, medida em metros, entre a cota do pavimento de saída, e a cota do último pavimento da via de escoamento considerada.

17.G.2.2. Os valores de "K" a serem utilizados, são os constantes da seguinte tabela:

VALORES DE "K"				
Tipo de uso	Tipo de circulação			
	Corredores e rampas		Escadas	
	Coletivo	Coletivo protegido	Coletivo	Coletivo protegido
Residencial	60	240	45	180
Prestação de serviço de saúde	30	75	22	55
Demais usos exceto residencial	100	250	65	160

17.G.2.3. Cada via de escoamento horizontal de um andar da edificação – corredor – será dimensionada em razão da contribuição da lotação corrigida "Lc" dos ambientes e setores do andar, não podendo haver diminuição de sua largura no sentido da saída.

17.G.2.4. A via de escoamento vertical, escada ou rampa, será dimensionada em razão do andar que detiver a maior lotação corrigida "Lc", apurada dentre o conjunto de andares que venham a utilizar esta via de escoamento.

17.G.2.5. A via de escoamento vertical poderá ter dimensão variável, proporcional à lotação corrigida "Lc" de cada andar desde que, no sentido de saída, não haja diminuição de sua largura.

17.G.2.6. Para as rampas descendentes no sentido do escoamento, poderá haver decréscimo de 2% (dois por cento) da largura calculada e para as ascendentes no sentido do escoamento, deverá haver acréscimo de 10% (dez por cento) da largura calculada.

17.G.2.7. A capacidade dos elevadores, escadas rolantes, ou outros dispositivos de circulação por meios mecânicos, não será considerada para efeito do cálculo de escoamento do edifício.

17.G.3. No pavimento de saída da edificação, os espaços de circulação serão dimensionados de acordo com a capacidade de escoamento das escadas a que dão continuidade, acrescidos da população do próprio andar que também venha a utilizar a via de escoamento.

17.G.4. As portas de acesso que proporcionarem escoamento deverão abrir no sentido da saída e, ao abrir, não poderão reduzir as dimensões mínimas exigidas para a via de escoamento.

17.G.4.1. As portas de acesso da edificação situadas no pavimento de saída, necessárias ao escoamento da população, deverão abrir no sentido da saída, e, quando abrirem, não poderão obstruir o passeio público.

SEÇÃO 17.H – DISPOSIÇÃO DE ESCADAS E SAÍDAS

Os espaços de circulação horizontal e vertical deverão ser dispostos segundo a utilização, área, altura e lotação da edificação.

17.H.1. A distância máxima a percorrer, medida em metros e tomada pelo percurso real, será estipulada conforme a seguinte tabela:

Tabela 17.H.1

Andar	Distância máxima horizontal a percorrer			
	Percurso	Coletivo		Coletivo protegido
		Aberto	Com chuveiro automático	
De saída da edificação	De qualquer ponto até o exterior	45	68	68
	Da escada até o exterior	25	38	45
Demais andares	De qualquer ponto até uma escada	25	38	45

17.H.1.1. Nos compartimentos ou recintos em que a distância de qualquer ponto até a porta de acesso for inferior a 10,00 m (dez metros) a distância máxima prevista na tabela será calculada a partir da porta.

17.H.2. Sem prejuízo do dimensionamento dos espaços de circulação coletiva, calculados conforme seção 17.G deste Anexo as edificações, excetuadas as de uso residencial deverão dispor, no mínimo, das escadas constantes na tabela seguinte:

Altura "Ho"(1) (m)	Lotação "Lo" do andar(2) (pessoas)	Quantidade e tipo de escada
Ho ≤ 9	Lo > 100	protegida
9 < Ho ≤ 36	Lo ≤ 100	protegida
	Lo > 100	2 (duas) protegidas
Ho > 36	---	2 (duas) protegidas

Notas:

(1) Altura "Ho" entre a cota do pavimento de saída, e a cota do último pavimento, excluído o ático.

(2) Excluída a lotação "Lo" do pavimento de saída.

SEÇÃO 17.I – ESPAÇOS DE CIRCULAÇÃO PROTEGIDOS

Serão considerados protegidos os espaços de circulação que, por suas características construtivas, permitirem o escoamento, em segurança, dos setores a que servirem, atendendo às seguintes disposições:

a) mantenham isolamento de qualquer outro espaço interno da edificação, por meio de elementos construtivos resistentes, no mínimo, a duas horas de fogo (RF-120) sendo dotados de portas resistentes, no mínimo, a uma hora de fogo (RF-60);

b) tenham uso exclusivo como circulação, estando permanentemente desobstruídos;

c) contenham apenas as instalações elétricas próprias do recinto e do sistema de segurança;

d) não contenham aberturas para dutos, ou galerias de instalação ou serviços, excetuadas as portas dos elevadores;

e) tenham os revestimentos das paredes e pisos ensaiados conforme as NTO, e aplicados de acordo com a tabela seguinte, em função do uso da edificação.

Uso	Espaços de circulação protegidos[a]		
	Saída	Acesso das saídas	Outros espaços
Educacional	A I ou II	A ou B I ou II	A, B ou C
Tratamento de Saúde	A I	A I	A
Locais de Reunião	A	A ou B	A, B ou C
Comércio e Serviços	A ou B	A ou B	A, B ou C
Indústria e Depósito	A ou B	A, B ou C	A, B ou C

Notas:

(a) Considerar "A", "B" e "C" os índices para revestimento de paredes e I e II os índices para revestimento de piso, segundo as NTO – NBR 8660 e NBR 9442.

(b) Quando existir instalação de chuveiros automáticos, estes índices poderão ser reduzidos para uma classificação acima da estipulada na tabela.

17.I.1. Serão toleradas instalações elétricas impróprias ao espaço protegido, desde que satisfeitas as exigências das NTO, assegurando proteção adequada.

17.I.2. As escadas protegidas, em todos os pavimentos exceto no(s) pavimento(s) de saída, além de atenderem às condições estabelecidas nos itens anteriores, somente poderão ter comunicação com outros recintos interiores à edificação através de vestíbulos/antecâmaras também protegidos.

17.I.2.1. Os vestíbulos/antecâmaras deverão ter suas dimensões atendendo à proporção de 1:1,5, sendo a menor dimensão maior ou igual à largura da escada.

17.I.2.2. Os vestíbulos/antecâmaras deverão ter ventilação obrigatória, de modo a protegê-los da entrada de gases e fumaça, através de uma das seguintes condições:

I – ventilação natural, através de abertura voltada para o exterior, com área mínima igual a 50% (cinquenta por cento) da superfície de seu lado maior, distanciada no mínimo 5,00 m (cinco metros) de outra abertura da mesma edificação;

II – ventilação forçada artificial, com funcionamento automático no caso de falta de energia, dimensionada de acordo com as NTO;

III – ventilação natural, através de abertura com o mínimo de 0,70 m^2 (setenta decímetros quadrados) para duto de ventilação, que deverá ter:

a) área mínima "Av" obtida pela fórmula:

$$Av = 0{,}03 \text{ m} \times Hd,$$

respeitada a área mínima de 1,00 m^2 (um metro quadrado) onde "Hd" é a altura total do duto, não sendo admitido o escalonamento;

b) seção transversal capaz de conter um círculo de 0,70 m (setenta centímetros) de diâmetro;

c) tomada de ar exterior em sua base, diretamente para andar aberto ou para duto horizontal com dimensões não inferiores à metade das exigidas para o duto vertical, e saída de ar situada 1,00 m (um metro) no mínimo acima da cobertura, contígua ao duto;

d) paredes resistentes a duas horas de fogo (RF-120).

17.I.3. São considerados como espaço de circulação protegido, para efeito deste Anexo, os seguintes tipos de escadas:

I – Escada aberta para o exterior, limitada à altura máxima de 27,00 m (vinte e sete metros) sem obrigatoriedade de comunicação através de vestíbulo/antecâmara protegidos, desde que:

a) possua ventilação natural através de abertura em, pelo menos, 50% (cinquenta por cento) de seu perímetro, com altura igual ou superior à metade do seu pé-direito;

b) as aberturas estejam distanciadas, no mínimo, 5,00 m (cinco metros) de outra abertura da mesma edificação;

c) a face aberta da escada esteja distanciada, no mínimo, 5,00 m (cinco metros) de outra edificação no mesmo lote e 3,00 m (três metros) das divisas do imóvel.

II – Escada pressurizada, dimensionada de acordo com as NTO, garantido o seu funcionamento automático no caso de falta de energia, comunicando-se através de vestíbulo/antecâmara protegidos;

III – Escada Fechada sem iluminação natural, comunicando-se através de vestíbulo/antecâmara protegidos;

IV – Escada Fechada, com iluminação natural através de abertura para o exterior com área máxima de 0,50 m^2 (cinquenta decímetros quadrados) distanciada, no mínimo, 3,00 m (três metros) de outra abertura da edificação e das divisas do imóvel, comunicando-se através de vestíbulo/antecâmara protegidos.

V – Escadas "protegida", "enclausurada" e "à prova de fumaça", conforme NTO – NBR 9077, de acordo com os limites fixados na Tabela 2 desta Norma.

17.I.3.1. Nos andares situados no volume "Ve", destinados exclusivamente a estacionamento de veículos, será dispensado o vestíbulo/antecâmara de acesso à escada protegida.

17.I.4. As edificações que necessitarem de mais de uma escada protegida, em função do dimensionamento da Seção 17.G ou em atendimento à tabela do item 17.H.2, deverão ter, pelo menos, metade das escadas atendendo a um dos 5 (cinco) tipos descritos no item anterior, podendo as demais serem substituídas por:

a) interligação entre blocos no mesmo lote ou entre edificações vizinhas, por passarela e/ou passadiço protegido, atendidas as condições das letras "a" a "e" desta Seção;

b) áreas de refúgio, delimitadas por elementos construtivos resistentes ao fogo RF-120 (parede e piso) e RF-90 (portas) situadas, no mínimo, a cada 4 (quatro) andares, com capacidade para abrigar 50% (cinquenta por cento) da lotação total dos andares superiores, na proporção de 0,50 m^2 (cinquenta decímetros quadrados) por pessoa, interligadas à escada protegida.

SEÇÃO 17.J – CONDIÇÕES CONSTRUTIVAS ESPECIAIS

Além das disposições gerais, de acordo com o uso, população e altura, as edificações deverão atender às condições construtivas especiais estabelecidas nesta seção.

17.J.1. Cada pavimento ou teto dos andares que tiverem compartimentos com área superior a 400 m² (quatrocentos metros quadrados) situados a altura superior a 9,00 m (nove metros) deverão dispor de uma das seguintes proteções:

a) a parede externa, em cada andar da edificação, deverá ter altura mínima de 1,20 m (um metro e vinte centímetros) com resistência ao fogo RF-120, devendo ser solidária com o pavimento ou teto;

b) aba horizontal solidária com o piso ou teto de cada andar, executada em material com resistência ao fogo RF-120, avançando em projeção pelo menos 0,90 m (noventa centímetros) sobre a face externa da edificação, de modo a obstruir a transmissão do fogo.

17.J.1.1. As proteções previstas neste item poderão ser substituídas por outras soluções técnicas que, comprovadamente, dificultem a propagação do fogo e/ou fumaça.

17.J.2. A edificação, exceto a de uso residencial, deverá ter seus espaços compartimentados em Setores de Incêndio, com área menor ou igual a 2.000 m² (dois mil metros quadrados) delimitados por elementos RF-120 (parede e piso) e RF-60 (portas); serão subdivididos em subsetores com área menor ou igual a 500 m² (quinhentos metros quadrados) delimitados por elementos RF-60 (paredes e pisos) e RF-30 (portas) quando ultrapassarem os limites de altura ou população, estabelecidos de acordo com sua destinação, conforme os seguintes parâmetros:

a) tratamento de saúde, comércio e educação, com altura superior a 15,00 m (quinze metros);

b) locais de reunião, com lotação superior a 700 (setecentas) pessoas;

c) outros, com altura superior a 27,00 m (vinte e sete metros).

17.J.2.1. A subdivisão dos Setores de Incêndio em subsetores menores, será exigida somente quando o andar tiver área igual ou superior a 1.000 m² (mil metros quadrados).

17.J.2.2. A compartimentação prevista neste item poderá ser substituída pela instalação de chuveiros automáticos em toda a área.

17.J.2.3. A compartimentação deverá ser respeitada em todos os andares da edificação, excetuados os destinados exclusivamente a estacionamento de veículos.

17.J.3. Deverão também constituir-se em Setores de Incêndio, delimitados por elementos resistentes ao fogo RF-120 (piso/parede) e RF-60 (portas):

I – os andares da edificação nos quais se depositam, comercializam ou manipulem materiais de Classe II, em quantidade superior a 200 kg/m² de área de depósito, ou mais de 50 kg/m² de área de comercialização ou industrialização, devendo ser subdivididos em compartimentos com superfície não superior a 400 m² (quatrocentos metros quadrados) e 800 m² (oitocentos metros quadrados) respectivamente;

II – os andares destinados exclusivamente à estacionamento de veículos;

III – as áreas destinadas a abrigar as seguintes atividades, instalações e equipamentos:

a) casa de máquinas ou de equipamentos que possam agravar o risco de incêndio da edificação;

b) compartimentos em que a atividade desenvolvida possa agravar o risco de incêndio inerente ao uso da edificação;

c) armazenagem de combustível;

d) sala de medidores de energia elétrica e gás;

e) centrais de instrumentos contra incêndio;

f) antecâmaras ou áreas de refúgio.

17.J.3.1. A exigência deste item poderá ser substituída pela instalação de chuveiros automáticos com agente extintor apropriado, no andar, setor ou compartimento em que ocorrer a situação.

17.J.4. Quando, em função do tipo de proteção dos espaços de circulação, for recomendável manter abertas as portas resistentes ao fogo, estas deverão estar acopladas a sistema de fechamento automático ou acionadas por central de controle.

17.J.5. As edificações passíveis de adaptação, nos termos deste Anexo, ficarão obrigadas à instalação de sistema de proteção contra descargas atmosféricas, executado de acordo com a NTO, não podendo ser utilizado captor iônico-radioativo na instalação.

17.J.6. As instalações permanentes de gás combustível deverão atender às NTC da Companhia de Gás de São Paulo – COMGÁS.

17.J.7. As edificações destinadas a locais de reunião, que abriguem salas de cinemas, teatros e auditórios dotados de assentos fixos dispostos em filas, deverão atender aos seguintes requisitos:

a) máximo de 16 (dezesseis) assentos em fila, quando tiverem corredores em ambos os lados;

b) máximo de 8 (oito) assentos em fila, quando tiverem corredor em um único lado;

c) setorização, através de corredores transversais, que disporão de, no máximo, 14 (catorze) filas;

d) vão livre entre o assento e o encosto do assento fronteiro de, no mínimo, 0,50 m (cinquenta centímetros).

SEÇÃO 17.L – SISTEMAS DE SEGURANÇA

Em complemento às exigências de segurança de natureza construtiva, estabelecidas neste Anexo, considera-se Sistema de Segurança o conjunto das instalações e equipamentos, dimensionados e executados de acordo com as NTO, que deverão entrar em funcionamento e serem utilizados de forma adequada em situação de emergência.

17.L.1. As edificações que forem adaptadas, nos termos deste Anexo, deverão possuir Sistema de Segurança constituído por:

a) iluminação de emergência;

b) sinalização de rotas de saída;

c) alarme de acionamento manual;

d) equipamentos móveis e semifixos de operação manual para combate a incêndio, de acordo com a legislação estadual específica;

e) brigada de combate a incêndio.

17.L.2. As edificações que necessitarem de mais de uma escada protegida, nos termos da tabela do item 17.H.2 deste Anexo ou em função do dimensionamento dos espaços de circulação da seção 17.G deste Anexo além dos componentes básicos do Sistema de Segurança deverão possuir:

a) detecção e alarme de acionamento automático; ou

b) equipamento fixo de combate a incêndio com acionamento automático ou não.

17.L.2.1. Incluem-se nas exigências deste item as edificações destinadas ao Comércio, Prestação de Serviços Automotivos, Indústrias, Oficinas e Depósitos, em função de sua altura, área e material predominante depositado, manipulado ou comercializado, que ultrapassarem os limites de área e altura estabelecidos na tabela abaixo:

Material Predominante	Altura (a)	Área Máxima Compartimentada
Classe I	Térrea	10.000
	≤ 9	5.000
	9 < h ≤ 24	3.000
Classe II	Térrea	5.000
	≤ 9	3.000
	9 < h ≤ 24	1.500
Classe III	Térrea	3.000
	≤ 9	1.500

Nota: Material predominante é a existência de, no mínimo, 2/3 (dois terços) da quantidade total de material, adotando-se a equivalência entre classes, conforme definido no item 17.E.3 deste Anexo.

17.L.2.2. Em função do tipo de edificação, natureza dos materiais, altura, população e condições de segurança apresentadas, a PMSP poderá dispensar de instalações e equipamentos que se tornem desnecessários face à existência de outras instalações de segurança equivalentes.

17.L.3. As edificações que tenham lotação superior a 100 (cem) pessoas, deverão possuir Sistema de Segurança, destinadas aos seguintes usos:

a) Comércio;

b) Prestação de Serviços de Saúde;

c) Prestação de Serviços de Educação;

d) Prestação de Serviços Automotivos;

e) Indústrias, Oficinas e Depósitos;

f) Locais de Reunião;

g) Prática de Exercício Físico ou Esporte.

ANEXO 18 – DESENHOS EXEMPLIFICATIVOS

DESENHO 1-I – LEGENDA

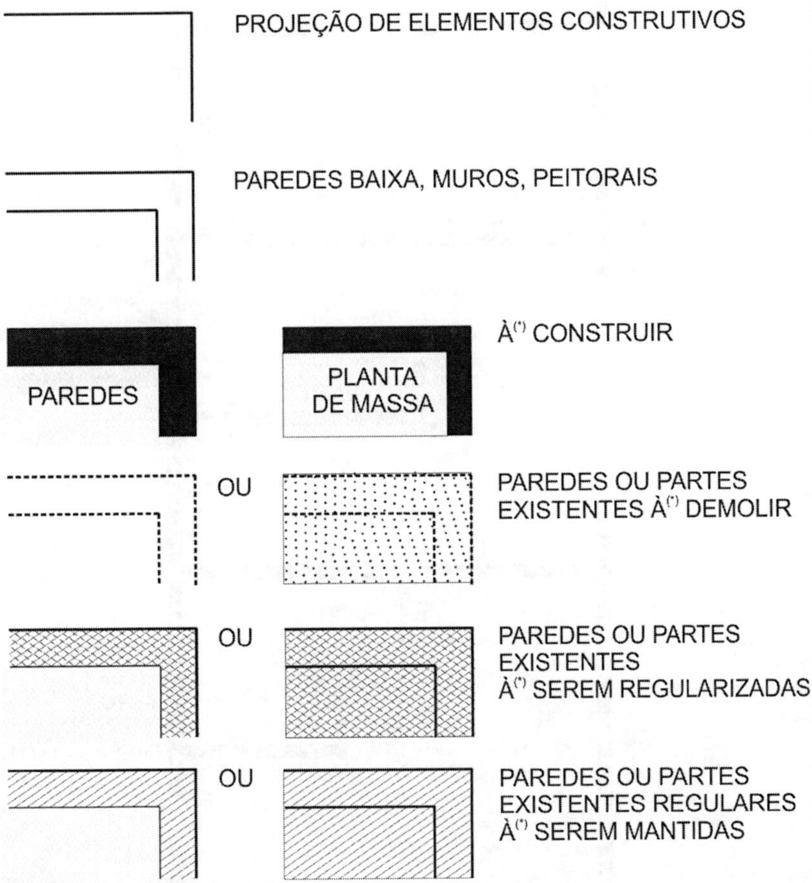

(*) Entendemos que, nestes casos, a letra "A" não deveria estar acentuada. Todavia, apresentamos o texto conforme a publicação oficial. (N.E.)

DESENHO 1-II – CONCEITOS

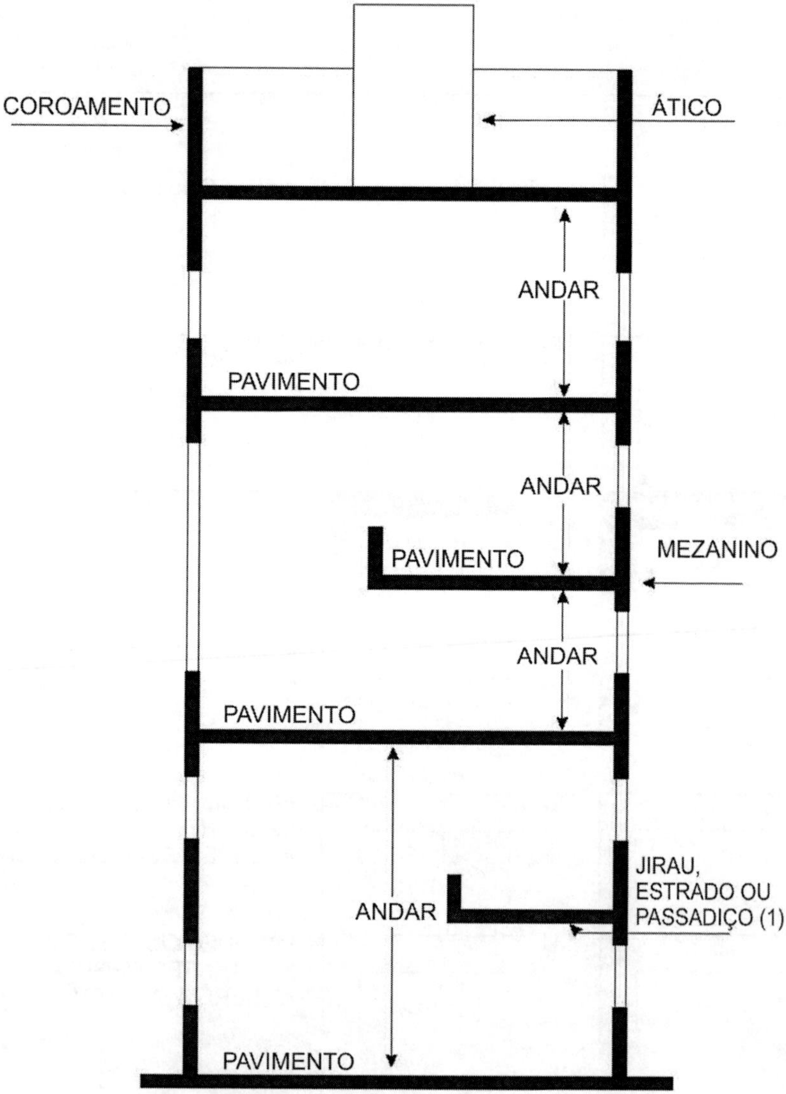

(1) O JIRAU NÃO SUBDIVIDE O ANDAR;
OCUPANDO NO MÁXIMO 30% DO PAVIMENTO COM ATÉ 250,00 m²
E PÉ-DIREITO MÁXIMO DE 2,30 m

• *Desenho 1-II com alteração dada pelo Decreto nº 55.131, de 20.5.2014.*

DESENHO 9-I – EDIFICAÇÕES COM E SEM ELEVADORES

A) AS EDIFICAÇÕES QUE APRESENTAM AS CONDIÇÕES ABAIXO NÃO NECESSITAM DE ELEVADORES DE PASSAGEIROS

B) AS EDIFICAÇÕES QUE ULTRAPASSAREM O DISPOSTO NO DESENHO "A" NECESSITAM DE NO MÍNIMO UM ELEVADOR DE PASSAGEIROS

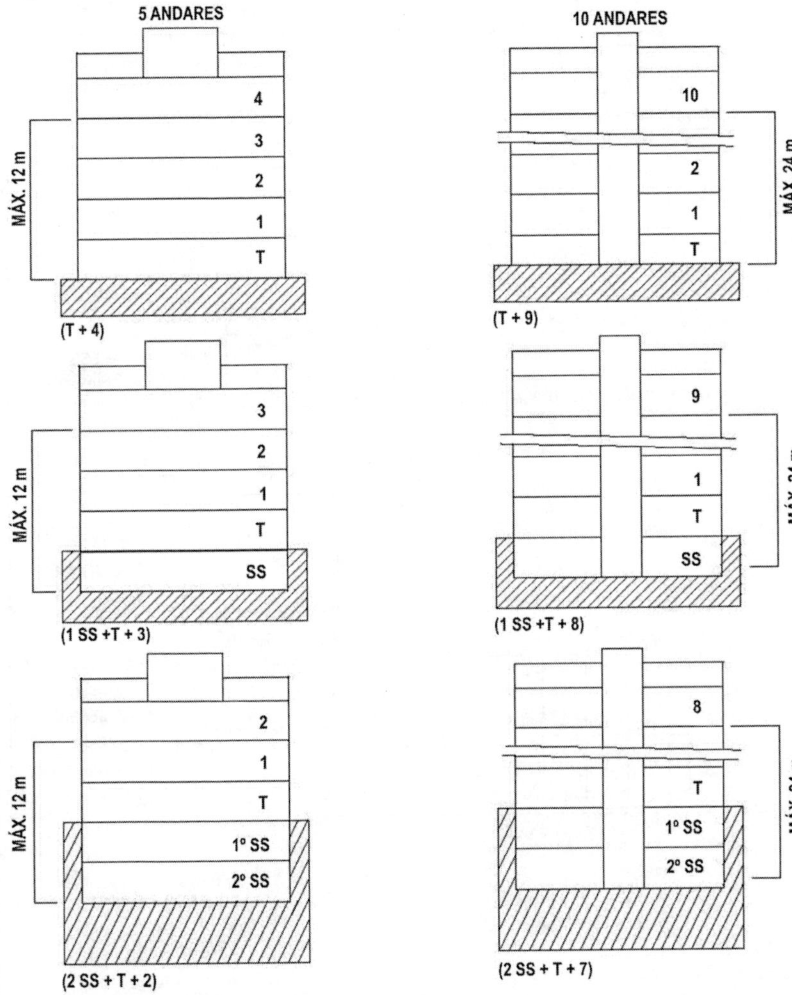

C) AS EDIFICAÇÕES QUE ULTRAPASSAREM AS CONDIÇÕES DO "DESENHO B" DEVEM DISPOR DE PELOS MENOS DOIS ELEVADORES

OBS.: RESPEITADAS AS CONDIÇÕES DE CÁLCULO DE TRÁFEGO DA NTO.

DESENHO 9-II.a
CIRCULAÇÃO PRIVATIVA A *HALL* DE ACESSO DE ELEVADOR

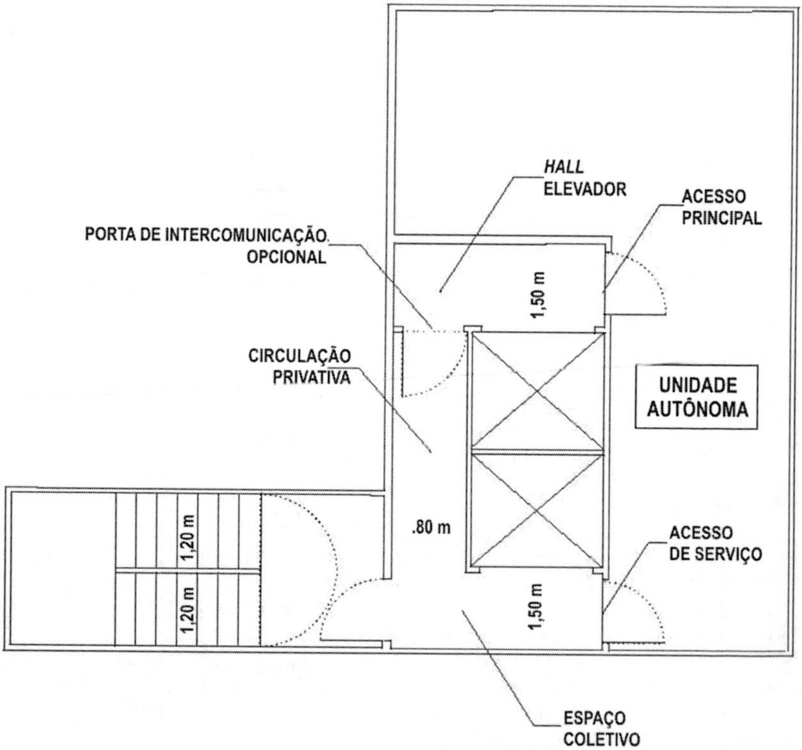

DESENHO 9-II.b
CIRCULAÇÃO PRIVATIVA A *HALL* DE ACESSO DE ELEVADOR

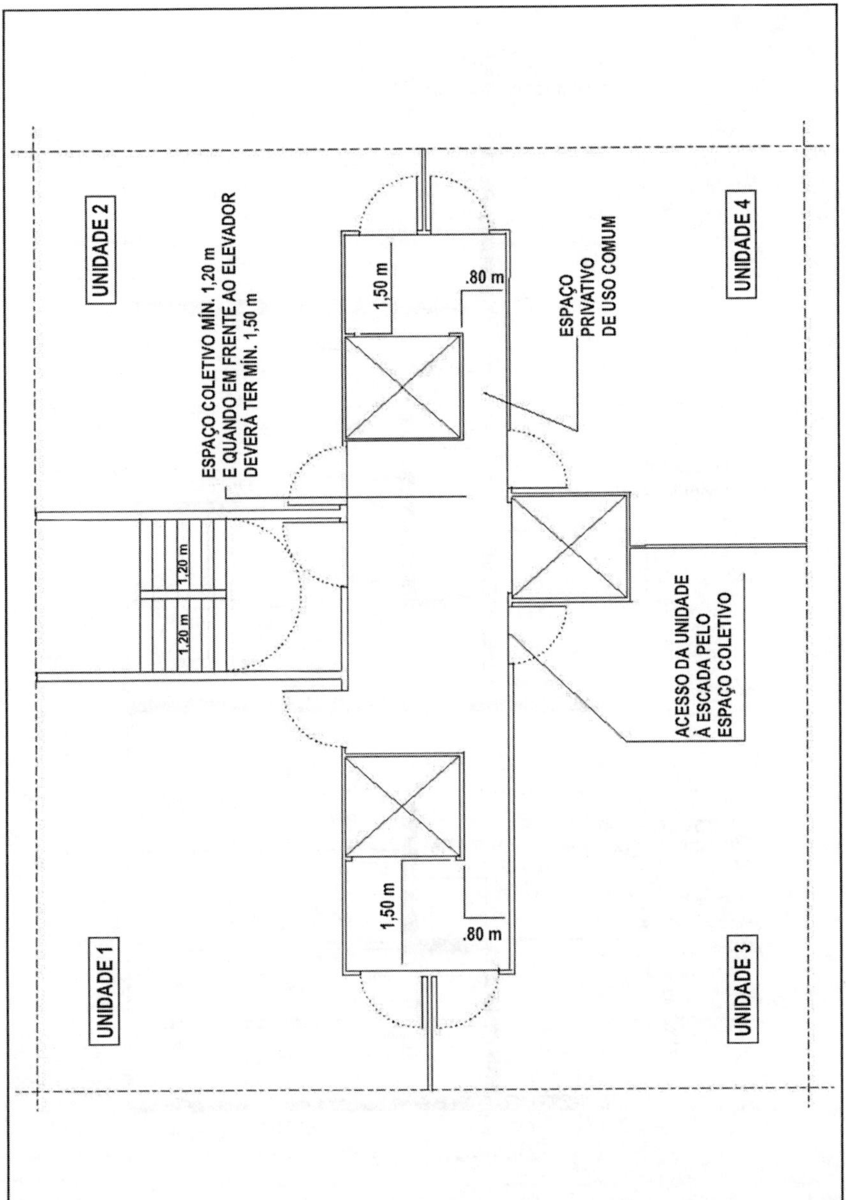

DESENHO 10-I – IMPLANTAÇÃO JUNTO ÀS DIVISAS

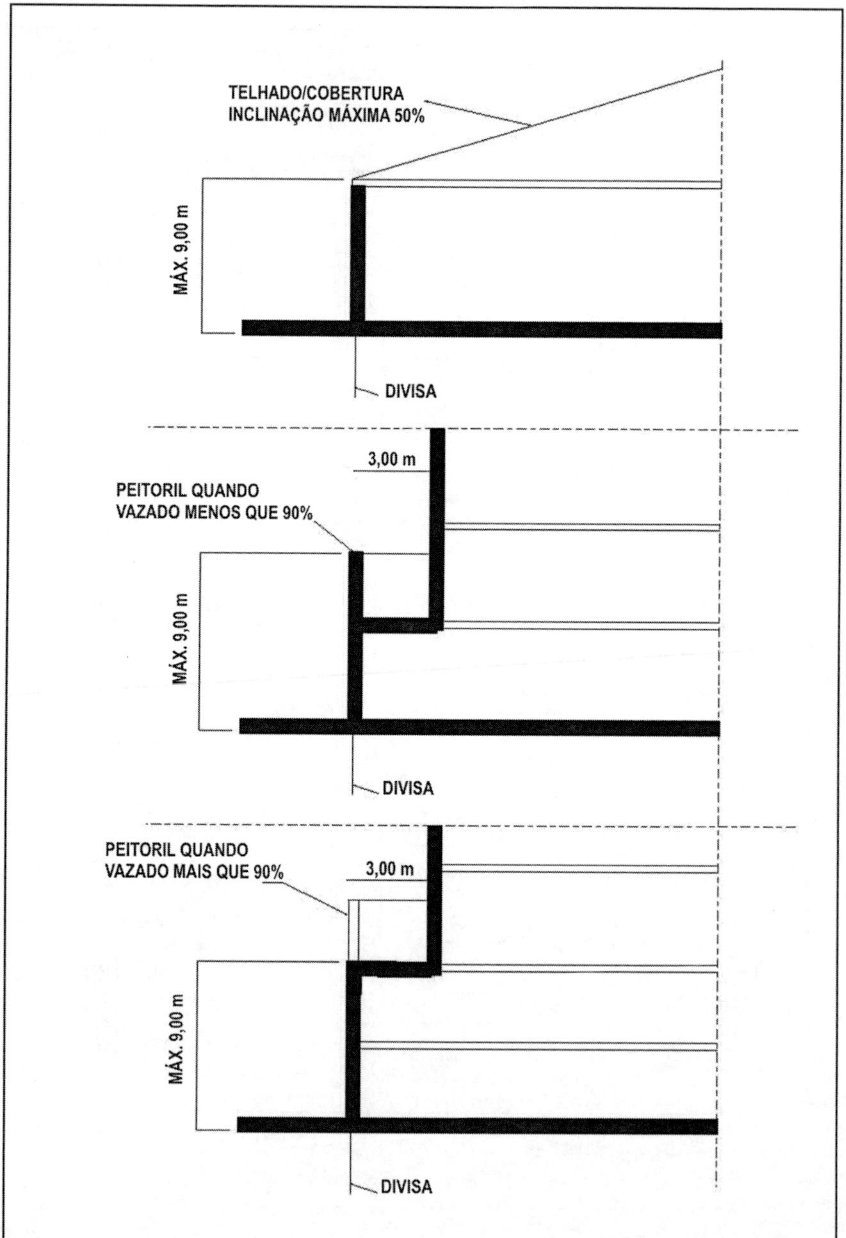

DESENHO 10-II.a – REENTRÂNCIA (1:1.5) NO VOLUME INFERIOR "Vi"

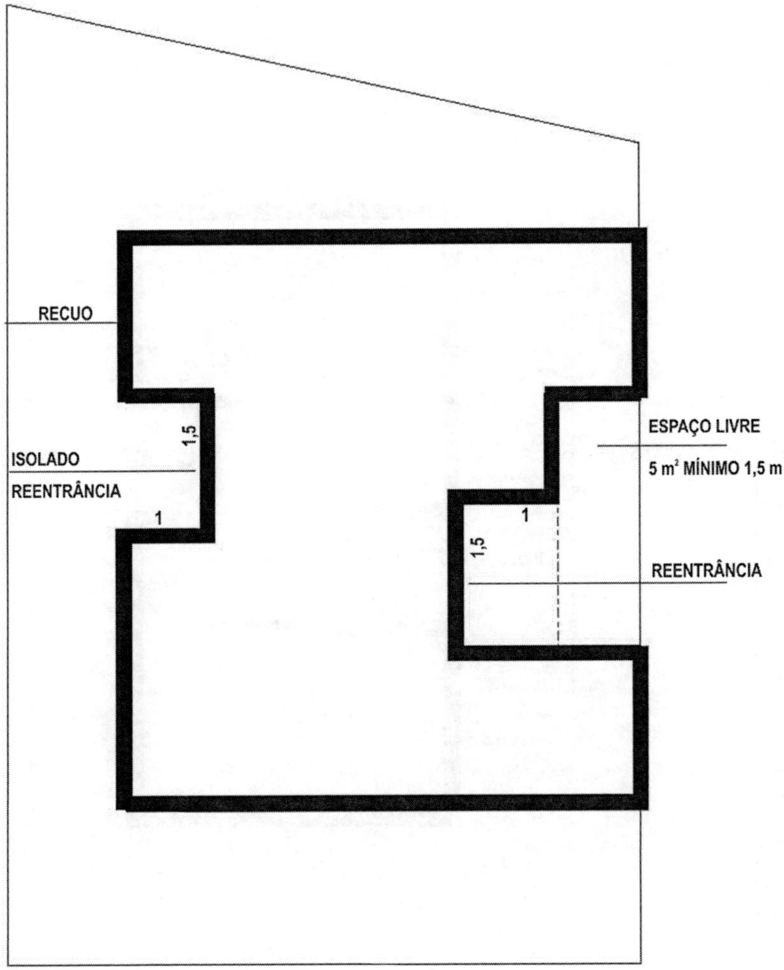

DESENHO 10-II.b – REENTRÂNCIA (1:1.5) NO VOLUME SUPERIOR "Vs"

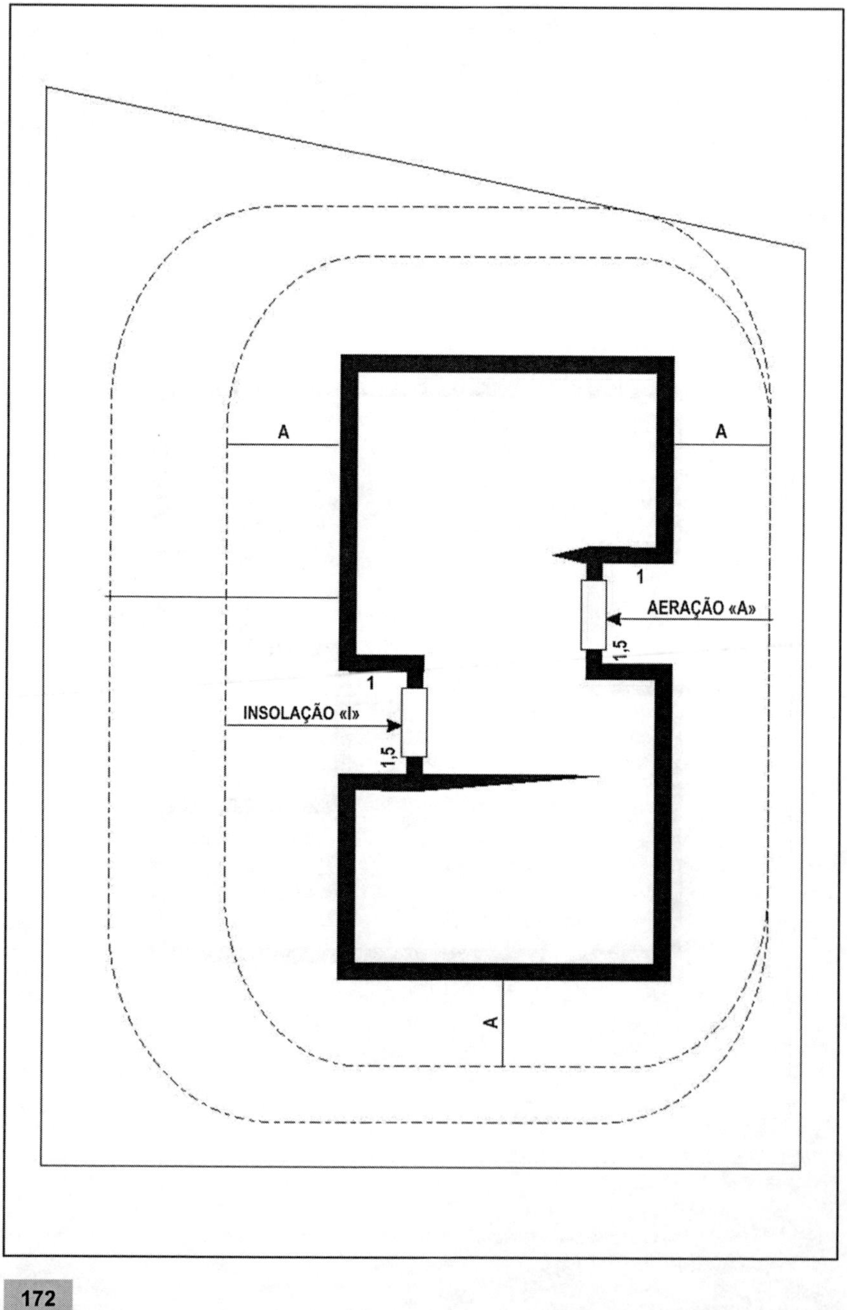

DESENHO 10-III.a – CLASSIFICAÇÃO DOS VOLUMES

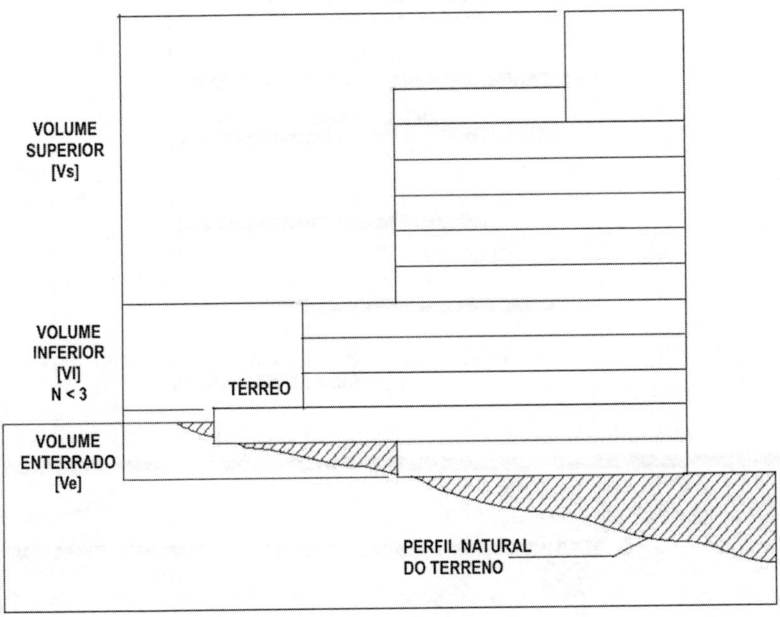

DESENHO 10-III.b – ∑ "N"

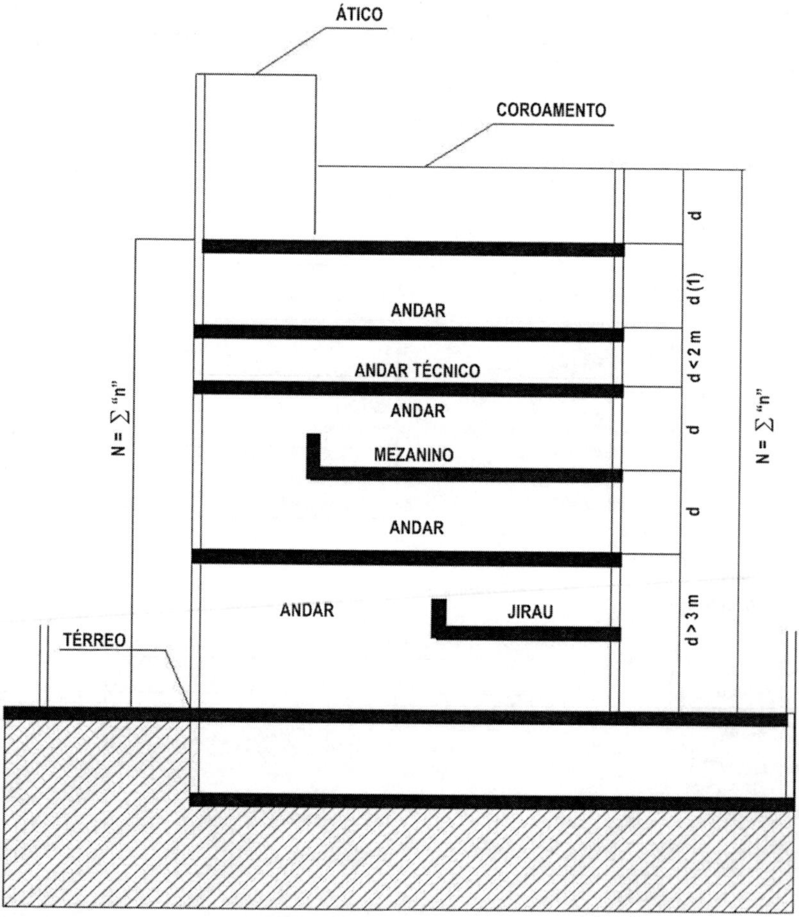

(1) QUANDO SE TRATA DE ANDAR ÚNICO OU DE COBERTURA, O DESNÍVEL "d" SERÁ O PÉ-DIREITO DO ANDAR

OBS.: CONFORME O DESNÍVEL "d" OBTÉM-SE O "n" ATRAVÉS DE:

- PARA $2{,}00\ m < d \leq 3{,}00\ m \longrightarrow n = 1$
- PARA $d < 2{,}00\ m \longrightarrow n = 1 + 1/3\ (d - 2)$
- PARA $d > 3{,}00\ m \longrightarrow n = 1 + 1/3\ (d - 3)$

DESENHO 10-III.c – PAVIMENTO EM DESNÍVEL

DESNÍVEL "d" A CONSIDERAR PARA CÁLCULO DO ÍNDICE VOLUMÉTRICO "n" DO ANDAR

DESENHO 10-III.d – DESNÍVEL "d"

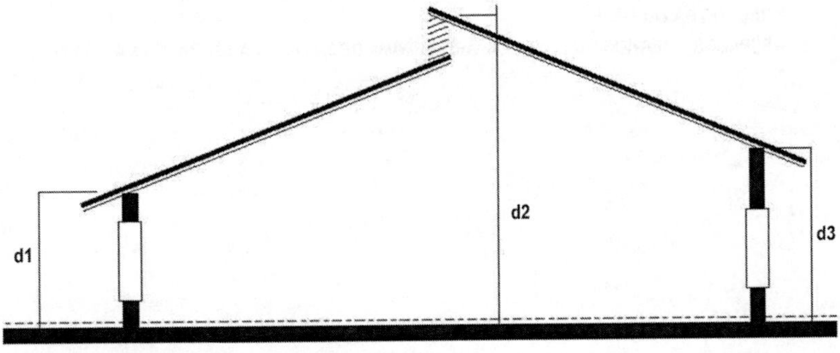

QUANDO O PISO OU O TETO FOREM INCLINADOS,
O DESNÍVEL "d" CONSIDERADO SERÁ A ALTURA MÉDIA DO ANDAR

$$d = \frac{d1 + d2 + d3}{3} \quad \text{OU} \quad d = \frac{d1 + d2 + ... + dn}{n}$$

DESENHO 10-IV – ESPAÇOS LIVRES NOS VOLUMES “Vi” E “Ve”

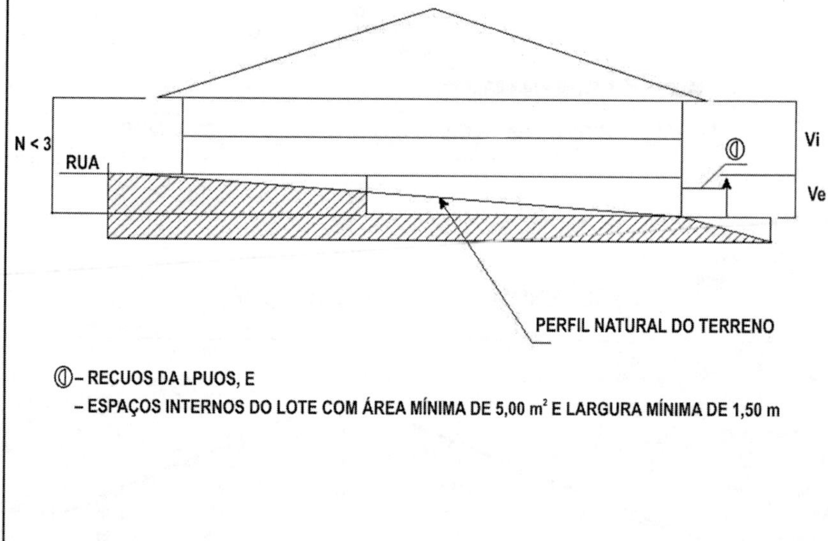

① – RECUOS DA LPUOS, E

– ESPAÇOS INTERNOS DO LOTE COM ÁREA MÍNIMA DE 5,00 m² E LARGURA MÍNIMA DE 1,50 m

DESENHO 10-V.a – FAIXA LIVRE "A"

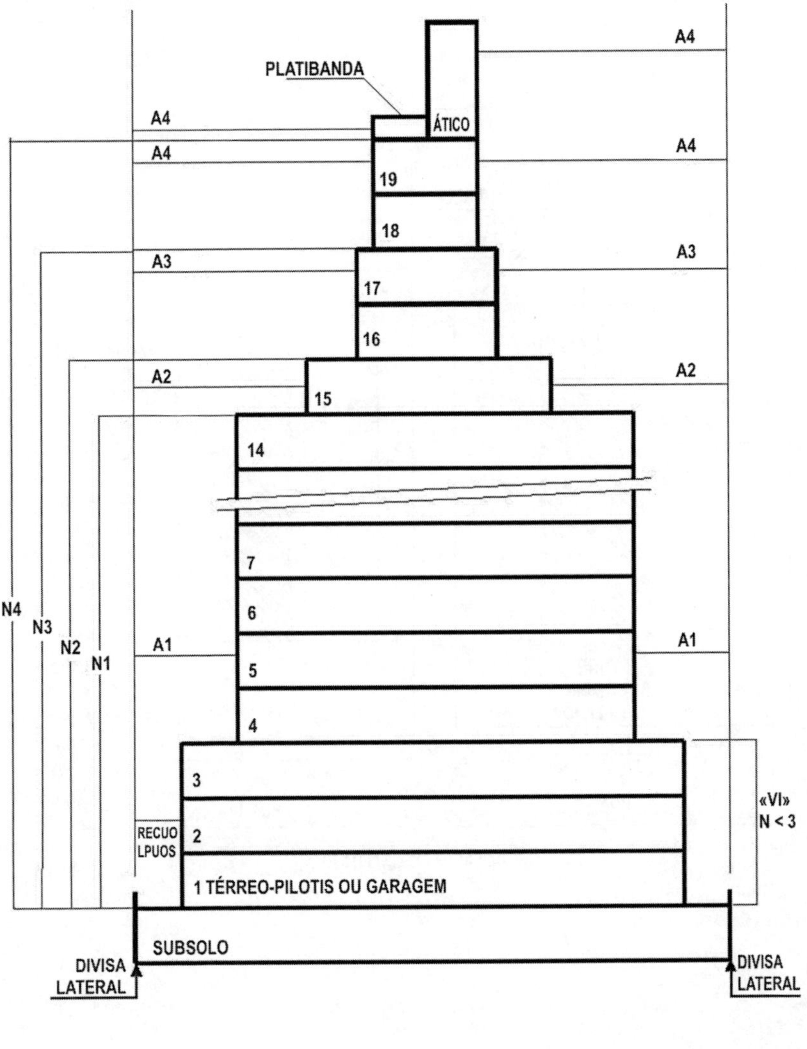

DESENHO 10-V.b – FAIXA LIVRE "A"

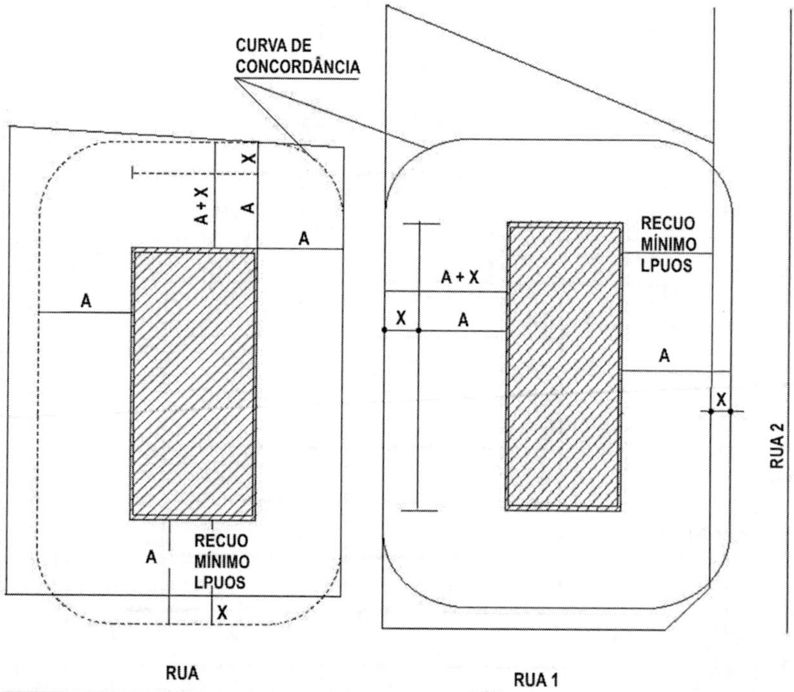

X ≤ 20% DE "A" e X ≤ 1/3 DA RUA

DESENHO 10-VI.a – FAIXA LIVRE "I"

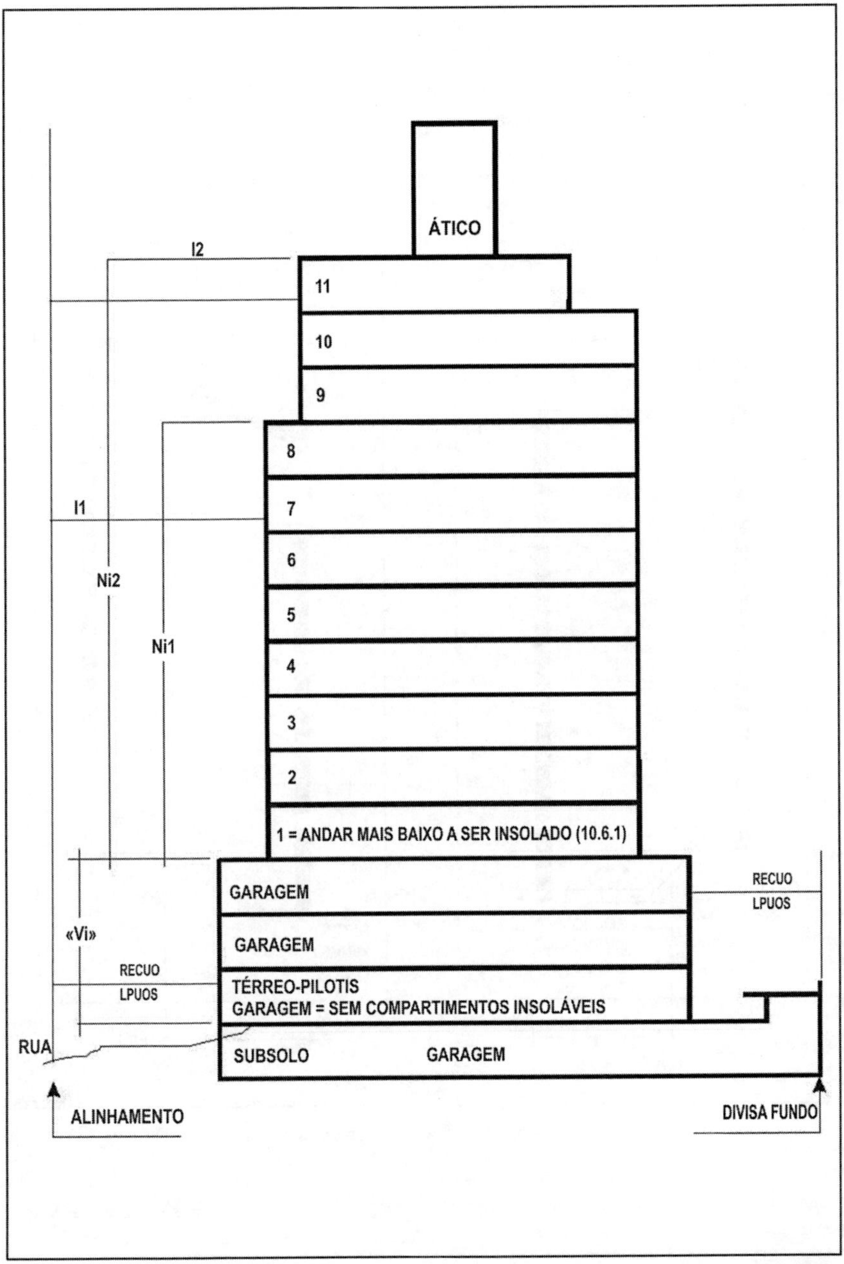

DESENHO 10-VI.b – ESPAÇO LIVRE "I"

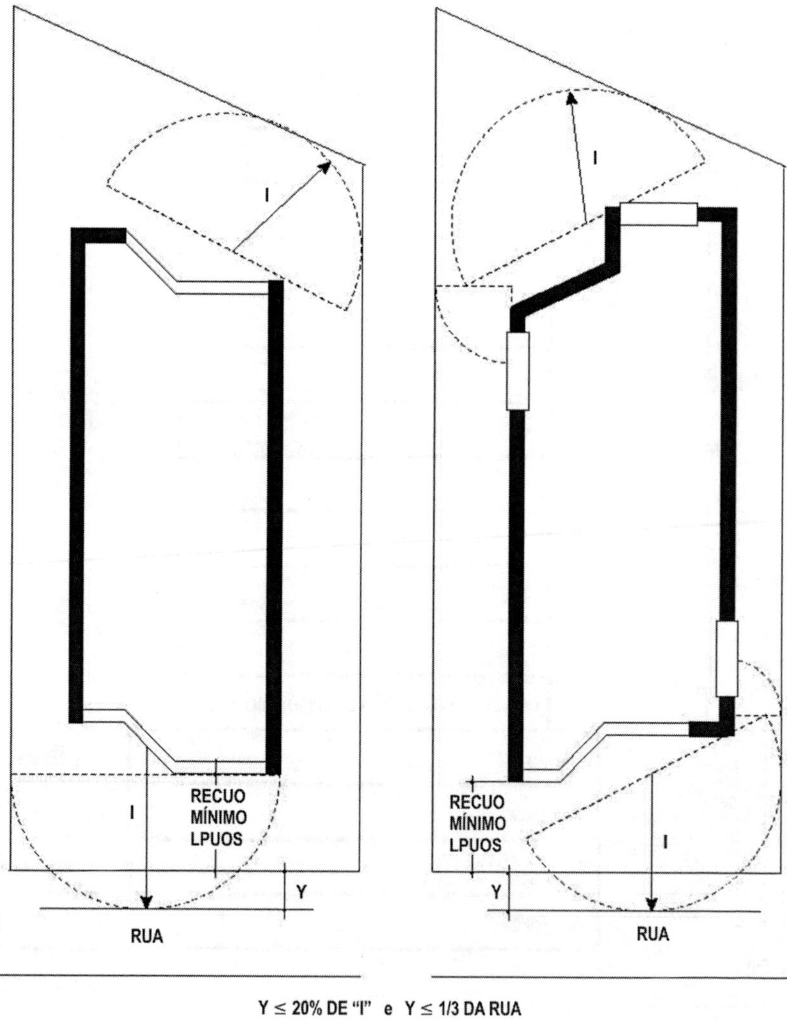

Y ≤ 20% DE "I" e Y ≤ 1/3 DA RUA

DESENHO 10-VI.c
ESPAÇO LIVRE "I" – FAIXA LIVRE "A" – REBATIMENTOS

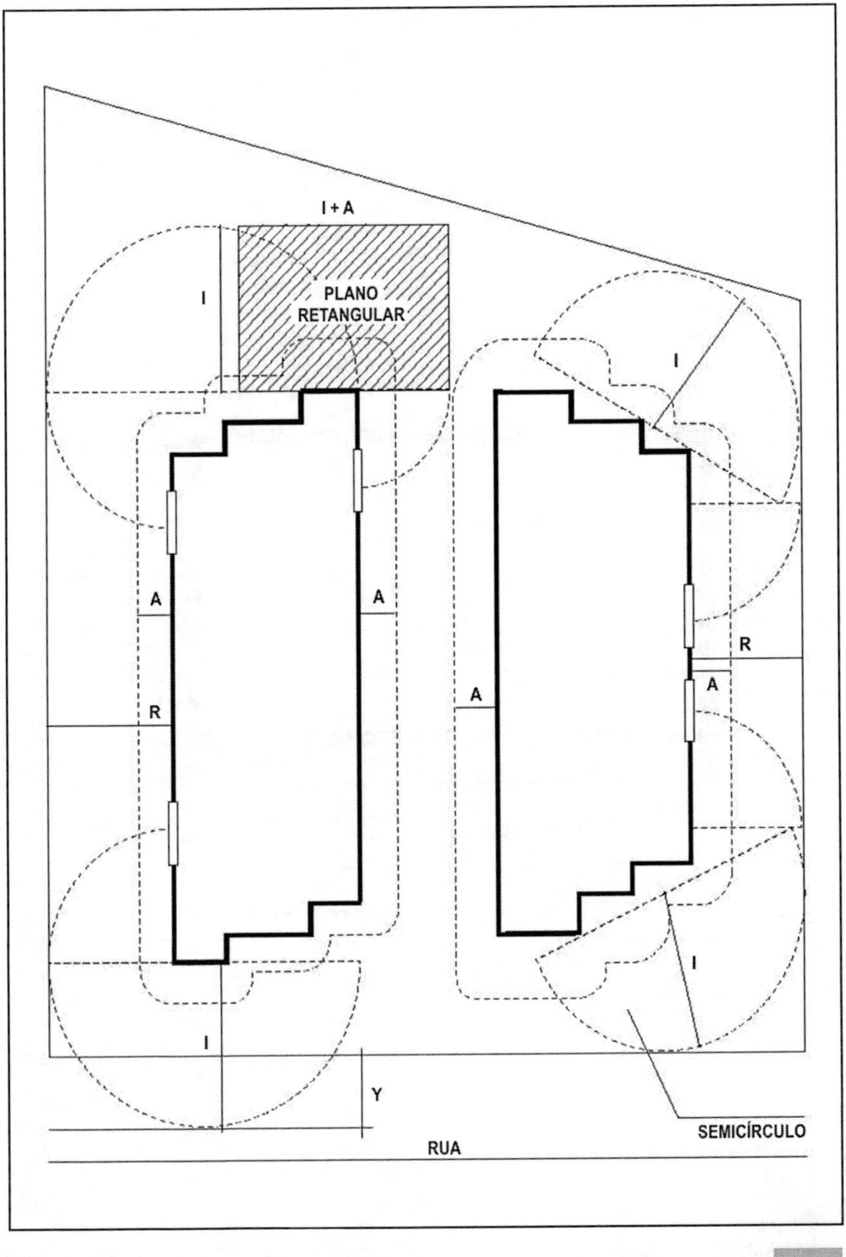

DESENHO 10-VI.d – ÁREA LIVRE INTERNA

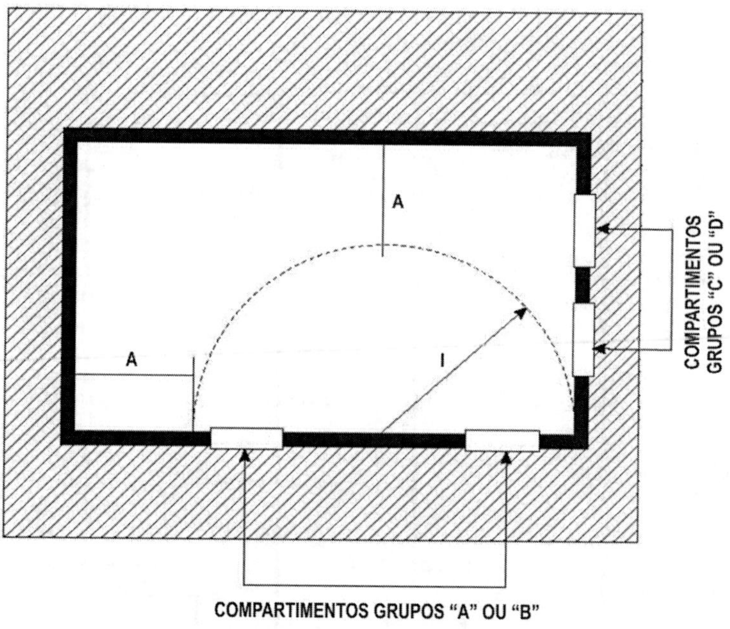

DESENHO 10-VII – AJUSTE FAIXA "A" E ESPAÇO "I"

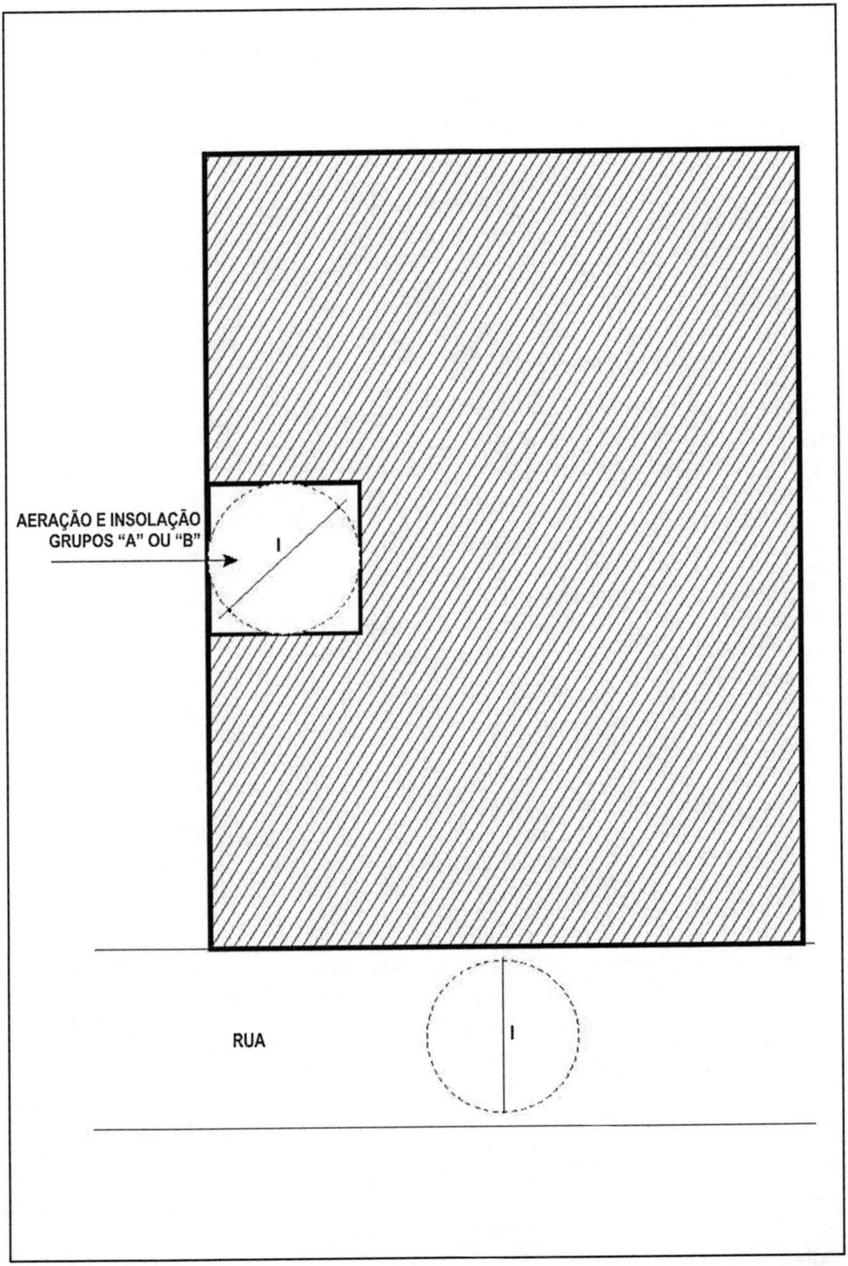

LEGISLAÇÃO COMPLEMENTAR E ALTERADORA

LEIS

LEI Nº 11.345, DE 14 DE ABRIL DE 1993

Dispõe sobre a adequação das edificações à pessoa portadora de deficiência, e dá outras providências.

Paulo Maluf, Prefeito do Município de São Paulo, usando das atribuições que lhe são conferidas por lei.

Faz saber que a Câmara Municipal, em sessão de 23 de março de 1993, decretou e eu promulgo a seguinte Lei:

Art. 1º. Passa a integrar o Código de Obras e Edificações do Município com o título próprio de "Normas de Adequação das Edificações à Pessoa Deficiente", a Norma NBR nº 9050, de setembro de 1985 da Associação Brasileira de Normas Técnicas, para os efeitos de aplicação das disposições especiais para pessoas portadoras de deficiência física previstas na Lei nº 11.228, de 25 de junho de 1992.

Art. 2º. Deverão atender o disposto na presente Lei, as edificações que solicitarem, a partir da data de sua publicação, Alvará de Aprovação para os seguintes usos:

I – Locais de Reunião com mais de 100 (cem) pessoas.

II – Qualquer outro uso com mais de 600 (seiscentas) pessoas.

Art. 3º. Aplicam-se as disposições do artigo anterior para os projetos aprovados, com licença ainda em vigor que independerão de nova aprovação, devendo as alterações serem comunicadas de forma simplificada, apostilando-se o Alvará de Licença.

Art. 4º. Nenhum próprio Municipal será edificado, reformado ou ampliado, sem que o projeto atenda as disposições desta Lei.

Parágrafo único. A locação de imóveis que se destinem a abrigar as Repartições Públicas, somente ocorrerá após efetuadas as devidas adaptações para atendimento à pessoa portadora de deficiência, de acordo com as disposições desta Lei.

Art. 5º. As edificações existentes que se enquadrem no art. 2º, terão prazo máximo de 3 (três) anos, a partir da publicação desta Lei, para se adaptarem às disposições da mesma, mediante apresentação de projeto e documentação simplificada.

Art. 6º. O descumprimento desta Lei implicará em multa de 50 UFMs mensais, até a comprovação da adequação.

Art. 7º. Nas edificações residenciais das categorias R2-02, R3-01 e R3-02, a serem aprovadas de acordo com a Lei nº 11.228, de 25 de junho de 1992, será obrigatória a execução de rampa conforme previsto no item 12.4.1 da referida lei.

Art. 8º. Ficarão isentos do pagamento de Taxas e Emolumentos para Aprovação, os projetos enquadrados nos arts. 3º, 4º e 5º desta Lei.

Art. 9º. As despesas decorrentes da execução desta Lei correrão por conta das dotações orçamentárias próprias, suplementadas se necessário.

Art. 10. Esta Lei entrará em vigor na data de sua publicação, revogadas as disposições em contrário.

Prefeitura do Município de São Paulo, aos 14 de abril de 1993, 440º da fundação de São Paulo.

Paulo Maluf, Prefeito – DOM de 15.4.1993

LEI Nº 11.380, DE 17 DE JUNHO DE 1993

Dispõe sobre a execução de obras nos terrenos erodidos e erodíveis e sobre a exigência de alvará para movimento de terra.

- *V. Decreto nº 41.633, de 23.1.2002, que regulamenta esta Lei.*

Antônio Sampaio, Presidente da Câmara Municipal de São Paulo, faz saber que a Câmara Municipal de São Paulo, de acordo com § 7º do art. 42 da Lei Orgânica do Município de São Paulo, promulga a seguinte Lei:

Art. 1º. São considerados potencialmente degradadores do meio ambiente e portanto sujeitos às exigências disciplinares e às sanções desta Lei, com base no art. 183 da Lei Orgânica do Município.

I – a alteração da topografia do terreno e da sua superfície, incluindo o movimento de terra;

II – a alteração do sistema de drenagem;

III – a existência de terrenos erodidos ou erodíveis.

Parágrafo único. O disciplinamento referido no *caput* deste artigo tem, dentre outros, o objetivo de minimizar os processos de erosão do solo e das enchentes no Município, assegurando as condições de ocupação do solo que não impliquem em maiores riscos à segurança da população e ao patrimônio público e particular.

Art. 2º. Consideram-se para efeitos desta Lei:

I – Erosão: processo de desprendimento e transporte das partículas sólidas do solo pelos agentes erosivos;

II – Terreno erodido: aquele que apresenta sulco de erosão de profundidade superior a 10 cm (dez centímetros);

III – Terreno erodível: aquele que se apresenta sem cobertura vegetal ou proteção por meio de capeamento do solo com material resistente aos processos erosivos;

IV – Sistema de drenagem: conjunto de elementos naturais e construídos destinados a captar e conduzir a água de superfície e subsolo;

V – Obra: a realização de trabalho em terreno cujo resultado impliquem em alteração do seu estado físico anterior, desde o seu início até a sua conclusão;

VI – Início de obra: a execução de qualquer trabalho que modifique as condições da situação existente no terreno;

VII – Obra de recuperação de erosão: conjunto de medidas destinadas à eliminação dos sulcos de erosão existentes e impedimento do seu desenvolvimento posterior incluindo-se as obras de prevenção de erosão;

VIII – Obra de prevenção de erosão: conjunto de medidas que garantam a proteção do solo com relação ao desenvolvimento dos processos erosivos, incluindo-se necessariamente entre elas as seguintes:

a) regularização da superfície do terreno e compactação do solo;

b) captação e condução das águas pluviais e implantação de mecanismos de dissipação de energia das águas nos pontos de lançamento;

c) revestimento superficial com material resistente à erosão ou cobertura vegetal;

IX – Proprietário: o detentor do título de propriedade ou do direito real de uso do terreno e seus sucessores a qualquer título;

X – Profissional habilitado: o técnico registrado junto ao órgão federal fiscalizador do exercício profissional e à Prefeitura, atuando, individual ou solidariamente, como autor do projeto ou responsável técnico da obra;

XI – Infrator: o responsável pelas infrações às disposições desta Lei podendo ser o proprietário do terreno ou seus sucessores e, se houver, o responsável técnico da obra e o proprietário ou locatário das máquinas e veículos envolvidos;

XII – Desobediência ao embargo: a continuação dos trabalho no terreno, sem a adoção das providências exigidas na intimação.

Art. 3º. Dependerá de prévia licença expedida pela Prefeitura a execução de obra que se enquadre em uma ou mais das seguintes situações de movimento de terra:

I – modificação da topografia do terreno com desnível de corte ou aterro de um metro ou mais em relação à superfície ou em relação aos níveis existentes junto às divisas com outras propriedades ou áreas públicas vizinhas;

II – movimento de mil metros cúbicos ou mais de material;

III – localização de terreno em área lindeira a cursos d'água ou linhas de drenagem;

IV – localização do terreno em área de várzea, alagadiça, de solo mole ou sujeita a inundações;

V – localização do terreno em área declarada de proteção ambiental;

VI – localização do terreno em área sujeita à erosão, conforme delimitação regulamentada pelo Executivo;

VII – ocorrência de declividade superior a trinta por cento, para desníveis iguais ou superiores a cinco metros, mesmo em parte do terreno;

VIII – modificação da superfície do terreno em área igual ou superior a mil metros quadrados.

Art. 4º. O requerimento para obtenção da licença para execução das obras de que trata o art. 3º deverá ser instruído com os seguintes elementos:

a) título de propriedade ou concessão de direito real de uso do terreno;

b) memorial descritivo contendo a discriminação do tipo de solo existente, os volumes de corte e aterro, os volumes de terra necessários com empréstimo ou a serem retirados, a indicação das medidas de proteção superficial do terreno, a indicação dos terrenos para empréstimos ou bota-fora quando houver entrada ou saída de terra da obra e o plano de manejo de solos;

c) levantamento planialtimétrico do terreno que serviu de base para o projeto, em escala, com curvas de nível em intervalos adequados, destacando os divisores de águas, as nascentes e as linhas de drenagem, quando existirem;

d) peças gráficas de projeto em escala conveniente, com desenho planialtimétrico, com plantas e seções contendo todos os elementos geométricos para a caracterização da situação existente e da obra proposta, inclusive do sistema de drenagem e proteção superficial;

e) indicação das medidas e instalações provisórias de drenagem, prevenção de erosão e retenção de sólidos durante a execução da obra;

f) indicação do autor do projeto e do responsável técnico da obra, devidamente habilitados com as respectivas Anotações de Responsabilidade Técnica – ART.

Parágrafo único. A licença somente será concedida se o projeto das obras estiver de acordo com as recomendações técnicas definidas pelo Executivo Municipal.

Art. 5º. Por ocasião da conclusão da obra de que trata o art. 3º deverá ser requerida a expedição do correspondente Auto de Conclusão.

Parágrafo único. A expedição do Auto de Conclusão dependerá de prévia solução das multas aplicadas à obra.

Art. 6º. Caso o projeto das obras de que trata o art. 3º esteja vinculado ao projeto cuja execução também exija licenciamento obrigatório, ambos serão analisados e licenciados simultaneamente.

§ 1º. A sistemática de análise, licenciamento e expedição dos respectivos Autos de Conclusão será regulamentada pelo Executivo.

§ 2º. Prevalecerá para os casos de que trata este artigo, para todos os efeitos, o concedido de início de obra constante do inciso VI, do art. 2º.

Art. 7º. A análise e licenciamento dos casos de obras previstas nesta Lei, que interfiram com os cursos d'água cuja bacia se estenda para montante do terreno considerado, será regulamentada pelo executivo.

Art. 8º. O proprietário de terreno erodido ou erodível deverá executar, respectivamente, obras de recuperação e obras de prevenção de erosão necessárias à regularização da situação, comunicando previamente à Prefeitura o prazo para execução das obras, que não poderá ser superior a sessenta dias.

§ 1º. O prazo previsto no *caput* deste artigo poderá ser prorrogado por mais noventa dias, a pedido do interessado, podendo ser autorizada esta prorrogação desde que tenham sido iniciadas as obras de recuperação ou prevenção de erosão.

§ 2º. Os proprietários de lotes e glebas erodidos ou erodíveis serão notificados pelo Poder Público Municipal da obrigatoriedade da execução das obras de recuperação e prevenção de erosão, podendo contar com o auxílio, nesta tarefa, de brigadas ecológicas, associação de moradores ou organizações ambientais.

Art. 9º. Constatadas novas manifestações de erosão após a execução das obras previstas nos termos do art. 8º desta Lei, o proprietário será intimado a protocolar, no prazo máximo de noventa dias, pedido de licença nos termos do art. 3º desta Lei.

Art. 10. Visando disciplinar o uso do solo em terrenos localizados em áreas de várzea ou alagadiças e atenuar os efeitos de inundações, o Poder Público Municipal poderá exigir cotas específicas para o nível de soleira nesses terrenos, com base nos estudos hidrológicos das respectivas bacias de drenagem.

Art. 11. As obras de que trata esta Lei, aplicam-se, no que couber, as normas administrativas em vigor referentes às licenças, ao andamento de obras e ao processo especial de aprovação de projetos de edificações, bem como aos profissionais e à fiscalização.

Art. 12. Constatada a inexistência de condições de estabilidade, segurança ou salubridade em terreno, o servidor municipal incumbido da fiscalização expedirá intimação ao infrator para, em prazo não superior a cinco dias promover, na forma da lei, as medidas necessárias à solução da irregularidade.

Parágrafo único. Para os efeitos do estabelecido neste artigo, em se tratando de ocorrência gerada por obras, atividades ou fatos independentes do terreno que apresenta irregularidade, será considerado infrator o responsável pelo evento causador dos danos.

Art. 13. No caso da irregularidade constatada apresentar risco iminente de ruína ou contaminação, concomitantemente à lavratura da intimação poderá ocorrer a interdição parcial ou total do terreno ou do seu entorno, dando-se ciência aos proprietários e eventuais ocupantes dos imóveis.

§ 1º. Durante a interdição somente será permitida a execução de obras indispensáveis à eliminação da irregularidade constatada.

§ 2º. Verificada a desobediência à interdição, será requisitada força policial e requerida a imediata abertura de inquérito policial para apuração de responsabilidade do infrator pelo crime de desobediência previsto no Código Penal.

§ 3º. Não cumprida a intimação no prazo estipulado, ou constatado desrespeito à interdição, será encaminhado processo devidamente instruído para as providências judiciais cabíveis, sem prejuízo da incidência de multas.

§ 4º. Não cumprida a intimação no prazo estipulado as obras consideradas indispensáveis poderão ser executadas pela Prefeitura, cobradas em dobro e com atualização monetária.

Art. 14. Constatado o risco iminente de ruína ou contaminação, o proprietário do terreno poderá, independentemente de intimação, dar início imediato às obras de emergência, assistido, por profissional habilitado e comunicando previamente à Prefeitura sobre as obras a serem executadas.

§ 1º. Recebida a comunicação, a Prefeitura vistoriará o terreno objeto da mesma, verificando a veracidade do risco e da necessidade de execução das obras de emergência.

§ 2º. Concluídas as obras de emergência, o proprietário será intimado a regularizá-las na forma da lei, se for o caso.

Art. 15. A inobservância dos dispositivos legais referentes à execução das obras de que trata esta Lei ensejará a aplicação de multas na conformidade da Tabela que constitui o Anexo I integrante desta Lei.

Parágrafo único. Aplicam-se às multas aqui estabelecidas, no que couber, as disposições em vigor referentes às multas administrativas para infrações à legislação de edificações.

Art. 16. Nos casos de que trata esta Lei, desobedecido o auto de embargo, concomitantemente à aplicação da primeira multa correspondente, poderão ser apreendidos os maquinários, instrumentos ou veículos utilizados na execução da obra.

Art. 17. Nos terrenos com mais de mil metros quadrados, de propriedade pública, em que se infringir o disposto nesta Lei, deverá a Administração Municipal notificar ao Ministério Publico Estadual, informando sobre as agressões ao meio ambiente, para que sejam tomadas as medidas cabíveis.

Art. 18. A competência para a fiscalização das disposições desta Lei, bem como para imposição das sanções dela decorrentes caberá, concorrentemente à Secretaria das Administrações Regionais e a Secretaria de Habitação e Desenvolvimento Urbano, cumprindo ao Executivo, estabelecer, por decreto, os limites e as atribuições de cada uma delas.

Art. 19. A presente Lei será regulamentada pelo Executivo.

§ 1º. Na regulamentação prevista neste artigo estarão incluídos os procedimentos relativos às obras que estiverem em andamento e aos processos de aprovação em tramitação nos órgãos municipais por ocasião da promulgação desta Lei.

§ 2º. Enquanto não houver a regulamentação da matéria prevista no parágrafo único do art. 4º desta Lei, a licença somente será concedida se o projeto das obras atender às normas técnicas do SIMETRO – Sistema Nacional de Normatização, Metrologia e Qualidade Industrial.

Art. 20. Esta Lei entrará em vigor na data de sua publicação, revogando-se as disposições em contrário.

Câmara Municipal de São Paulo, 21 de junho de 1993.

Antonio Sampaio, Presidente – DOM de 29.6.1993, retificação DOM de 25.3.1994

ANEXO 1 – MULTAS

1 – Infração: execução de obra de que trata o art. 9º, sem licença ou em desacordo com a licença expedida. Aplicável ao proprietário e ao responsável técnico pela obra. Valor de 10 (dez) UFMs (Unidades Fiscais do Município) para cada 250 m^2 (duzentos e cinquenta metros quadrados) ou fração de área do terreno. Incidência: primeira multa no ato; reaplicação a cada trinta dias até o protocolamento do pedido de licença ou o retorno de obra às condições do licenciamento.

2 – Infração: resistência ao embargo. Aplicável ao proprietário, ao responsável técnico da obra e ao proprietário ou locatário das máquinas. Valor 10 (dez) UFMs (Unidades Fiscais do Município). Incidência: diária enquanto persistir a resistência ao embargo.

3 – Infração: não atendimento da notificação para execução de obras de recuperação ou prevenção de erosão (art. 8º, § 2º). Aplicável ao proprietário. Valor de 10 (dez) UFMs (Unidades Fiscais do Município) para cada 250 m^2 (duzentos e cinquenta metros quadrados) ou fração de área do terreno. Incidência: primeira multa após quinze dias da expedição da notificação, caso não tenha sido comunicado pelo proprietário o prazo para conclusão das obras; reaplicação da multa a cada trinta dias até o protocolamento do comunicado.

4 – Infração: não conclusão das obras de recuperação e prevenção de erosão no prazo comunicado à Prefeitura (art. 8º). Aplicável ao proprietário. Valor de 10 (dez) UFMs (Unidades Fiscais do Município) para cada 250 m^2 (duzentos e cinquenta metros quadrados) ou fração de área do terreno. Incidência: primeira multa após cinco dias da expiração do prazo comunicado à Prefeitura; reaplicação a cada trinta dias até a conclusão das obras.

5 – Infração: não atendimento do estabelecimento no art. 9º. Aplicável ao proprietário. Valor de 10 (dez) UFMs (Unidades Fiscais do Município) para cada 250 m^2 (duzentos e cinquenta metros quadrados) ou fração de área do terreno. Incidência: primeira multa noventa dias após a expedição da intimação; reaplicação a cada trinta dias até o protocolamento do pedido de licença.

6 – Infração: não atendimento à intimação expedida nos termos do art. 12. Aplicável ao proprietário e ao responsável pela obra ou evento causador de danos. Valor de 10 (dez) UFMs (Unidades Fiscais do Município). Incidência: primeira multa cinco dias após a expedição da intimação com reaplicações semanais até o atendimento dos termos da intimação.

7 – Infração: desobediência à interdição (art. 13). Aplicável ao proprietário e ao responsável pela obra ou evento causador de danos. Valor de 10 (dez) UFMs (Unidades Fiscais do Município). Incidência: diária enquanto durar a desobediência.

LEI Nº 11.424, DE 30 DE SETEMBRO DE 1993

Dispõe sobre o acesso de pessoas deficientes físicas a cinemas, teatros e casas de espetáculos.

Paulo Maluf, Prefeito do Município de São Paulo, usando das atribuições que lhe são conferidas por lei.

Faz saber que a Câmara Municipal, em sessão de 2 de setembro de 1993, decretou e eu promulgo a seguinte Lei:

Art. 1º. Ficam os cinemas, teatros, casas de espetáculos e estabelecimentos bancários obrigados a garantir o acesso de pessoas portadoras de deficiência física às suas dependências destinadas ao público.

- *Art. 1º,* caput*, com redação dada pela Lei nº 12.815, de 6.4.1999.*

§ 1º. Para os efeitos do *caput*, os acessos aos estabelecimentos de que trata esta Lei deverão estar sinalizados horizontal e verticalmente, de forma a permitir fácil orientação aos usuários portadores de deficiência física.

- *§ 1º acrescido pela Lei nº 12.815, de 6.4.1999.*

§ 2º. Os cinemas, teatros e casas de espetáculos destinarão assentos e espaços para estacionamento de cadeiras de rodas na plateia, devidamente identificadas, em locais de fácil visualização da programação.

- *§ 2º acrescido pela Lei nº 12.815, de 6.4.1999.*

§ 3º. Os estabelecimentos bancários adequarão o mobiliário de suas agências de modo a eliminar todo e qualquer obstáculo ao atendimento dos portadores de deficiência física.

- *§ 3º acrescido pela Lei nº 12.815, de 6.4.1999.*

§ 4º. As sinalizações e adequações, previstas nos parágrafos anteriores, respeitarão os padrões ditados pela Associação Brasileira de Normas Técnicas, para as finalidades desta Lei.

- *§ 4º acrescido pela Lei nº 12.815, de 6.4.1999.*

Art. 2º. Os estabelecimentos terão o prazo de 180 (cento e oitenta) dias, contados da vigência da presente Lei, para adaptarem-se a seus termos.

- *Parte vetada promulgada pela Câmara, em 14.3.1994.*

Art. 3º. O Poder Público Municipal não fornecerá alvarás de funcionamento para os novos estabelecimentos, sem antes serem cumpridas as exigências previstas na presente Lei.

Art. 4º. O descumprimento do disposto nesta Lei implicará na aplicação de multa diária de 10 (dez) UFMs.

Art. 5º. O Executivo regulamentará a presente Lei no prazo de 60 (sessenta) dias contados de sua publicação.

Art. 6º. Esta Lei entrará em vigor na data de sua publicação, revogadas as disposições em contrário.

Prefeitura do Município de São Paulo, aos 30 de setembro de 1993, 440º da fundação de São Paulo.

Paulo Maluf, Prefeito – DOM de 1º.10.1993

LEI Nº 11.441, DE 12 DE NOVEMBRO DE 1993

Dispõe sobre instalação ou adaptação de box com sanitários destinados aos usuários de cadeiras de rodas.

Sólon Borges dos Reis, Vice-Prefeito em exercício no cargo de Prefeito do Município de São Paulo, usando das atribuições que lhe são conferidas por lei.

Faz saber que a Câmara Municipal, em sessão de 19 de outubro de 1993, decretou e eu promulgo a seguinte Lei:

Art. 1º. Fica obrigatória a execução de instalações sanitárias para pessoas portadoras de deficiências físicas nas edificações que tenham recebido alvará de licença para construção anteriormente à vigência da Lei nº 11.228, de 26 de setembro de 1992, nos seguintes casos:

- *Parte vetada promulgada pela Câmara em 15.4.1994.*

I – locais de reunião com mais de 100 (cem) pessoas;

II – qualquer outro uso com mais de 600 (seiscentas) pessoas.

§ 1º. A quantidade dessas instalações não poderá ser inferior a 3% (três por cento) da proporção estabelecida no item 14.1.2 da Lei nº 11.228/1992.

§ 2º. O prazo para adaptação das edificações será no máximo de 180 (cento e oitenta) dias, ficando essa obra caracterizada como pequena reforma para efeito do disposto no item 3.3 da Lei nº 11.228/1992.

- *Parte vetada promulgada pela Câmara em 15.4.1994.*

§ 3º. O descumprimento ao disposto neste artigo implicará na imposição de multa diária no valor de 5 (cinco) Unidades de Valor Fiscal do Município – UFM.

Art. 2º. O Executivo fica obrigado a adaptar os parques públicos do Município às condições estabelecidas no art. 1º desta Lei, no prazo máximo de 180 (cento e oitenta) dias.

- *Parte vetada promulgada pela Câmara em 15.4.1994.*

Art. 3º. Os locais em que forem instalados esses compartimentos deverão ser identificados com as sinalizações de uso internacional.

Art. 4º. Esta Lei entrará em vigor na data de sua publicação, revogadas as disposições em contrário.

Prefeitura do Município de São Paulo, aos 12 de novembro de 1993, 440º da fundação de São Paulo.

Sólon Borges dos Reis, Vice-Prefeito em Exercício – DOM de 13.11.1993

LEI Nº 11.495, DE 11 DE ABRIL DE 1994

Dispõe sobre a obrigatoriedade da instalação, pelos bancos e demais estabelecimentos de crédito, de sanitários e bebedouros destinados aos seus usuários.

Paulo Maluf, Prefeito do Município de São Paulo, usando das atribuições que lhe são conferidas por lei.

Faz saber que a Câmara Municipal, em sessão de 15 de março de 1994, decretou e eu promulgo a seguinte Lei:

Art. 1º. Os bancos e estabelecimentos de crédito em geral, localizados no Município de São Paulo, ficam obrigados a instalar em suas dependências, sanitários e bebedouros destinados aos usuários.

Art. 2º. Para cumprimento do disposto nesta Lei, fica estabelecido o prazo de 12 (doze) meses, contados da data de sua publicação.

Art. 3º. O não cumprimento das disposições contidas nesta Lei sujeitará o infrator à multa diária de 50 (cinquenta) UFMs.

Art. 4º. O Poder Público Municipal não autorizará o funcionamento de novos estabelecimentos do gênero sem o atendimento das exigências contidas nesta Lei.

Art. 5º. O Executivo Municipal cuidará para que a presente Lei seja regulamentada no prazo de 60 (sessenta) dias, a contar da data da publicação.

Art. 6º. Esta Lei entrará em vigor na data de sua publicação, revogadas as disposições em contrário.

Prefeitura do Município de São Paulo, aos 11 de abril de 1994, 441º da fundação de São Paulo.

Paulo Maluf, Prefeito – DOM de 12.4.1994

LEI Nº 11.693, DE 22 DE DEZEMBRO DE 1994

Dispõe sobre requisitos de portas corta-fogo, alterando o item 12.9 do Código de Obras e Edificações, anexo à Lei nº 11.228, de 25 de junho de 1992.

Paulo Maluf, Prefeito do Município de São Paulo, usando das atribuições que lhe são conferidas por lei.

Faz saber que a Câmara Municipal, em sessão de 9 de novembro de 1994, decretou e eu promulgo a seguinte Lei:

Art. 1º. É acrescido ao item 12.9 – "Espaços de Circulação Protegidos" – do Código de Obras e Edificações, anexo à Lei nº 11.228, de 25 de junho de 1992, um subitem com a seguinte redação:

- *Alteração já efetuada no corpo da Lei.*

Art. 2º. Esta Lei será regulamentada num prazo de 60 (sessenta) dias, contados da data de sua publicação.

Art. 3º. Esta Lei entrará em vigor na data de sua publicação, revogadas as disposições em contrário.

Prefeitura do Município de São Paulo, aos 22 de dezembro de 1994, 441º da fundação de São Paulo.

Paulo Maluf, Prefeito – DOM de 23.12.1994

LEI Nº 11.783, DE 26 DE MAIO DE 1995

Acrescenta subitem à Seção 16.1 do Capítulo 16 da Lei nº 11.228, de 25 de junho de 1992, que trata das Exigências Específicas Complementares do Código de Obras e Edificações.

Miguel Colasuonno, Presidente da Câmara Municipal de São Paulo,

Faz saber que a Câmara Municipal de São Paulo, de acordo com o § 7º do art. 42 da Lei Orgânica do Município de São Paulo, promulga a seguinte Lei:

Art. 1º. A seção 16.1 do Capítulo 16 da Lei nº 11.228, de 25 de junho de 1992, é acrescentado o subitem 16.1.1 com a seguinte redação:

- *Alteração já efetuada no corpo da Lei.*

Art. 2º. Esta Lei entrará em vigor na data de sua publicação, revogadas as disposições em contrário.

Câmara Municipal de São Paulo, 29 de maio de 1995.

Miguel Colasuonno, Presidente – DOM de 1º.6.1995

LEI Nº 11.859, DE 31 DE AGOSTO DE 1995

Acrescenta subitem ao item 9.5.3 da Seção 9.5 do Capítulo 9 do Anexo 8 da Lei Municipal nº 11.228, de 25 de junho de 1992.

Paulo Maluf, Prefeito do Município de São Paulo, usando das atribuições que lhe são conferidas por lei.

Faz saber que a Câmara Municipal, em sessão de 8 de agosto de 1995, decretou e eu promulgo a seguinte Lei:

Art. 1º. O item 9.5.3 da Seção 9.5 do Capítulo 9 do Anexo 8 da Lei Municipal nº 11.228, de 25 de junho de 1992 fica acrescido do seguinte subitem:

- *Alteração já efetuada no corpo da Lei.*

Art. 2º. Os edifícios existentes antes da publicação desta Lei terão o prazo máximo de 30 (trinta) meses para se adequarem às condições nela previstas.

Art. 3º. O Chefe do Poder executivo regulamentará o disposto na presente Lei no prazo de 90 (noventa) dias.

Art. 4º. As despesas com a execução desta Lei correrão por conta das dotações orçamentárias próprias, suplementadas se necessário.

Art. 5º. Esta Lei entrará em vigor na data de sua publicação.

Art. 6º. Revogam-se as disposições em contrário.

Prefeitura do Município de São Paulo, aos 31 de agosto de 1995, 442º da fundação de São Paulo.

Paulo Maluf, Prefeito – DOM de 1º.9.1995

LEI Nº 11.948, DE 8 DE DEZEMBRO DE 1995

Revoga e altera a redação de itens do Código de Obras e Edificações, aprovado pela Lei nº 11.228, de 25 de junho de 1992.

Miguel Colasuonno, Presidente da Câmara Municipal de São Paulo,

Faz saber que a Câmara Municipal de São Paulo, de acordo com o § 7º do art. 42 da Lei Orgânica do Município de São Paulo, promulga a seguinte Lei:

Art. 1º. Fica incluído o subitem 2.3.1.1 ao item 2.3.1 do Anexo I da Lei nº 11.228, de 25 de junho de 1992, com a seguinte redação:

- *Alteração já efetuada no corpo da Lei.*

Art. 2º. Fica incluído o subitem 2.3.2.4 ao item 2.3.2 do Anexo I da Lei nº 11.228, de 25 de junho de 1992, com a seguinte redação:

- *Alteração já efetuada no corpo da Lei.*

Art. 3º. Fica incluído o subitem 3.3.2.1 ao item 3.3.2 do Anexo I da Lei nº 11.228, de 25 de junho de 1992, com a seguinte redação:

- *Alteração já efetuada no corpo da Lei.*

Art. 4º. Esta Lei entrará em vigor na data de sua publicação, revogadas as disposições em contrário.

Câmara Municipal de São Paulo, 8 de dezembro de 1995.

Miguel Colasuonno, Presidente – DOM de 9.12.1995

LEI Nº 12.020, DE 2 DE ABRIL DE 1996

Dispõe sobre a instalação de grades de proteção nos edifícios.

Paulo Maluf, Prefeito do Município de São Paulo, usando das atribuições que lhe são conferidas por lei.

Faz saber que a Câmara Municipal, em sessão de 12 de março de 1996, decretou e eu promulgo a seguinte Lei:

Art. 1º. Fica permitida, nos edifícios residenciais e comerciais a instalação de grades de proteção em todas as aberturas que se comuniquem com as partes internas ou externas dos edifícios, tais como janelas, sacadas ou terraços.

Art. 2º. As grades de proteção deverão ser tecnicamente removíveis.

Art. 3º. As escadas de emergência externas aos edifícios deverão ser providas de grades de proteção.

Art. 4º. As grades de proteção deverão observar as linhas arquitetônicas e estéticas do edifício.

Art. 5º. As despesas decorrentes com a execução desta Lei correrão por conta das verbas orçamentárias próprias.

Art. 6º. Esta Lei entrará em vigor na data de sua publicação, revogadas as disposições em contrário.

Prefeitura do Município de São Paulo, aos 2 de abril de 1996, 443º da fundação de São Paulo.

Paulo Maluf, Prefeito – DOM de 3.4.1996

LEI Nº 12.272, DE 19 DE DEZEMBRO DE 1996

Dispõe sobre a instalação obrigatória de caixas receptoras de correspondência em todas edificações residenciais, comerciais, industriais ou de serviços existentes no Município de São Paulo, e dá outras providências.

Paulo Maluf, Prefeito do Município São Paulo, usando das atribuições que lhe são conferidas por lei.

Faz saber que a Câmara Municipal, em sessão de 28 de novembro de 1996, decretou e eu promulgo a seguinte Lei:

Art. 1º. Fica determinada a instalação obrigatória de caixas receptoras de correspondência em todas as edificações residenciais, comerciais, industriais ou de serviços, existentes no Município de São Paulo.

§ 1º. As edificações já existentes e em situação regular terão o prazo de 12 (doze) meses a contar da publicação desta Lei, para o atendimento ao disposto no *caput* deste artigo.

§ 2º. A ausência da instalação de caixa receptora de correspondência nas novas edificações impedirá a regularização do imóvel, sendo que a liberação do respectivo alvará de funcionamento e/ou a entrega do "habite-se" só será possível através da comprovação da instalação do acessório obrigatório a que se refere o art. 1º desta Lei.

Art. 2º. O desatendimento ao disposto na presente Lei implicará, além da sanção a que se refere o artigo anterior, em multa anual de 500 (quinhentas) UFIRs – Unidades Fiscais de Referência, enquanto perdurar a infração.

Art. 3º. O Poder Executivo regulamentará a presente Lei no prazo de 60 (sessenta) dias, a contar da data de sua publicação.

Art. 4º. As despesas decorrentes da execução da presente Lei correrão por conta das verbas orçamentárias próprias, suplementadas se necessário.

Art. 5º. Esta Lei entrará em vigor na data de sua publicação, revogadas as disposições em contrário.

Prefeitura do Município de São Paulo, aos 19 de dezembro de 1996, 443º da fundação de São Paulo.

Paulo Maluf, Prefeito – DOM de 20.12.1996

LEI Nº 12.368, DE 13 DE JUNHO DE 1997

Dispõe sobre a adequação das unidades esportivas municipais a deficientes, idosos e gestantes.

Celso Pitta, Prefeito do Município de São Paulo, usando das atribuições que lhe são conferidas por lei.

Faz saber que nos termos do disposto no inciso I do art. 84 da Resolução nº 02/91, a Câmara Municipal de São Paulo decretou e eu promulgo a seguinte Lei:

Art. 1º. As unidades esportivas municipais, construídas a partir da vigência desta Lei, deverão ser adequadas à prática de esportes, recreação e lazer por parte dos portadores de deficiência, idosos e gestantes.

Parágrafo único. No prazo de 2 (dois) anos a partir da promulgação desta Lei, as atuais unidades esportivas municipais deverão adequar-se na forma estabelecida no *caput* deste artigo.

Art. 2º. O Poder Executivo regulamentará a presente Lei no prazo de 60 (sessenta) dias, contados a partir da data de sua publicação.

Art. 3º. As despesas decorrentes com a execução desta Lei correrão por conta de dotações orçamentárias próprias, suplementadas se necessário.

Art. 4º. Esta Lei entrará em vigor na data de sua publicação, revogadas as disposições em contrário.

Prefeitura do Município de São Paulo, aos 13 de junho de 1997, 444º da fundação de São Paulo.

Celso Pitta, Prefeito – DOM de 14.6.1997

LEI Nº 12.821, DE 7 DE ABRIL DE 1999

Dispõe sobre a obrigatoriedade dos estabelecimentos bancários com acesso único através de porta-giratória manterem acesso, em rampa quando for o caso, para pessoas portadoras de deficiência física, que se locomovem em cadeira de rodas, e dá outras providências.

Celso Pitta, Prefeito do Município de São Paulo, usando das atribuições que lhe são conferidas por lei.

Faz saber que a Câmara Municipal, em sessão de 10 de março de 1999, decretou e eu promulgo a seguinte Lei:

Art. 1º. No Município de São Paulo, os estabelecimentos bancários que têm acesso a seu interior somente através de portas-giratórias, são obrigados a manter acesso, em rampa, quando for o caso, destinado ao uso de pessoas portadoras de deficiência física que se locomovem em cadeira de rodas.

Parágrafo único. Na execução do acesso e rampa de que se trata o *caput* serão observados os critérios técnicos da norma NBR 9050 da Associação Brasileira de Normas Técnicas.

Art. 2º. Para implantação dos acessos de que trata esta Lei, os estabelecimentos bancários terão o prazo máximo de 120 (cento e vinte) dias contados da data da sanção desta Lei.

Art. 3º. O não atendimento das disposições desta Lei implicará da multa equivalente a mil UFIRs, cobrada em dobro na reincidência.

Art. 4º. Esta Lei entrará em vigor na data de sua publicação, revogadas as disposições em contrário.

Prefeitura do Município de São Paulo, aos 7 de abril de 1999, 446º da fundação de São Paulo.

Celso Pitta, Prefeito – DOM de 8.4.1991

LEI Nº 12.936, DE 7 DE DEZEMBRO DE 1999

Altera a redação do subitem 9.3.3.1 da Lei nº 11.228/1992, e dá outras providências.

Celso Pitta, Prefeito do Município de São Paulo, usando das atribuições que lhe são conferidas por lei.

Faz saber que a Câmara Municipal, em sessão de 9 de novembro de 1999, decretou e eu promulgo a seguinte Lei:

Art. 1º. O subitem 9.3.3.1 da seção 9.3, Capítulo 9 da Lei nº 11.228/1992, passa a vigorar com a seguinte redação:

- *Alteração já efetuada no corpo da Lei.*

Art. 2º. (Vetado).

Art. 3º. O Poder Executivo regulamentará a presente Lei no prazo de 90 (noventa) dias, contados a partir da data da sua publicação.

Art. 4º. As despesas decorrentes da execução desta Lei correrão por conta de dotações orçamentárias próprias, suplementadas se necessário.

Art. 5º. Esta Lei entrará em vigor na data de sua publicação, revogadas as disposições em contrário.

Prefeitura do Município de São Paulo, aos 7 de dezembro de 1999, 446º da fundação de São Paulo.

Celso Pitta, Prefeito – DOM de 8.12.1999

LEI Nº 13.369, DE 3 DE JUNHO DE 2002

Dispõe sobre a obrigatoriedade, para todas as edificações, da ligação da canalização do esgoto à rede coletora pública, nos logradouros providos desta rede, e dá outras providências.

Marta Suplicy, Prefeita do Município de São Paulo, no uso das atribuições que lhe são conferidas por lei, faz saber que a Câmara Municipal, em sessão de 14 de maio de 2002, decretou e eu promulgo a seguinte Lei:

Art. 1º. É obrigatória para todas as edificações existentes a ligação da canalização do esgoto à rede coletora pública nos logradouros providos desta rede.

§ 1º. A ligação a que se refere o *caput* deste artigo obedecerá às exigências das Normas Técnicas Oficiais – NTO, complementadas pelas normas técnicas da concessionária dos serviços públicos relativos à coleta e destinação do esgoto.

§ 2º. Os proprietários de edificações terão um prazo de um ano para adaptar o imóvel às exigências previstas na presente Lei.

§ 3º. Fica estabelecida a multa de R$ 500,00 (quinhentos reais) devida pelo não cumprimento do disposto na presente Lei, que terá seu valor dobrado na reincidência.

Art. 2º. Fica acrescido à Lei nº 11.228, de 25 de junho de 1992, em seu Anexo I, Capítulo 9, o subitem 9.3.1.1, com a seguinte redação:

- *Alteração já efetuada no corpo da Lei.*

Art. 3º. O Executivo terá 60 dias para regulamentar esta Lei, contados da data de sua publicação.

Art. 4º. As despesas com a execução da presente Lei correrão por conta das dotações orçamentárias próprias, suplementadas se necessário.

Art. 5º. Esta Lei entrará em vigor na data de sua publicação, revogadas todas as disposições em contrário.

Prefeitura do Município de São Paulo, aos 3 de junho de 2002, 449º da fundação de São Paulo.

Marta Suplicy, Prefeita – DOM de 4.6.2002

LEI Nº 13.779, DE 11 DE FEVEREIRO DE 2004

Altera a redação da alínea "a" do subitem 10.1.2.1, que integra o Capítulo 10 do Anexo I da Lei nº 11.228/1992 – Código de Obras e Edificações do Município de São Paulo, e dá outras providências.

Marta Suplicy, Prefeita do Município de São Paulo, no uso das atribuições que lhe são conferidas por lei, faz saber que a Câmara Municipal, em sessão de 20 de dezembro de 2003, decretou e eu promulgo a seguinte Lei:

Art. 1º. A alínea "a" do subitem 10.1.2.1, que integra o Capítulo 10 do Anexo I da Lei nº 11.228/1992, que trata da implantação, aeração e insolação das edificações, passa a vigorar com a seguinte redação:

- *Alteração já efetuada no corpo da Lei.*

Art. 2º. As despesas decorrentes da execução desta Lei correrão por conta das dotação orçamentárias próprias, suplementadas se necessário.

Art. 3º. Esta Lei entra em vigor na data de sua publicação, revogadas as disposições em contrário.

Prefeitura do Município de São Paulo, aos 11 de fevereiro de 2004, 451º da fundação de São Paulo.

Marta Suplicy, Prefeita – DOM de 12.2.2004

LEI Nº 13.792, DE 13 DE FEVEREIRO DE 2004

Dispõe sobre a criação de Condomínios Residenciais Fechados no município de São Paulo, e dá outras providências.

Marta Suplicy, Prefeita do Município de São Paulo, no uso das atribuições que lhe são conferidas por lei,

Faz saber que a Câmara Municipal, em sessão de 20 de dezembro de 2003, decretou e eu promulgo a seguinte Lei:

Art. 1º. Fica ao Poder Executivo autorizada a criação de Condomínios Residenciais Fechados no município de São Paulo, obedecendo aos seguintes critérios:

I – o local a ser edificado o Condomínio Residencial Fechado (CRF) deverá ser de uso estritamente residencial, podendo ser composto por unidades individuais, conjuntos geminados ou mesmo edifícios, todos em obediência às leis municipais de zoneamento urbano e uso e ocupação do solo;

II – as ruas que comporão os Condomínios Residenciais Fechados deverão ser de uso estritamente local, não podendo, em nenhuma hipótese, pertencer à malha viária do município, nem tampouco prejudicar os moradores lindeiros aos condomínios, que necessitem da passagem para acesso as suas moradias ou a seus estabelecimentos comerciais e industriais;

III – os espaços verdes e as áreas de lazer e recreação deverão ser construídas pelo Condomínio Residencial Fechado e por ele mantidos e conservados sem nenhum ônus para a municipalidade;

IV – (vetado);

V – (vetado);

VI – as ruas poderão ser fechadas e colocadas guaritas para abrigar seguranças, onde houver necessidade, e nos acessos ao condomínio, cancelas para permitir a entrada e saída de veículos. O perímetro do Condomínio Residencial Fechado poderá ser fechado com cerca viva, muros ou assemelhados;

VII – (vetado);

VIII – a coleta de lixo domiciliar será de estrita responsabilidade dos moradores do condomínio, que as encaminharão para as caçambas apropriadas e colocadas em local de fácil acesso à rede pública coletora de lixo;

IX – será permitido o acesso dos leituristas dos relógios de luz, gás e água nos condomínios, sendo que estes representantes municipais, estaduais ou federais deverão se identificar na portaria de entrada do respectivo condomínio e receber a expressa autorização para as visitas, sendo também estendida a obrigação de identificação, a quaisquer pessoas que não façam parte do condomínio.

Art. 2º. (Vetado).

Parágrafo único. (Vetado).

Art. 3º. (Vetado).

§ 1º. (Vetado).

§ 2º. (Vetado).

§ 3º. (Vetado).

§ 4º. (Vetado).

Art. 4º. (Vetado).

Art. 5º. O Executivo regulamentará a presente Lei no prazo de 60 (sessenta) dias a contar da data de sua publicação.

Art. 6º. As despesas decorrentes da aplicação da presente Lei correrão por conta das dotações orçamentárias próprias, suplementadas se necessário.

Art. 7º. Esta Lei entrará em vigor na data de sua publicação, revogadas as disposições em contrário.

Prefeitura do Município de São Paulo, aos 13 de fevereiro de 2004, 451º da fundação de São Paulo.

Marta Suplicy, Prefeita – DOM de 14.2.2004

LEI Nº 14.459, DE 3 DE JULHO DE 2007

Acrescenta o item 9.3.5 à Seção 9.3 – Instalações Prediais do Anexo I da Lei nº 11.228, de 25 de junho de 1992 (Código de Obras e Edificações), e dispõe sobre a instalação de sistema de aquecimento de água por energia solar nas novas edificações do Município de São Paulo.

Gilberto Kassab, Prefeito do Município de São Paulo, no uso das atribuições que lhe são conferidas por lei,

Faz saber que a Câmara Municipal, em sessão de 26 de junho de 2007, decretou e eu promulgo a seguinte Lei:

Art. 1º. Fica acrescido o item 9.3.5 à Seção 9.3 – Instalações Prediais do Anexo I da Lei nº 11.228, de 25 de junho de 1992 (Código de Obras e Edificações), com a seguinte redação:

- *Alteração já efetuada no corpo da Lei.*

Art. 2º. É obrigatória a instalação de sistema de aquecimento de água por meio do aproveitamento da energia solar, nas novas edificações do Município de São Paulo, destinadas às categorias de uso residencial e não residencial, na conformidade do disposto nesta Lei e no item 9.3.5 da Seção 9.3 – Instalações Prediais do Anexo I da Lei nº 11.228, de 25 de junho de 1992 (Código de Obras e Edificações).

Art. 3º. A obrigatoriedade estabelecida no art. 2º desta Lei aplica-se, na categoria de uso não residencial, às seguintes atividades de comércio, de prestação de serviços públicos e privados, e industriais:

I – hotéis, motéis e similares;

II – clubes esportivos, casas de banho e sauna, academias de ginástica e lutas marciais, escolas de esportes, estabelecimentos de locação de quadras esportivas;

III – clínicas de estética, institutos de beleza, cabeleireiros e similares;

IV – hospitais, unidades de saúde com leitos, casas de repouso;

V – escolas, creches, abrigos, asilos e albergues;

VI – quartéis;

VII – indústrias, se a atividade setorial específica demandar água aquecida no processo de industrialização ou, ainda, quando disponibilizar vestiários para seus funcionários;

VIII – lavanderias industriais, de prestação de serviço ou coletivas, em edificações de qualquer uso, que utilizem em seu processo água aquecida.

Art. 4º. A obrigatoriedade estabelecida no art. 2º desta Lei se aplica às edificações novas ou não, isoladas ou agrupadas horizontal ou verticalmente ou superpostas, da categoria de uso residencial, ou integrantes de conjunto de instalações de usos não residenciais, que venham a contemplar a construção de piscina de água aquecida.

Art. 5º. Nas novas edificações destinadas ao uso residencial multifamiliar ou unifamiliar, que possuam até 3 (três) banheiros por unidade habitacional, deverão ser executadas, em seus sistemas de instalações hidráulicas, as prumadas e a respectiva rede de distribuição, a permitirem a instalação do reservatório térmico e das placas coletoras de energia solar.

Art. 6º. Decreto específico a ser editado pelo Executivo definirá as normas de implantação, os procedimentos pertinentes e os prazos para início da aplicação desta Lei às novas edificações destinadas às Habitações de Interesse Social – HIS.

Art. 7º. A emissão do Certificado de Conclusão ou Auto de Regularização previstos na Lei nº 11.228, de 1992, fica condicionada ao cumprimento do disposto nesta Lei.

Art. 8º. Os sistemas de instalações hidráulicas e os equipamentos de aquecimento de água por energia solar de que tratam esta Lei deverão ser dimensionados para atender, no mínimo, 40% (quarenta por cento) de toda a demanda anual de energia necessária para o aquecimento de água sanitária e água de piscinas, de acordo com a Metodologia de Avaliação da Contribuição Solar estabelecida no Anexo Único integrante desta Lei.

Parágrafo único. Os equipamentos mencionados no *caput* deste artigo deverão ter sua eficiência comprovada por órgão técnico, credenciado pelo Instituto Nacional de Metrologia, Normalização e Qualidade Industrial – INMETRO.

Art. 9º. Para o efeito de aplicação do art. 5º desta Lei, define-se banheiro como o aposento dotado de vaso sanitário, possuindo ou não, em suas instalações, aquecimento de água sanitária por toda e qualquer fonte de energia.

Art. 10. O somatório das áreas de projeção dos equipamentos, constituídos pelas placas coletoras e reservatórios térmicos, não será computável para efeito do cálculo do coeficiente de aproveitamento básico e máximo previsto na Legislação de Parcelamento, Uso e Ocupação do Solo – LPUOS.

Parágrafo único. A área de projeção mencionada no *caput* deste artigo refere-se ao resultado da aplicação dos parâmetros contidos no Anexo Único.

Art. 11. O disposto nesta Lei não se aplica às edificações nas quais seja tecnicamente inviável alcançar as condições que correspondam à demanda anual de energia necessária para aquecimento de água por energia solar, na conformidade do disposto no seu art. 8º.

Parágrafo único. O enquadramento na situação prevista no *caput* deste artigo deverá ser comprovado por meio de estudo técnico elaborado por profissional habilitado, que demonstre a inviabilidade de atendimento à exigência legal, consoante os parâmetros estabelecidos no Anexo Único.

Art. 12. Aplica-se o disposto nesta Lei aos projetos de novas edificações protocolizadas a partir da data de publicação de seu decreto regulamentar.

Art. 13. O Executivo regulamentará esta Lei no prazo de 120 (cento e vinte) dias, a contar da data de sua publicação.

Art. 14. As despesas decorrentes da execução desta Lei correrão por conta de dotações orçamentárias próprias, suplementadas se necessário.

Art. 15. Esta Lei entrará em vigor na data de sua publicação.

Prefeitura do Município de São Paulo, aos 3 de julho de 2007, 454º da fundação de São Paulo.

Gilberto Kassab, Prefeito – DOM de 4.7.2007

Anexo Único integrante da Lei nº 14.459, de 3 de julho de 2007

METODOLOGIA DE AVALIAÇÃO DA CONTRIBUIÇÃO SOLAR (FRAÇÃO SOLAR)

Passo 1: estimar o volume diário de água quente a ser consumida pela edificação;

Passo 2: calcular a quantidade de energia necessária para aquecer o volume diário;

$E = V.Cp*(t_2\text{-}t_1)*30/3600$	(1)

Onde:

E – demanda de energia por dia em kWh/mês

V – volume diário de água quente a ser aquecida em litros

Cp – calor específico da água constante de 4,18 kJ/kg°C

t_2 – temperatura da água quente requerida para o uso específico, em °C

t_1 – temperatura de água fria igual a 20,2°C (média histórica da temperatura média do Município de São Paulo)

Passo 3: determinar a produção de energia dos coletores solares no Município de São Paulo

A produção de energia dos coletores solares será determinada a partir da consulta à tabela vigente de *Sistemas e Equipamentos para Aquecimento Solar de Água* do INMETRO – Instituto Nacional de Metrologia, Normalização e Qualidade Industrial. Esta tabela é atualizada constantemente e lista todos os produtos brasileiros etiquetados.

Para calcular a Produção Média Mensal de Energia em kWh de qualquer coletor solar no Município de São Paulo:

$Pme_{(sp)} = 0{,}65 \text{ X } Pme_{(\text{tabela do INMETRO})}$	(2)

Onde:

$Pme_{(sp)}$ – Produção Média Mensal de Energia Específica no Município de São Paulo, em kWh/mês.m²

$Pme_{(\text{tabela do INMETRO})}$ – Produção Média Mensal de Energia Específica dos coletores solares publicados na *tabela de sistemas e equipamentos para aquecimento solar de água* do INMETRO, em kWh/mês.m²

Passo 4: determinação da área de coletores solares necessária para atendimento da Contribuição Solar (fração solar) segundo requisito desta Lei:

$AC = F_{cd} \text{ x } CS \text{ x } E/Pme_{(SP)}$	(3)

Onde:

AC – área de coletores solares em m²

F_{cd} – Fator de correção para desvio do Norte Geográfico indicado na Tabela 1

CS – Contribuição Solar (fração solar)

E – demanda de energia mensal em kWh/mês

$Pme_{(SP)}$ – Produção Média Mensal de Energia Específica do coletor solar no Município de São Paulo em kWh/mês.m²

Os coletores solares devem ser orientados para o Norte Geográfico. Quando não for possível a orientação ideal, deve-se aplicar um fator de correção para desvios do Norte Geográfico de acordo com a Tabela 1 abaixo.

Tabela 1 – Fator de correção para desvio do Norte Geográfico

Desvio do Norte Geográfico [para Leste ou Oeste]	Fcd
Até 30°	1
De 31 a 60°	1,13
De 61 a 90°	1,16

Exemplo: Um edifício residencial possui 10 andares com 4 apartamentos por andar e a água quente será utilizada somente para o banho. Considerando um consumo de água quente por pessoa de 70 litros a 45°C e uma média de 3 moradores por apartamento temos:

V = 40 apartamentos * 3 pessoas/apartamentos * 70 litros por pessoa = **8400 litros a 45°C**

Utilizando a equação (1):

E = 8400 x 4,18 x (45 – 20,2) x 30 / 3600 = 7256,48 kWh/mês

Considerando um coletor com Pme de 80,7 kWh/mês.m², segundo a *tabela de sistemas e equipamentos para aquecimento solar de água* do INMETRO, determinamos sua Produção Média Mensal de Energia Específica do coletor solar na cidade de São Paulo utilizando a equação (2), sendo:

$$\mathbf{Pme_{(SP)} = 0,65 \times 80,7 = 52,45\ kWh/mês.m^2}$$

Para determinação da área coletora necessária para atender 70% da demanda de energia mensal, considerando um desvio de 45° do Norte Geográfico aplicamos a equação (3), sendo:

AC = 1,13 x 0,7 x 7256,48 I 52,45

AC = 109,43 m²

Supondo que o coletor possua uma área de 2 m²:

Quantidade de coletores = 109,43 / 2 = 54,7 coletores

55 coletores

Conclusão: para atendimento da demanda de 8.400 litros de água por dia seriam necessários 118,26 m² de determinado coletor solar para atendimento a contribuição solar de 70%.

LEI Nº 15.095, DE 4 DE JANEIRO DE 2010

Fica acrescido o item 9.4.5 ao Anexo I da Lei nº 11.228, de 25 de junho de 1992, e dá outras providências.

Gilberto Kassab, Prefeito do Município de São Paulo, no uso das atribuições que lhe são conferidas por lei, faz saber que a Câmara Municipal, em sessão de 3 de dezembro de 2009, decretou e eu promulgo a seguinte Lei:

Art. 1º. Fica acrescido o item 9.4.5 ao Anexo I da Lei nº 11.228, de 25 de junho de 1992, com a seguinte redação:

- *Alteração já efetuada no corpo da Lei.*

Art. 2º. (Vetado).

Art. 3º. O Executivo regulamentará a presente Lei no prazo de 90 (noventa) dias, contados da data de sua publicação.

Art. 4º. As despesas decorrentes da execução desta Lei correrão por conta das dotações orçamentárias próprias, suplementadas se necessário.

Art. 5º. Esta Lei entra em vigor na data de sua publicação, revogadas as disposições em contrário.

Prefeitura do Município de São Paulo, aos 4 de janeiro de 2010, 456º da fundação de São Paulo.

Gilberto Kassab, Prefeito – DOM de 5.1.2010

LEI Nº 15.649, DE 5 DE DEZEMBRO DE 2012

Altera o item 13.3.4 do Anexo I da Lei nº 11.228, de 25 de julho [junho] *de 1992, o conceito e os parâmetros de Jirau constantes na Seção 1.1 e na Tabela 10.11, ambos da Lei nº 11.228, de 25 de julho* [junho] *de 1992, e dá outras providências.*

Gilberto Kassab, Prefeito do Município de São Paulo, no uso das atribuições que lhe são conferidas por lei, faz saber que a Câmara Municipal, em sessão de 31 de outubro de 2012, decretou e eu promulgo a seguinte Lei:

Art. 1º. O item 13.3.4 do Anexo I da Lei nº 11.228, de 25 de junho de 1992, passa a exibir a seguinte redação:

- *Alteração já efetuada no corpo da Lei.*

Art. 2º. O conceito de Jirau constante da Seção 1.1 – Conceitos da Lei nº 11.228, de 1992, passa a vigorar com a seguinte redação:

- *Alteração já efetuada no corpo da Lei.*

Art. 3º. Os parâmetros estabelecidos para o Jirau na Tabela 10.11 – Mobiliário, da Seção 10.11 da Lei nº 11.228, de 1992, passam a ser os seguintes.

- *Alterações já efetuadas no corpo da Lei.*

Art. 4º. As despesas decorrentes da execução desta Lei correrão por conta das dotações orçamentárias próprias, suplementadas se necessário.

Art. 5º. O Executivo regulamentará esta Lei no prazo de 60 (sessenta) dias, contados da data de sua publicação.

Art. 6º. Esta Lei entrará em vigor na data de sua publicação.

Prefeitura do Município de São Paulo, aos 5 de dezembro de 2012, 459º da fundação de São Paulo.

Gilberto Kassab, Prefeito – DOM de 6.12.2012

LEI Nº 15.831, DE 24 DE JUNHO DE 2013

Altera dispositivos da Lei nº 11.228, de 25 de junho de 1992 – Código de Obras e Edificações do Município de São Paulo, para o fim de nele incluir o conceito de Projeto Simplificado.

Fernando Haddad, Prefeito do Município de São Paulo, no uso das atribuições que lhe são conferidas por lei, faz saber que a Câmara Municipal, em sessão de 28 de maio de 2013, decretou e eu promulgo a seguinte Lei:

Art. 1º. A Seção 1.1 do Capítulo 1 do Anexo I da Lei nº 11.228, de 25 de junho de 1992 – Código de Obras e Edificações do Município de São Paulo – passa a vigorar acrescido do seguinte conceito:

- *Alteração já efetuada no corpo da Lei.*

Art. 2º. O item 3.6.2 do Capítulo 3 do Anexo I da Lei nº 11.228, de 1992, passa a vigorar acrescido dos subitens 3.6.2.3, 3.6.2.4 e 3.6.2.5, com a seguinte redação:

- *Alterações já efetuadas no corpo da Lei.*

Art. 3º. A letra "b" do item 3.10.1 do Capítulo 3 do Anexo I da Lei nº 11.228, de 1992, passa a vigorar com a seguinte redação:

- *Alteração já efetuada no corpo da Lei.*

Art. 4º. (Vetado).

Art. 5º. Nos processos protocolados, ainda sem despacho decisório, cujo objeto do requerimento se enquadre na exigência de Projeto Simplificado nos termos desta Lei, a sua apresentação será facultada ao interessado.

Art. 6º. Nos Empreendimentos Habitacionais de Interesse Social o parcelamento do solo e as edificações deverão observar as disposições estabelecidas em decreto específico que regulamenta a matéria, observada a legislação em vigor.

Art. 7º. Fica o Executivo autorizado a promover a regularização de Empreendimentos Habitacionais de Interesse Social na modalidade de Plano Integrado, desde que o parcelamento do solo e as edificações tenham sido concluídos anteriormente a 31 de dezembro de 2012.

Art. 8º. As despesas decorrentes da execução desta Lei correrão por conta das dotações orçamentárias próprias, suplementadas se necessário.

Art. 9º. O Executivo regulamentará esta Lei no prazo de 60 (sessenta) dias contados da data de sua publicação.

Art. 10. Esta Lei entrará em vigor na data de sua publicação.

Prefeitura do Município de São Paulo, aos 24 de junho de 2013, 460º da fundação de São Paulo.

Fernando Haddad, Prefeito – DOM de 25.6.2013

LEI Nº 16.124, DE 9 DE MARÇO DE 2015 (Excertos)

Estabelece parâmetros específicos para a instalação, reforma e regularização de equipamentos públicos de educação, saúde e assistência social; acresce alínea "f" ao subitem 3.6.2.3 do Anexo I da Lei nº 11.228, de 25 de junho de 1992.

Fernando Haddad, Prefeito do Município de São Paulo, no uso das atribuições que lhe são conferidas por lei, faz saber que a Câmara Municipal, em sessão de 11 de fevereiro de 2015, decretou e eu promulgo a seguinte lei:

....

Art. 12. O subitem 3.6.2.3 do Capítulo 3 do Anexo I da Lei nº 11.228, de 25 de junho de 1992, incluído pela Lei nº 15.831, de 24 de junho de 2013, passa a vigorar acrescido de alínea "f", com a seguinte redação:

• *Alteração já efetuada no corpo da Lei.*

Art. 13. Esta lei entrará em vigor na data de sua publicação.

Prefeitura do Município de São Paulo, aos 9 de março de 2015, 462º da fundação de São Paulo.

Fernando Haddad, Prefeito – DOM de 10.3.2015

LEI Nº 16.131, DE 12 DE MARÇO DE 2015 (Excertos)

Dispõe sobre as normas aplicáveis aos motores de acionamento de grupos geradores estacionários, revoga o item 9.4.5 do Anexo I da Lei nº 11.228, de 25 de junho de 1992, na redação dada pela Lei nº 15.095, de 4 de janeiro de 2010, e dá outras providências.

Fernando Haddad, Prefeito do Município de São Paulo, no uso das atribuições que lhe são conferidas por lei, faz saber que a Câmara Municipal, em sessão de 11 de fevereiro de 2015, decretou e eu promulgo a seguinte lei:

....

Art. 7º. Esta Lei entrará em vigor na data de sua publicação, revogadas as disposições em contrário, em especial o item 9.4.5 do Anexo I da Lei nº 11.228, de 25 de junho de 1992, com a redação que lhe foi dada pela Lei nº 15.095, de 4 de janeiro de 2010.

• *Alteração já efetuada no corpo da Lei.*

Prefeitura do Município de São Paulo, aos 12 de março de 2015, 462º da fundação de São Paulo.

Fernando Haddad, Prefeito – DOM de 13.3.2015

DECRETOS

DECRETO Nº 34.314, DE 5 DE JULHO DE 1994

Altera o Decreto nº 32.329, de 23 de setembro de 1992.

Paulo Maluf, Prefeito do Município de São Paulo, usando das atribuições que lhe são conferidas por lei,

Considerando as frequentes alterações que se verificam no uso de imóveis na Cidade de São Paulo, impostas pela própria dinâmica da Cidade;

Considerando que as questões condominiais têm dificultado a atuação e decisão da Prefeitura, em muitos pedidos de mudança de uso,

Decreta:

Art. 1º. Fica acrescido à Seção 3.M do Decreto nº 32.329, de 23 de setembro de 1992, o item 3.M.2:

- *Alteração já efetuada no corpo do Decreto.*

Art. 2º. Este Decreto entrará em vigor na data de sua publicação, revogadas as disposições em contrário.

Prefeitura do Município de São Paulo, aos 5 de julho de 1994, 441º da fundação de São Paulo.

Paulo Maluf, Prefeito – DOM de 6.7.1994

DECRETO Nº 34.713, DE 30 DE NOVEMBRO DE 1994

Dispõe sobre o Relatório de Impacto de Vizinhança – RIVI, e dá outras providências.

Paulo Maluf, Prefeito do Município de São Paulo, usando das atribuições que lhe são conferidas por lei,

Considerando o disposto no art. 159 da Lei Orgânica do Município de São Paulo;

Considerando o disposto nos arts. 23, inciso IV e 24, da Lei nº 11.426, de 18 de outubro de 1993;

Considerando a necessidade de agilizar a análise e tramitação dos Relatórios de Impacto de Vizinhança dos empreendimentos a serem construídos na Cidade de São Paulo;

Considerando a necessidade de compatibilizar as atividades da Secretaria da Habitação e Desenvolvimento Urbano – SEHAB, da Secretaria Municipal de Transportes – SMT, e da Secretaria Municipal do Verde e do Meio Ambiente – SVMA, em relação aos Relatórios de Impacto de Vizinhança,

Decreta:

Art. 1º. São considerados como de significativo impacto ambiental ou de infraestrutura urbana os projetos de iniciativa pública ou privada, referentes à implantação de obras de empreendimentos cujo uso e área de construção computável estejam enquadrados nos seguintes parâmetros:

I – Industrial – igual ou superior a 20.000 m² (vinte mil metros quadrados);

II – Institucional – igual ou superior a 40.000 m² (quarenta mil metros quadrados);

III – Serviços / comércio – igual ou superior a 60.000 m² (sessenta mil metros quadrados);

IV – Residencial – igual ou superior a 80.000 m² (oitenta mil metros quadrados).

- *Art. 1º,* caput, *e incisos, com redação dada pelo Decreto nº 36.613, de 6.12.1996.*

§ 1º. Os projetos de empreendimentos com diferentes categorias de uso, que tenham condições de implantação, construção e funcionamento totalmente autônomos, serão considerados separadamente para os efeitos de enquadramento nos parâmetros estabelecidos neste artigo.

- *§ 1º acrescido pelo Decreto nº 36.613, de 6.12.1996.*

§ 2º. A inclusão de outras obras ou equipamentos nos termos do presente decreto será efetuada através de decreto específico, mediante proposta da Secretaria Municipal do Verde e do Meio Ambiente – SVMA.

- *§ 2º, primitivo parágrafo único, renumerado pelo Decreto nº 36.613, de 6.12.1996.*

Art. 2º. O pedido de aprovação de projetos enquadrados no artigo anterior deverá ser formulado pelos interessados, devidamente acompanhado de Relatório de Impacto de Vizinhança – RIVI, contendo os elementos que possibilitem a análise da adequação do empreendimento às condições do local e do entorno.

- *Art. 2º,* caput, *com redação dada pelo Decreto nº 36.613, de 6.12.1996.*

§ 1º. Ficam dispensados da apresentação de Relatório de Impacto de Vizinhança – RIVI:

- *§ 1º, primitivo parágrafo único, renumerado pelo Decreto nº 36.613, de 6.12.1996.*

a) Os projetos dos empreendimentos destinados a Habitações de Interesse Social – HIS, construídas com recursos do Fundo Municipal de Habitação, e os de empreendimentos cujos novos parâmetros urbanísticos tenham sido aprovados pela Comissão Normativa de Legislação Urbanística – CNLU, da Secretaria Municipal do Planejamento – SEMPLA, nos termos da Lei nº 11.773, de 18 de maio de 1995;

- *Alínea "a" com redação dada pelo Decreto nº 36.613, de 6.12.1996.*

b) os projetos de empreendimentos cujos parâmetros específicos tenham sido fixados pela Secretaria Municipal do Planejamento – SEPLAM para zonas de uso especial Z.8-200 e os contidos em perímetros de leis de Operação Urbana;

- *Alínea "b" acrescida pelo Decreto nº 36.613, de 6.12.1996.*

c) os projetos de empreendimentos anteriormente aprovados com análise do Relatório de Impacto de Vizinhança – RIVI, desde que sejam mantidas as categorias de uso e não seja ampliada a área total de construção computável;

- *Alínea "c", primitiva alínea "b", renumerada pelo Decreto nº 36.613, de 6.12.1996.*

d) os projetos modificativos de empreendimentos cujas obras já tenham sido iniciadas ou os de reforma com acréscimo de área computável de até 20% (vinte por cento), desde que mantida a categoria de uso.

- *Alínea "d", primitiva alínea "c", renumerada pelo Decreto nº 36.613, de 6.12.1996.*

§ 2º. As dúvidas referentes à dispensa e ao enquadramento nos parâmetros estabelecidos neste Decreto serão dirimidas pelo Secretário da Habitação e Desenvolvimento Urbano, ouvida a Comissão de Edificações e Uso do Solo – CEUSO.

- *§ 2º acrescido pelo Decreto nº 36.613, de 6.12.1996.*

Art. 3º. O Relatório de Impacto de Vizinhança – RIVI deverá ser apresentado à Secretaria da Habitação e Desenvolvimento Urbano – SEHAB, instruído com os seguintes componentes:

I – Dados necessários à análise da adequação do empreendimento às condições do local e do entorno:

a) Localização e acessos gerais;

b) Atividades previstas;

c) Áreas, dimensões e volumetria;

d) Levantamento planialtimétrico do imóvel;

e) Mapeamento das redes de água pluvial, água, esgoto, luz e telefone no perímetro do empreendimento;

f) Capacidade do atendimento pelas concessionárias das redes de água pluvial, água, esgoto, luz e telefone para a implantação do empreendimento;

g) Levantamento dos usos e volumetria de todos os imóveis e construções existentes localizados nas quadras limítrofes à quadra ou quadras onde o imóvel está localizado;

h) Indicação das zonas de uso constantes da legislação de uso e ocupação do solo das quadras limítrofes à quadra ou quadras onde o imóvel está localizado;

i) Indicação dos bens tombados pelo Conpresp ou pelo Condephaat, no raio de 300 (trezentos) metros, contados do perímetro do imóvel ou dos imóveis onde o empreendimento está localizado;

II – Dados necessários à análise das condições viárias da região:

a) Entradas, saídas, geração de viagens e distribuição no sistema viário;

b) Sistema viário e de transportes coletivos do entorno;

c) Demarcação de melhoramentos públicos, em execução ou aprovados por lei, na vizinhança;

d) Compatibilização do sistema viário com o empreendimento;

e) Certidão de diretrizes fornecida pela Secretaria Municipal de Transportes – SMT.

III – Dados necessários à análise de condições ambientais específica do local e de seu entorno:

a) Produção e nível de ruído;

b) Produção e volume de partículas em suspensão e de fumaça;

c) Destino final do material resultante do movimento de terra;

d) Destino final do entulho da obra;

e) Existência de recobrimento vegetal de grande porte no terreno.

Art. 4º. A análise do Relatório de Impacto de Vizinhança – RIVI e a verificação do atendimento das disposições do art. 3º deverão ser efetuadas pela Comissão de Análise Integrada de Projetos de Edificações e de Parcelamento do Solo – CAIEPS.

• *Art. 4º,* caput, *com redação dada pelo Decreto nº 47.442, de 5.7.2006.*

§ 1º. As Secretarias Municipais, bem como todos os órgãos da Administração Direta e Indireta, ficam obrigados a atender as requisições da CAIEPS, fornecendo todas as informações julgadas necessárias para instruir o pedido de aprovação do RIVI, no prazo máximo de 10 (dez) dias, contados da data do recebimento do respectivo pedido.

• *§ 1º com redação dada pelo Decreto nº 47.442, de 5.7.2006.*

§ 2º. O prazo para a análise do RIVI é de até 10 (dez) dias corridos, a partir do recebimento, pela CAIEPS, do respectivo processo, com os dados relacionados no art. 3º e as informações eventualmente solicitadas na forma estabelecida no § 1º deste artigo, podendo ainda a CAIEPS recomendar o cumprimento de medidas visando à minimização do impacto causado na vizinhança, quando da implantação do empreendimento.

• *§ 2º com redação dada pelo Decreto nº 47.442, de 5.7.2006.*

§ 3º. Após a análise referida no § 2º deste artigo, o processo deverá ser enviado pela Secretaria Municipal de Habitação – SEHAB à Secretaria Municipal do Verde e do Meio Ambiente – SVMA, com as conclusões da CAIEPS pela aprovação ou rejeição do RIVI.

• *§ 3º com redação dada pelo Decreto nº 47.442, de 5.7.2006.*

Art. 5º. O Secretário Municipal do Verde e do Meio Ambiente, após a apreciação e pronunciamento do Conselho Municipal do Meio Ambiente e Desenvolvimento Sustentável – CADES, aprovará ou rejeitará o relatório, devendo, em caso de rejeição, fundamentar sua decisão.

Parágrafo único. O prazo para decisão final da Secretaria Municipal do Verde e do Meio Ambiente é de 30 (trinta) dias corridos, improrrogáveis, contados da data do recebimento do processo respectivo devidamente informado.

Art. 6º. As disposições deste Decreto aplicam-se aos expedientes administrativos em tramitação em qualquer dos órgãos da Prefeitura.

Art. 7º. Este Decreto entrará em vigor na data de sua publicação, revogadas as disposições em contrário, em especial as constantes da Seção 4.E do Decreto nº 32.329, de 24 de setembro de 1992.

• *Alteração já efetuada no corpo do Decreto.*

Prefeitura do Município de São Paulo, aos 30 de novembro de 1994, 441º da fundação de São Paulo.

Paulo Maluf, Prefeito – DOM de 1º.12.1994, retificação DOM de 13.12.1994

DECRETO Nº 36.161, DE 24 DE JUNHO DE 1996

Altera dispositivos que especifica do Decreto nº 32.329, de 23 de setembro de 1992.

Paulo Maluf, Prefeito do Município de São Paulo, usando das atribuições que lhe são conferidas por lei,

Decreta:

Art. 1º. (Revogado).

- *Art. 1º revogado pelo Decreto nº 54.213, de 14.8.2013.*

Art. 2º. O art. 14 do Decreto nº 32.329, de 23 de setembro de 1992, passa a vigorar com a seguinte redação:

- *Alteração já efetuada no corpo do Decreto.*

Art. 3º. O item 3.J.1, do Anexo 3, integrante do Decreto nº 32.329, de 23 de setembro de 1992, passa a vigorar com a seguinte redação:

- *Alteração já efetuada no corpo do Decreto.*

Art. 4º. Fica revogado, em todos os seus termos, o § 2º do art. 3º do Decreto nº 32.329, de 23 de setembro de 1992.

- *Alteração já efetuada no corpo do Decreto.*

Art. 5º. Este Decreto entrará em vigor na data de sua publicação, revogadas as disposições em contrário.

Prefeitura do Município de São Paulo, aos 24 de junho de 1996, 443º da fundação de São Paulo.

Paulo Maluf, Prefeito – DOM de 25.6.1996

DECRETO Nº 38.058, DE 15 DE JUNHO DE 1999

Dispõe sobre procedimentos de fiscalização de obras particulares; institui sistemática para a concessão de Certificados de Conclusão para edificações, e dá outras providências.

Celso Pitta, Prefeito do Município de São Paulo, usando das atribuições que lhe são conferidas por lei,

Considerando ser dever do Poder Público Municipal promover o adequado ordenamento territorial do Município, mediante controle rigoroso da implantação e funcionamento das diversas atividades nos imóveis particulares, nos termos do previsto no art. 149 da Lei Orgânica;

Considerando que os serviços prestados pela Municipalidade devem se revestir de eficiência e eficácia compatíveis com a dinâmica da economia de uma grande metrópole, incluindo a rápida expedição de Alvarás, Autos, Certificados e outros documentos requeridos pelos contribuintes;

Considerando que ao responsável técnico pelas obras e serviços de engenharia e arquitetura está legalmente imputada a fiel observância do projeto aprovado;

Considerando que as informações prestadas pelos proprietários e responsáveis pelas obras devem, até prova em contrário, merecer fé,

Decreta:

Art. 1º. Ficam instituídos, nos termos deste Decreto, procedimentos a serem observados na fiscalização de obras particulares no Município de São Paulo e na expedição do Certificado de Conclusão.

Parágrafo único. A obediência às normas previstas neste Decreto não dispensa a observância das demais disposições legais vigentes sobre a matéria, em especial as constantes da Lei nº 11.228, de 25 de junho de 1992 – Código de Obras e Edificações, e do Decreto nº 32.329, de 23 de setembro de 1992.

I – Da fiscalização de obras particulares

Art. 2º. Os Administradores Regionais e os Supervisores de Uso e Ocupação do Solo são solidariamente responsáveis pela execução das ações preconizadas neste Decreto.

Art. 3º. As Supervisões de Uso e Ocupação do Solo das Administrações Regionais deverão elaborar levantamento completo das obras em andamento na sua área de atuação, a ser constantemente atualizado, que servirá como base para o planejamento das ações fiscalizatórias a serem efetuadas.

§ 1º. De posse dos dados constantes do levantamento referido no *caput* deste artigo, as Supervisões de Uso e Ocupação do Solo deverão elaborar planejamento de vistorias, setorizando as atividades fiscalizatórias de obras, de forma a otimizar a alocação dos recursos disponíveis e, a partir desses dados, exercer intensa fiscalização das obras identificadas.

§ 2º. Os servidores responsáveis pela fiscalização deverão elaborar relatórios mensais, dos quais deverão constar informações detalhadas sobre as ações fiscalizatórias efetuadas, incluindo a relação das irregularidades constatadas, sanções aplicadas e identificação dos expedientes formados para registro dos atos fiscalizatórios, encaminhando essas informações ao Supervisor de Uso e Ocupação do Solo da Administração Regional respectiva.

Art. 4º. Não serão consideradas como desvirtuamento das licenças, para efeito das ações fiscalizatórias a serem efetivadas, as hipóteses de pequenas alterações previstas no item 3.9.2 e na Seção 7 da Lei nº 11.228, de 25 de junho de 1992, e no item 3.J.2 do Decreto nº 32.329, de 23 de setembro de 1992.

Parágrafo único. Sem prejuízo do atendimento às demais exigências das normas edilícias e das de parcelamento, uso e ocupação do solo, são consideradas pequenas alterações, que não descaracterizam o projeto aprovado, as que:

a) não impliquem supressão ou acréscimo de área, admitida a tolerância nos termos do disposto nos itens 3.9.2 da Lei nº 11.228, de 25 de junho de 1992, e 3.J.2, e respectivos subitens, do Decreto nº 32.329, de 23 de setembro de 1992;

b) não impliquem alterações da estrutura, da compartimentação vertical e da volumetria da edificação;

c) modifiquem a compartimentação horizontal, ressalvado o disposto no subitem 3.J.2.2 do Decreto nº 32.329, de 23 de setembro de 1992;

d) impliquem introdução, retirada ou alteração nas posições relativas e formas das saliências, obras complementares e mobiliário, desde que respeitados os limites máximos estabelecidos nas Tabelas 10.11, 10.12.1 e 10.12.2 da Lei nº 11.228, de 25 de junho de 1992;

e) impliquem alterações na forma e tratamento de fachadas;

f) impliquem alterações nos materiais de acabamento de pisos, tetos, forros e paredes, respeitadas as exigências mínimas de qualidade previstas na legislação vigente;

g) impliquem alterações nas posições, supressão ou abertura de portas, janelas e de passagens entre os compartimentos e diferenças, para maior, nos respectivos vãos.

Art. 5º. Para toda ação fiscalizatória deverá ser formado processo próprio, do qual deverão constar cópias de todos os documentos produzidos e relatórios contendo os fundamentos que embasaram os atos praticados.

Art. 6º. Os servidores que atuam na fiscalização são funcionalmente responsáveis pela correta fiscalização e emissão dos documentos referidos no artigo anterior, podendo, a ocorrência de qualquer irregularidade sob esse aspecto, acarretar a aplicação das sanções administrativas previstas na legislação em vigor, independentemente das medidas de caráter penal cabíveis.

Parágrafo único. Os Autos de Multa e Intimações, além de observarem as disposições legais em vigor, deverão ser corretamente preenchidos pelos servidores encarregados da fiscalização, em especial no que se refere à plena identificação do infrator, à correta descrição do fato constitutivo da infração e à indicação do fundamento legal que embasou a sua lavratura.

Art. 7º. A Secretaria das Administrações Regionais – SAR e a Secretaria dos Negócios Jurídicos – SJ deverão, no prazo de 30 (trinta) dias, contados da publicação deste Decreto, estabelecer procedimentos a serem observados na instrução de expedientes administrativos encaminhados ao Departamento Judicial – JUD, da Procuradoria Geral do Município – PGM, na hipótese de constatação da existência de obras irregulares, visando a agilização da propositura das ações cíveis cabíveis, do acompanhamento de inquéritos policiais e das respectivas ações penais, quando estas providências forem necessárias para a efetivação das medidas administrativas pertinentes.

Parágrafo único. Fixados os procedimentos referidos no *caput* deste artigo, a Secretaria das Administrações Regionais – SAR, através de ato normativo próprio e observada a legislação em vigor, estabelecerá roteiro detalhado, a ser observado pelas Administrações Regionais nas ações fiscalizatórias empreendidas nas obras em curso.

II – Da expedição do Certificado de Conclusão

Art. 8º. (Revogado).

• *Art. 8º revogado pelo Decreto nº 53.289, de 13.7.2012.*

Art. 9º. (Revogado).

• *Art. 9º revogado pelo Decreto nº 53.289, de 13.7.2012.*

Art. 10. (Revogado).

• *Art. 10 revogado pelo Decreto nº 53.289, de 13.7.2012.*

Art. 11. Observado rigorosamente o disposto nos arts. 2º a 7º, que estabelecem regras para a efetiva fiscalização das obras no Município de São Paulo, e no art. 10 deste Decreto, os despachos relativos a pedidos de Certificado de Conclusão serão prolatados sem a realização de vistoria prévia.

Art. 12. (Revogado).

• *Art. 12 revogado pelo Decreto nº 53.289, de 13.7.2012.*

Art. 13. (Revogado).

• *Art. 13 revogado pelo Decreto nº 53.289, de 13.7.2012.*

Art. 14. (Revogado).

• *Art. 14 revogado pelo Decreto nº 53.289, de 13.7.2012.*

Art. 15. Fica extinta a Comissão Permanente sobre Concessão de Autos de Conclusão – CPCAC, criada pela Portaria PREF.G nº 3, de 18 de janeiro de 1982, com a denominação alterada, pelo Decreto nº 33.673, de 21 de setembro de 1993, para Comissão Permanente de Avaliação de Concessão de Certificados de Conclusão – CPACC.

Art. 16. As Secretarias das Administrações Regionais – SAR e da Habitação e Desenvolvimento Urbano – SEHAB poderão, quando necessário, editar, por Portarias Intersecretariais, normas complementares às estabelecidas neste Decreto, pertinentes à emissão de Certificados de Conclusão.

Art. 17. Este Decreto entrará em vigor na data de sua publicação, revogadas as disposições em contrário, em especial os Decretos nº 33.673, de 21 de setembro de 1993, e nº 37.392, de 15 de abril de 1998.

Prefeitura do Município de São Paulo, aos 15 de junho de 1999, 446º da fundação de São Paulo.

Celso Pitta, Prefeito – DOM de 16.6.1999, retificação DOM de 17.6.1999

DECRETO Nº 41.633, 23 DE JANEIRO DE 2002

Regulamenta a Lei nº 11.380, de 17 de junho de 1993, que dispõe sobre a execução de obras nos terrenos erodidos e erodíveis e sobre a exigência de alvará para movimento de terra, e dá outras providências.

Marta Suplicy, Prefeita do Município de São Paulo, no uso das atribuições que lhe são conferidas por lei,

Considerando que a exigência de alvará para movimento de terra, estabelecida pela Lei nº 11.380, de 17 de junho de 1993, foi primeiramente regrada pelo Código de Obras e Edificações – Lei nº 11.228, de 25 de junho de 1992, e Decreto nº 32.329, de 23 de setembro de 1992;

Considerando a necessidade de adequação desses diplomas legais, referentes ao licenciamento de movimento de terra;

Considerando a necessidade de disciplinamento dos procedimentos fiscais, em razão da nova delegação de competência, conforme estabelecido no art. 18 da Lei nº 11.380, de 17 de junho de 1993,

Decreta:

Art. 1º. Este Decreto regulamenta os procedimentos administrativos e executivos e fixa regras gerais e específicas a serem obedecidas quando da execução de obras nos terrenos erodidos e erodíveis e sobre a exigência de alvará de movimento de terra, nos termos do disposto na Lei nº 11.380, de 17 de junho de 1993, no Código de Obras e Edificações – Lei nº 11.228, de 25 de junho de 1992, e no Decreto nº 32.329, de 23 de setembro de 1992.

Art. 2º. São consideradas potencialmente degradadoras do meio ambiente e sujeitas às exigências disciplinares e às sanções da Lei nº 11.380, de 17 de junho de 1993, e deste Decreto, com base no art. 183 da Lei Orgânica do Município de São Paulo:

I – a alteração da topografia do terreno e da sua superfície, incluindo o movimento de terra;

II – a alteração do sistema de drenagem;

III – a existência de terrenos erodidos ou erodíveis.

Parágrafo único. O disciplinamento referido no *caput* deste artigo tem, dentre outros, o objetivo de minimizar os processos de erosão do solo e das enchentes no Município, assegurando as condições de ocupação do solo que não impliquem maiores riscos à segurança da população e ao patrimônio público e particular.

Art. 3º. Consideram-se para efeito deste Decreto:

I – erosão: processo de desprendimento e transporte de partículas sólidas do solo pelos agentes erosivos;

II – terreno erodido: aquele que apresenta sulcos de erosão de profundidade superior a 10 cm (dez centímetros);

III – terreno erodível: aquele que se apresenta sem cobertura vegetal ou proteção por meio de capeamento do solo com material resistente aos processos erosivos;

IV – sistema de drenagem: conjunto de elementos naturais e construídos, destinados a captar e conduzir a água de superfície e subsolo;

V – obra: a realização de trabalho em terreno cujo resultado implique alteração em seu estado físico anterior, desde o início até sua conclusão;

VI – início de obra: a execução de qualquer trabalho que modifique as condições da situação existente no terreno;

VII – obra de recuperação de erosão: conjunto de medidas destinadas à eliminação dos sulcos de erosão existentes e impedimento do seu desenvolvimento posterior, incluindo-se as obras de prevenção de erosão;

VIII – obra de prevenção de erosão: conjunto de medidas que garantam a proteção do solo com relação ao desenvolvimento dos processos erosivos, incluindo-se necessariamente entre elas as seguintes:

a) regularização da superfície do terreno e compactação do solo;

b) captação e condução das águas pluviais e implantação de mecanismos de dissipação de energia das águas nos pontos de lançamento;

c) revestimento superficial com material resistente à erosão ou cobertura vegetal;

IX – plano de manejo de solo: conjunto de medidas para a conservação da camada de solo fértil, visando a seu reaproveitamento;

X – proprietário: o detentor do título de propriedade ou do direito real de uso do terreno e seus sucessores a qualquer título;

XI – profissional habilitado: o técnico registrado junto ao órgão federal fiscalizador do exercício profissional e à Prefeitura, atuando, individual ou solidariamente, como autor do projeto ou responsável técnico da obra;

XII – infrator: o responsável pelas infrações às disposições da Lei nº 11.380, de 17 de junho de 1993, e deste Decreto, podendo ser o proprietário do terreno, seus sucessores, o possuidor, o responsável técnico da obra e o proprietário ou locatário das máquinas e veículos envolvidos;

XIII – desobediência ao embargo: a continuação dos trabalhos no terreno, sem a adoção das providências exigidas na intimação.

Art. 4º. Dependerá de prévia licença expedida pela Prefeitura a execução de obra de movimento de terra que se enquadre em uma ou mais das seguintes situações:

I – modificação da topografia do terreno, com desnível de corte ou aterro de um metro, ou mais, em relação à superfície ou aos níveis existentes junto às divisas com outras propriedades ou áreas públicas vizinhas;

II – movimento de mil metros cúbicos ou mais de material;

III – localização do terreno em área lindeira a cursos d'água ou linhas de drenagem;

IV – localização do terreno em área de várzea, alagadiça, de solo mole ou sujeita a inundações;

V – localização do terreno em área declarada de proteção ambiental, tais como:

a) unidades de conservação definidas em lei federal, estadual ou municipal;

b) áreas de proteção aos mananciais;

c) áreas onde incidam, ou que vierem a incidir, leis de preservação e conservação de elementos naturais;

VI – localização em áreas sujeitas à erosão, delimitadas na Carta Geotécnica do Município de São Paulo – SEMPLA/1992, em escala 1:10.000, onde ocorram os maciços de solo e rocha de xistos micáceos, xistos quartzosos, filitos e maciços mistos, associados a declividades superiores a 25% (vinte e cinco por cento);

VII – ocorrência de declividade superior a 30% (trinta por cento), para desníveis iguais ou superiores a 5,00 m (cinco metros), mesmo em parte do terreno;

VIII – modificação da superfície do terreno em área igual ou superior a 1.000,00 m^2 (mil metros quadrados).

Parágrafo único. O licenciamento de obras, nos termos estabelecidos no *caput* deste artigo, não exime da exigência da Licença Ambiental nos casos estabelecidos por legislação específica e, em especial, pelas Resoluções do Conselho Nacional do Meio Ambiente – CONAMA nº 1, de 23 de setembro de 1986, e nº 237, de 19 de dezembro de 1997.

Art. 5º. O licenciamento de obras de movimento de terra de que trata o art. 4º deste Decreto, segue o que dispõe o Código de Obras e Edificações – Lei nº 11.228, de 25 de junho de 1992, e Decreto nº 32.329, de 23 de setembro de 1992, no que se referem à emissão dos Alvarás de Aprovação e de Execução.

Art. 6º. Nos casos previstos no art. 4º deste Decreto, o proprietário do imóvel deverá instruir os pedidos de Alvará de Aprovação e Execução com os seguintes elementos:

I – título de propriedade ou concessão de direito real de uso do terreno;

II – notificação-recibo do Imposto Predial e Territorial Urbano – IPTU;

III – memorial descritivo contendo a discriminação do tipo de solo existente, os volumes de corte e aterro, os volumes de terra necessários como empréstimo ou a serem retirados, a indicação das medidas de proteção superficial do terreno, a indicação dos terrenos para empréstimos ou bota-fora, quando houver entrada ou saída de terra da obra, e o plano de manejo de solos, quando couber;

IV – levantamento planialtimétrico do terreno que serviu de base para o projeto, apresentado de acordo com o disposto no item 3.A.6 do Decreto nº 32.329, de 23 de setembro de 1992, destacando os divisores de águas, as nascentes e as linhas de drenagem, quando existirem;

V – peças gráficas de projeto em escala conveniente, com desenho planialtimétrico, com plantas e seções contendo todos os elementos geométricos para a caracterização da situação existente e da obra proposta, inclusive do sistema de drenagem e proteção superficial;

VI – indicação das medidas e instalações provisórias de drenagem, prevenção de erosão e retenção de sólidos durante a execução da obra;

VII – indicação do autor do projeto e do dirigente técnico da obra, devidamente habilitados com as respectivas Anotações de Responsabilidade Técnica – ART.

§ 1º. Do pedido de Alvará de Execução deverá constar declaração assinada pelo proprietário e dirigente técnico, com indicação de terrenos de empréstimos ou bota-fora, que poderá tratar de área particular ou daquelas regularmente licenciadas como de Destinação de Resíduos Inertes, devendo constar da declaração a anuência do proprietário da área apontada, quando se tratar de área particular.

§ 2º. Se no decorrer dos trabalhos de execução de movimento de terra houver alteração quanto ao local, ou locais, de destinação ou empréstimo de terra, a nova indicação das áreas de empréstimo ou bota-fora deverá ser comunicada à PMSP com a declaração correspondente.

§ 3º. A licença somente será concedida se o projeto das obras estiver de acordo com as recomendações técnicas estabelecidas pela Carta Geotécnica do Município de São Paulo – SEMPLA/1992, em escala 1:10.000, do Manual de Risco Geotécnico em Ocupação Urbana – SEHAB/1992 e das normas da ABNT (NBR5561, NBR11682) referentes à matéria e de outras normas que vierem a ser adotadas pela PMSP.

Art. 7º. Por ocasião da conclusão da obra de movimento de terra de que trata o art. 4º deste Decreto, deverá ser requerida a expedição do correspondente Certificado de Conclusão, nos termos do que dispõem o Código de Obras e Edificações – Lei nº 11.228, de 25 de junho de 1992, Decreto nº 32.329, de 23 de setembro de 1992, e legislação complementar.

Parágrafo único. A expedição do Certificado de Conclusão dependerá da prévia solução das multas aplicadas à obra.

Art. 8º. Caso o projeto de obras de movimento de terra de que trata o art. 4º esteja vinculado a projeto edilício ou de loteamentos, cuja execução também exija licenciamento e Certificado de Conclusão obrigatórios, ambos serão analisados e licenciados simultaneamente.

§ 1º. Deverá constar obrigatoriamente dos Alvarás de Aprovação e Execução de Obras, ressalva indicando que os alvarás incluem o licenciamento do movimento de terra, nos termos do que dispõem a Lei nº 11.380, de 17 de junho de 1993, e este Decreto regulamentador.

§ 2º. A expedição do Certificado de Conclusão de obras edilícias poderá englobar o Certificado de Conclusão de movimento de terra referido no art. 7º deste Decreto.

- *§ 2º com redação dada pelo Decreto nº 53.289, de 13.7.2012.*

§ 3º. Aos casos de que trata este artigo, deverá prevalecer, para todos os efeitos, o conceito de início de obra constante do inciso VI do art. 3º deste Decreto.

§ 4º. A competência para exame e decisão dos casos de que trata o *caput* deste artigo será da Secretaria de Implementação das Subprefeituras ou da Secretaria da Habitação e Desenvolvimento Urbano, em função das categorias de uso das edificações objeto dos projetos edilícios, conforme regulamentação do Executivo.

Art. 9º. Caso o projeto de obras de movimento de terra, de que trata o art. 4º deste Decreto, esteja vinculado ao licenciamento de obras de Residências Unifamiliares, prevalece o estabelecido na Seção 3.10 e Anexo II da Lei nº 11.228, de 25 de junho de 1992, e Seção 3.L do Decreto nº 32.329, de 23 de setembro de 1992, quanto à instrução dos pedidos e emissão da Licença para Residências Unifamiliares.

§ 1º. Deverá constar obrigatoriamente da Licença para Residências Unifamiliares ressalva indicando que os alvarás incluem o licenciamento do movimento de terra, nos termos do que dispõem a Lei nº 11.380, de 17 de junho de 1993, e este Decreto.

§ 2º. O Certificado de Conclusão de Residências Unifamiliares dependerá da comprovação do estabelecido no art. 7º deste Decreto, com referência ao Auto de Conclusão de Movimento de Terra.

Art. 10. A análise e licenciamento dos casos de obras previstos neste Decreto, que interfiram com cursos d'água, somente serão aceitos após parecer favorável da Secretaria de Infraestrutura Urbana.

Art. 11. O proprietário ou possuidor de terreno erodido ou erodível deverá executar, respectivamente, obras de recuperação e obras de prevenção de erosão necessárias à regularização da situação, comunicando previamente à Prefeitura o prazo para execução das obras, que não poderá ser superior a 60 (sessenta) dias.

§ 1º. No caso previsto no *caput* deste artigo, o proprietário ou possuidor do imóvel deverá apresentar comunicação prévia, devidamente preenchida com a identificação de seu objetivo, do solicitante, do profissional atuante e do imóvel objeto do procedimento, observado o seguinte:

a) a comunicação será apresentada em requerimento padronizado, avalizada por profissional habilitado e instruída com os seguintes documentos:

1 – título de propriedade ou comprovante de posse;

2 – notificação-recibo do Imposto Predial e Territorial Urbano – IPTU;

3 – peças gráficas e/ou descritivas necessárias ao perfeito entendimento das obras, acompanhadas de levantamento planialtimétrico do imóvel, se necessário, em 2 (duas) vias;

b) a comunicação terá eficácia a partir de seu protocolamento, com prazo de validade de 60 (sessenta) dias, independentemente de qualquer decisão ou despacho administrativo;

c) aceita a comunicação, uma via desta e das peças apresentadas será devolvida, vistada, ao interessado.

§ 2º. O prazo previsto no *caput* deste artigo poderá ser prorrogado por mais 90 (noventa) dias, a pedido do interessado, podendo ser autorizada a prorrogação através de nova comunicação, desde que tenham sido iniciadas as obras de recuperação ou prevenção de erosão.

§ 3º. Os proprietários ou possuidores de lotes e glebas erodidos ou erodíveis serão notificados pelo Poder Público Municipal, mediante expedição de Auto de Intimação, da obrigatoriedade de execução das obras de recuperação e prevenção de erosão, especificando o prazo de 15 (quinze) dias para o protocolamento da comunicação, podendo contar com o auxílio, nesta tarefa, de brigadas ecológicas, associação de moradores ou organizações ambientais.

§ 4º. As obras de recuperação e prevenção que se enquadrarem em quaisquer das situações previstas no art. 4º deste Decreto implicarão o licenciamento de obras de movimento de terra, conforme estabelecido no art. 6º.

Art. 12. Constatadas novas manifestações de erosão após a execução das obras previstas de acordo com o art. 11 deste Decreto, o proprietário será intimado a protocolizar, no prazo máximo de 90 (noventa) dias, pedido de licença, nos termos dos arts. 4º e 6º deste Decreto.

Art. 13. O licenciamento de obras de recuperação e prevenção previstas no § 4º do art. 11 e no art. 12 deste Decreto dependerão de parecer prévio da Secretaria Municipal do Meio Ambiente.

Art. 14. Para disciplinar o uso do solo em terrenos localizados em áreas de várzea ou alagadiças e atenuar os efeitos de inundações, o Poder Público Municipal poderá exigir cotas específicas para o nível desses terrenos e para o nível do pavimento térreo das edificações, com base nos estudos hidrológicos das respectivas bacias de drenagem.

Art. 15. Constatada a inexistência de condições de estabilidade, segurança ou salubridade em terreno, o servidor municipal incumbido da fiscalização expedirá intimação ao infrator, ao proprietário ou possuidor para, em prazo não superior a 5 (cinco) dias, promover, na forma da lei, as medidas necessárias à solução da irregularidade.

Parágrafo único. Para os efeitos do estabelecido neste artigo, em se tratando de ocorrência gerada por obras, atividades ou fatos independentes do terreno que apresenta irregularidade, será considerado infrator o responsável pelo evento causador dos danos.

Art. 16. No caso da irregularidade constatada apresentar risco iminente de ruína ou contaminação, poderá ocorrer a interdição parcial ou total do terreno ou do seu entorno, concomitantemente à lavratura da intimação, dando-se ciência aos proprietários e eventuais ocupantes dos imóveis.

§ 1º. Durante a interdição somente será permitida a execução de obras indispensáveis à eliminação da irregularidade constatada.

§ 2º. Verificada a desobediência à interdição, será requisitada força policial e requerida a imediata abertura de inquérito policial para apuração de responsabilidade do infrator pelo crime de desobediência previsto no Código Penal.

§ 3º. Não cumprida a intimação no prazo estipulado, ou constatado desrespeito à interdição, será encaminhado processo devidamente instruído para as providências judiciais cabíveis, sem prejuízo da incidência de multas.

§ 4º. Não cumprida a intimação no prazo estipulado, as obras consideradas indispensáveis poderão, se executadas pela Prefeitura, ser cobradas em dobro e com atualização monetária.

Art. 17. Constatado risco iminente de ruína ou contaminação, o proprietário do terreno poderá, independentemente de Intimação, dar início imediato às obras de emergência, assistido por profissional habilitado e comunicando previamente à Prefeitura sobre as obras a serem executadas.

§ 1º. Recebida a comunicação, a Prefeitura vistoriará o terreno, verificando a veracidade do risco e da necessidade de execução das obras de emergência.

§ 2º. Concluídas as obras de emergência, o proprietário será intimado a regularizá-las, na forma da lei, se for o caso.

Art. 18. A inobservância dos dispositivos legais referentes à execução das obras de que trata este Decreto ensejará a aplicação de multas, na conformidade da tabela que constitui o Anexo I deste Decreto e estabelecida pela Lei nº 11.380, de 17 de junho de 1993.

§ 1º. Integram o presente decreto os Anexos I e II, assim discriminados:

a) ANEXO I – Tabela de Multas;

b) ANEXO II – Modelo de Auto de Intimação.

§ 2º. Aplicam-se às multas aqui estabelecidas, no que couber, as disposições em vigor referentes às multas administrativas para infrações à legislação de edificações.

Art. 19. Nos casos de que trata este Decreto, desobedecido o Auto de Embargo, poderão ser apreendidos os maquinários, instrumentos ou veículos utilizados na execução da obra, concomitantemente à aplicação da primeira multa correspondente.

Parágrafo único. Os maquinários, instrumentos ou veículos apreendidos, nos termos previstos no *caput* deste artigo, deverão ser encaminhados para os depósitos da PMSP e liberados somente após o pagamento das despesas e multas devidas.

Art. 20. As normas administrativas em vigor referentes às licenças, ao andamento de obras e ao processo especial de licenciamento de edificações aplicam-se, no que couber, às obras de que trata este Decreto, bem como aos profissionais e à fiscalização.

Art. 21. O licenciamento de obras vinculadas às atividades de exploração mineral está sujeito ao que dispõe a legislação específica para a atividade e, em especial, à Lei nº 10.205, de 4 de dezembro de 1986, e legislação correlata.

Parágrafo único. Nos casos de recuperação de terrenos erodidos ou erodíveis, resultante da atividade de exploração mineral, aplicam-se as disposições deste Decreto.

Art. 22. Para efeitos deste Decreto, será considerado autor o profissional habilitado responsável pela elaboração de projetos, que responderá pelo conteúdo das peças gráficas, descritivas, especificações e exequibilidade de seu trabalho.

Art. 23. Para efeitos deste Decreto, será considerado dirigente técnico da obra o profissional responsável pela direção técnica das obras, desde seu início até sua total conclusão, respondendo por sua correta execução e adequado emprego de materiais, conforme projeto aprovado pela Prefeitura do Município de São Paulo, com observância das normas técnicas oficiais.

Art. 24. Constatada infração ao disposto neste Decreto, em relação a terrenos de propriedade pública com área superior a 1.000,00 m² (mil metros quadrados), deverá a Administração Municipal, por intermédio da Secretaria dos Negócios Jurídicos, noticiar ao Ministério Público Estadual, informando sobre as agressões ao meio ambiente, para que sejam tomadas as medidas cabíveis.

Art. 25. A fiscalização das disposições deste Decreto e a imposição das sanções dele decorrentes competem, concorrentemente, à Secretaria de Implementação das Subprefeituras e à Secretaria da Habitação e Desenvolvimento Urbano.

Parágrafo único. Caberá aos servidores da Secretaria de Implementação das Subprefeituras e da Secretaria da Habitação e Desenvolvimento Urbano, que constatarem quaisquer irregularidades às disposições deste Decreto, na esfera de suas atribuições referentes ao licenciamento de projetos e obras, execução, controle e fiscalização de obras e serviços, a elaboração de relatório técnico circunstanciado e a lavratura do Auto de Intimação, encaminhando expediente à fiscalização das Supervisões de Uso e Ocupação de Solo das Administrações Regionais ou unidade equivalente, para a imposição das sanções correspondentes.

Art. 26. Os pedidos de licenciamento de obras em tramitação e ainda sem aceitação das obras e/ou serviços, ou com interposição de recurso dentro dos prazos legais, que se enquadrarem nas disposições da Lei nº 11.380, de 17 de junho de 1993, e deste Decreto, deverão ser decididos conforme o estabelecido nestes diplomas legais.

Art. 27. Este Decreto entrará em vigor na data de sua publicação, revogadas as disposições em contrário.

Prefeitura do Município de São Paulo, aos 23 de janeiro de 2002, 448º da fundação de São Paulo.

Marta Suplicy, Prefeita – DOM de 24.1.2002

ANEXO I – TABELA DE MULTAS

1 – Infração: execução de obra de que tratam os arts. 4º e 12 deste Decreto, sem licença ou em desacordo com a licença expedida.

Aplicável ao proprietário ou possuidor e ao responsável técnico pela obra.

Valor de R$ 507,16 (quinhentos e sete reais e dezesseis centavos), para cada 250,00 m² ou fração de área de terreno, atualizado pela variação do Índice de Preços ao Consumidor Amplo – IPCA, na forma disposta na legislação municipal pertinente.

Incidência: primeira multa no ato, reaplicação a cada 30 (trinta) dias, até o protocolamento do pedido de licença ou retorno das obras às condições do licenciamento.

2 – Infração: resistência ao embargo.

Aplicável ao proprietário ou possuidor, ao responsável técnico da obra e ao proprietário ou locatário das máquinas.

Valor de R$ 507,16 (quinhentos e sete reais e dezesseis centavos), atualizado pela variação do Índice de Preços ao Consumidor Amplo – IPCA, na forma disposta na legislação pertinente.

Incidência: diária enquanto persistir a resistência ao embargo.

3 – Infração: não atendimento ao Auto de Intimação para execução de obras de recuperação ou prevenção de erosão, expedido nos termos do § 3º do art. 11 deste Decreto.

Aplicável ao proprietário ou possuidor.

Valor de R$ 507,16 (quinhentos e sete reais e dezesseis centavos), para cada 250,00 m^2 ou fração de área de terreno, atualizado pela variação do Índice de Preços ao Consumidor Amplo – IPCA, na forma disposta na legislação municipal pertinente.

Incidência: primeira multa após 15 (quinze) dias do Auto de Intimação, caso não tenha sido comunicado pelo proprietário o prazo para conclusão das obras; reaplicação da multa a cada 30 (trinta) dias, até o protocolamento do comunicado.

4 – Infração: não conclusão das obras de recuperação e prevenção de erosão no prazo comunicado à Prefeitura (art. 11 deste Decreto).

Aplicável ao proprietário ou possuidor.

Valor de R$ 507,16 (quinhentos e sete reais e dezesseis centavos), para cada 250,00 m^2 ou fração de área de terreno, atualizado pela variação do Índice de Preços ao Consumidor Amplo – IPCA, na forma disposta na legislação municipal pertinente.

Incidência: primeira multa após 5 (cinco) dias da expiração do prazo comunicado à Prefeitura; reaplicação da multa a cada 30 (trinta) dias, até a conclusão das obras.

5 – Infração: não atendimento ao estabelecido no art. 12 deste Decreto.

Aplicável ao proprietário ou possuidor.

Valor de R$ 507,16 (quinhentos e sete reais e dezesseis centavos), para cada 250,00 m^2 ou fração de área de terreno, atualizado pela variação do Índice de Preços ao Consumidor Amplo – IPCA, na forma disposta na legislação municipal pertinente.

Incidência: primeira multa após 90 (noventa) dias da lavratura do Auto de Intimação; reaplicação da multa a cada 30 (trinta) dias, até o protocolamento do pedido de licença.

6 – Infração: não atendimento ao Auto de Intimação expedido nos termos do art. 15 deste Decreto.

Aplicável ao proprietário ou possuidor e ao responsável técnico pela obra ou evento causador de danos.

Valor de R$ 507,16 (quinhentos e sete reais e dezesseis centavos), atualizado pela variação do Índice de Preços ao Consumidor Amplo – IPCA, na forma disposta na legislação municipal pertinente.

Incidência: primeira multa após 5 (cinco) dias da lavratura do Auto de Intimação; reaplicação da multa semanal, até o atendimento dos termos da Intimação.

7 – Infração: desobediência à Interdição, nos termos do art. 16 deste Decreto.

Aplicável ao proprietário ou possuidor e ao responsável pela obra ou evento causador de danos.

Valor de R$ 507,16 (quinhentos e sete reais e dezesseis centavos), atualizado pela variação do Índice de Preços ao Consumidor Amplo – IPCA, na forma disposta na legislação municipal pertinente.

Incidência: multa diária, enquanto durar a desobediência.

ANEXO II

PREFEITURA DO MUNICÍPIO DE SÃO PAULO Nº Processo/Etiqueta

SECRETARIA DE IMPLEMENTAÇÃO DAS SUBPREFEITURAS

Data .... AUTO DE INTIMAÇÃO Nº ....

Assinatura...

Nome do intimado ....

Endereço/Local da infração...Bairro ....

CADLOG .... CODIM ....

De conformidade com ....

Fica V. S.ª intimado a ....

No prazo de ...., a partir desta data,

Sob pena de ....e demais cominações legais.

Obs.:...

......../......../......... ....

Servidor Municipal/Assinatura

Ciência do Infrator ou de seu preposto:

Nome ....RG ....

Endereço para correspondência .... Bairro .... CEP ....

......./......../......... ....

Assinatura

Declaro para os devidos fins de direito e diante das testemunhas abaixo identificadas que às ....horas do dia ....../....../..... compareci ao local da infração para a entrega do presente auto ao intimado ou seu preposto que:

(__) RECUSOU-SE A ASSINÁ-LO (__) NÃO FOI ENCONTRADO

........./......../......... ....

Servidor Municipal/Assinatura

Testemunhas:

1º: Nome Legível ....

Endereço .... Bairro ....

RG ....

1º Testemunha/Assinatura

2º: Nome Legível ....

Endereço .... Bairro ....

RG ....

2º Testemunha/Assinatura

DECRETO Nº 45.122, DE 12 DE AGOSTO DE 2004

Consolida a regulamentação das Leis nº 11.345, de 14 de abril de 1993, nº 11.424, de 30 de setembro de 1993, nº 12.815, de 6 de abril de 1999, e nº 12.821, de 7 de abril de 1999, que dispõem sobre a adequação das edificações à acessibilidade das pessoas com deficiência ou com mobilidade reduzida.

Marta Suplicy, Prefeita do Município de São Paulo, no uso das atribuições que lhe são conferidas por lei,

Decreta:

Art. 1º. As Leis nº 11.345, de 14 de abril de 1993, nº 11.424, de 30 de setembro de 1993, nº 12.815, de 6 de abril de 1999, e nº 12.821, de 7 de abril de 1999, que dispõem sobre a adequação das edificações à acessibilidade das pessoas com deficiência ou com mobilidade reduzida, ficam regulamentadas, de forma consolidada, nos termos deste Decreto.

Art. 2º. Deverão atender às normas de adequação à acessibilidade das pessoas com deficiência ou com mobilidade reduzida, as edificações, novas ou existentes, destinadas aos seguintes usos:

I – cinemas, teatros, salas de concerto, casas de espetáculos e estabelecimentos bancários, com qualquer capacidade de lotação;

II – locais de reunião, com capacidade para mais de 100 (cem) pessoas, destinados a abrigar eventos geradores de público, tais como:

a) auditórios;

b) templos religiosos;

c) salões de festas ou danças;

d) ginásios ou estádios;

e) recintos para exposições ou leilões;

f) museus;

g) restaurantes, lanchonetes e congêneres;

h) clubes esportivos e recreativos;

III – qualquer outro uso, com capacidade de lotação para mais de 600 (seiscentas) pessoas, tais como:

a) estabelecimentos destinados à prestação de serviços de assistência à saúde, educação e hospedagem;

b) centros de compras – shopping centers;

c) galerias comerciais;

d) supermercados.

Art. 3º. Para a aprovação das edificações residenciais com categorias de uso R2-02, R3-01 e R3-02, bem como daquelas destinadas aos usos referidos no art. 2º deste Decreto, será obrigatória a execução de rampa para vencer o desnível entre o logradouro público ou área externa e o piso correspondente à soleira de ingresso às edificações, com largura mínima de 1,20 m (um metro e vinte centímetros) e inclinação até a máxima admissível na NBR 9050 da ABNT.

Art. 4º. Os projetos aprovados, com Alvará de Aprovação ou de Execução ainda em vigor, quando sujeitos às disposições do art. 2º deste Decreto, independerão de nova aprovação, mas as alterações do projeto, quando necessárias ao atendimento das normas de acessibilidade, deverão ser objeto de projeto modificativo, requerido de forma simplificada às Subprefeituras ou à Secretaria da Habitação e Desenvolvimento Urbano – SEHAB, no âmbito de suas competências.

Parágrafo único. O pedido simplificado de aprovação de projeto modificativo deverá ser apresentado pelo proprietário ou possuidor do imóvel, instruído com os seguintes documentos:

I – requerimento padronizado assinado pelo proprietário ou possuidor do imóvel e por profissional habilitado;

II – peças gráficas necessárias ao perfeito entendimento das obras e/ou serviços a serem executados, em 2 (duas) vias;

III – cópia do Alvará de Aprovação e/ou Alvará de Execução;

IV – cópia do projeto aprovado.

Art. 5º. Recebido o pedido simplificado de que trata o art. 4º deste Decreto, o órgão competente, no prazo de 30 (trinta) dias, deferirá o apostilamento do alvará ou emitirá "comunique-se", formulando as exigências complementares, na forma prevista na legislação vigente.

§ 1º. O apostilamento do alvará será entregue ao interessado acompanhado de 1 (uma) via de peças gráficas, vistada pelo técnico responsável pela análise.

§ 2º. O interessado poderá apresentar para autenticação mais 3 (três) vias de peças gráficas, ficando dispensado do recolhimento do preço público.

Art. 6º. Para as edificações existentes, cujos usos se enquadrem nos casos previstos no art. 2º deste Decreto, deverá ser requerido às Subprefeituras ou a SEHAB, no âmbito de suas competências, o Certificado de Acessibilidade.

§ 1º. O Certificado de Acessibilidade não substitui qualquer documento expedido pela Prefeitura do Município de São Paulo, destinado a comprovar a regularidade da edificação, nos termos do item 7.A.1 da seção 7.A do Decreto nº 32.329, de 23 de setembro de 1992.

§ 2º. O pedido de Certificado de Acessibilidade deverá ser instruído com os seguintes documentos:

I – requerimento padronizado assinado pelo proprietário ou possuidor do imóvel e, se for o caso, por profissional habilitado;

II – cópia da notificação-recibo do Imposto Predial e Territorial Urbano;

III – cópia do comprovante de regularidade da edificação;

IV – peças gráficas e/ou descritivas necessárias ao perfeito entendimento das obras e/ou serviços a serem executados ou comprobatórios do atendimento às normas de acessibilidade, em 2 (duas) vias.

§ 3º. O Certificado de Acessibilidade deverá ser requerido em processo próprio, prévia ou simultaneamente com os pedidos de Auto de Verificação de Segurança, Alvará de Funcionamento para Local de Reunião, Auto de Regularização, Certificado de Manutenção do Sistema de Segurança, Auto de Licença de Funcionamento e outros documentos correlatos, instruídos nos termos do § 2º deste artigo.

§ 4º. Quando se tratar de edificação abrangida pela legislação de preservação do patrimônio histórico, cultural e ambiental, deverá ser apresentada, também, anuência prévia dos órgãos competentes.

Art. 7º. Recebido o pedido de Certificado de Acessibilidade, o órgão competente proferirá despacho de deferimento ou emitirá "comunique-se", formulando as exigências complementares, nos seguintes prazos:

I – em 30 (trinta) dias, no caso do pedido ter sido apresentado de forma independente;

II – nos previstos em legislação específica para a emissão dos outros documentos, no caso do pedido ter sido requerido simultaneamente com outros documentos, conforme disposto no § 3º do art. 6º deste Decreto.

Art. 8º. Não havendo necessidade de execução de obras e/ou serviços de adaptação da edificação à acessibilidade das pessoas com deficiência ou com mobilidade reduzida, o pedido será deferido, expedindo-se o Certificado de Acessibilidade, que será entregue ao interessado, acompanhado de 1 (uma) via de peças gráficas e descritivas, vistada pelo técnico responsável pela análise.

§ 1º. O Certificado de Acessibilidade poderá ser revisto a qualquer tempo, após parecer conclusivo da Comissão Permanente de Acessibilidade – CPA, nos termos do inciso II do art. 4º do Decreto nº 39.651, de 27 de julho de 2000, desde que comprovada a inadequação da edificação à acessibilidade das pessoas com deficiência ou com mobilidade reduzida.

§ 2º. O órgão da Administração que emitir o Certificado de Acessibilidade remeterá o respectivo processo, de imediato, a CPA, para a atribuição do Selo de Acessibilidade, de acordo com as disposições do Decreto nº 37.648, de 25 de setembro de 1998.

Art. 9º. Se necessário, a adaptação da edificação à acessibilidade das pessoas com deficiência ou com mobilidade reduzida, nos termos da legislação específica, será classificada, pelo órgão competente, em:

I – adaptação que se limite à execução de obras e/ou serviços;

II – adaptação que exija instalação de equipamento eletromecânico;

III – caso especial de adaptação, que exija solução particularizada, aumento de área construída ou similar.

Parágrafo único. A CPA poderá ser solicitada, pelos órgãos competentes para a emissão do Certificado de Acessibilidade, para opinar ou emitir parecer técnico sobre o enquadramento na classificação e nas soluções de adaptações a serem executadas, conforme disposto no *caput* deste artigo.

Art. 10. Aceitas as propostas para a adaptação da edificação à acessibilidade das pessoas com deficiência ou com mobilidade reduzida, o órgão competente emitirá Intimação para Execução de Obras e Serviços – IEOS ou Notificação de Exigências Complementares – NEC, com prazo de atendimento de até:

I – 180 (cento e oitenta) dias, no caso do inciso I do art. 9º deste Decreto;

II – 360 (trezentos e sessenta) dias, no caso dos incisos II e III do art. 9º deste Decreto.

§ 1º. A IEOS ou a NEC será acompanhada de 1 (uma) via das peças gráficas, vistada pelo técnico responsável pela análise.

§ 2º. Os prazos previstos no *caput* deste artigo poderão ser renovados, a critério da Administração, 1 (uma) única vez, mediante requerimento devidamente justificado.

Art. 11. O proprietário ou possuidor do imóvel deverá comunicar ao órgão competente a conclusão das obras e serviços e/ou o atendimento das exigências complementares constantes da IEOS ou da NEC.

Art. 12. Comprovado o atendimento da IEOS ou da NEC, será expedido o Certificado de Acessibilidade, observado o disposto no § 1º do art. 8º deste Decreto.

Art. 13. Estão dispensadas da exigência do Certificado de Acessibilidade, as seguintes edificações:

I – aprovadas nos termos da Lei nº 11.228, de 1992, quando se destinar aos usos previstos nos incisos II e III do art. 2º deste Decreto;

II – aprovadas nos termos da Lei nº 11.345, de 14 de abril de 1993, quando se destinarem aos usos previstos no art. 3º deste Decreto;

III – aprovadas nos termos da Lei nº 11.424, de 1993, quando se destinarem aos usos previstos no inciso I do art. 2º deste Decreto;

IV – que cumpram o disposto no art. 4º deste Decreto.

Parágrafo único. Para as edificações referidas no *caput* deste artigo, o Certificado de Conclusão terá força de Certificado de Acessibilidade, sem prejuízo do disposto no inciso II do art. 4º do Decreto nº 39.651, de 2000.

Art. 14. A emissão de Alvará de Funcionamento de Local de Reunião relativo a edificações existentes, cujos usos se enquadrem nos incisos I e II do art. 2º deste Decreto, fica vinculada à apresentação do Certificado de Acessibilidade.

Parágrafo único. O Auto de Verificação de Segurança ou Certificado de Manutenção do Sistema de Segurança relativos a edificações existentes, cujos usos se enquadrem no art. 2º deste Decreto, somente serão emitidos se comprovado o protocolamento do pedido de Certificado de Acessibilidade.

Art. 15. O Auto de Licença de Funcionamento, relativo a edificações cujos usos se enquadrem no art. 2º deste Decreto, somente será emitido se atendidas as condições de acessibilidade das pessoas com deficiência ou com mobilidade reduzida, conforme prevê o art. 9º, inciso VIII, do Decreto nº 41.532, de 20 de dezembro de 2001.

Parágrafo único. Do Termo de Consulta de Funcionamento, instituído pelo Decreto nº 41.532, de 2001, deverá constar expressamente a ressalva estabelecida no *caput* deste artigo.

Art. 16. Por ocasião da apresentação do pedido de Certificado de Regularidade de Edificação, emitido nos termos da Lei nº 8.382, de 13 de abril de 1976, ou de Auto de Regularização para edificações existentes, cujos usos se enquadrem no art. 2º deste Decreto, deverá ser exigido o atendimento das disposições das Leis nº 11.345, de 1993, nº 11.424, de 1993, nº 12.815, de 1999, e nº 12.821, de 1999, adotando-se os procedimentos previstos nos arts. 10, 11 e 12 deste Decreto.

Art. 17. Todos os próprios municipais que vierem a ser construídos, reformados ou ampliados deverão atender aos dispositivos da Lei nº 11.345, de 1993.

§ 1º. A locação de imóveis que se destinem a abrigar repartições públicas municipais somente ocorrerá após efetuadas as devidas adaptações à acessibilidade das pessoas com deficiência ou com mobilidade reduzida, de acordo com as disposições da Lei nº 11.345, de 1993.

§ 2º. Compete a CPA manifestar-se previamente sobre o cumprimento do disposto no *caput* deste artigo, bem como dirimir eventuais dúvidas sobre a matéria.

Art. 18. O acesso das pessoas com deficiência ou com mobilidade reduzida às dependências destinadas ao público, nas edificações abrangidas por este Decreto, deverá ser sinalizado e identificado pelo Símbolo Internacional de Acesso, instituído pela Lei nº 7.405, de 12 de novembro de 1985.

Art. 19. O não cumprimento das disposições da Lei nº 11.345, de 1993, acarretará a imposição de multa mensal de R$ 3.558,50 (três mil, quinhentos e cinquenta e oito reais e cinquenta centavos), até a comprovação da adequação da edificação.

Art. 20. O não cumprimento das disposições da Lei nº 11.424, de 1993, alterada pela Lei nº 12.815, de 1999, acarretará a imposição de multa diária de R$ 711,70 (setecentos e onze reais e setenta centavos), até a comprovação da adequação da edificação.

Art. 21. O não cumprimento das disposições da Lei nº 12.821, de 1999, acarretará a imposição de multa equivalente a R$ 10.641,00 (dez mil, seiscentos e quarenta e um reais), aplicada em dobro, em caso de reincidência.

Art. 22. Os procedimentos fiscais relativos à aplicação das multas previstas neste Decreto observarão o disposto no Capítulo 6 da Lei nº 11.228, de 1992, no que couber.

Parágrafo único. As multas a que se refere este Decreto serão atualizadas de acordo com a legislação municipal pertinente.

Art. 23. Os pedidos enquadrados nos arts. 4º e 17 deste Decreto ficarão isentos do pagamento de taxas e preços públicos para aprovação.

Art. 24. As despesas com a execução deste Decreto correrão por conta das dotações orçamentárias próprias, suplementadas se necessário.

Art. 25. Este Decreto entrará em vigor na data de sua publicação, revogados os Decretos nº 37.649, de 25 de setembro de 1998, e nº 38.443, de 7 de outubro de 1999.

Prefeitura do Município de São Paulo, aos 12 de agosto de 2004, 451º da fundação de São Paulo.

Marta Suplicy, Prefeita – DOM de 13.8.2004

DECRETO Nº 49.148, DE 21 DE JANEIRO DE 2008

Regulamenta a Lei nº 14.459, de 3 de julho de 2007, que acrescenta o item 9.3.5 à Seção 9.3 – Instalações Prediais do Anexo I da Lei nº 11.228, de 25 de junho de 1992 (Código de Obras e Edificações), e dispõe sobre a instalação de sistema de aquecimento de água por energia solar nas novas edificações do Município de São Paulo.

Gilberto Kassab, Prefeito do Município de São Paulo, no uso das atribuições que lhe são conferidas por lei,

Considerando as conclusões alcançadas pelo Grupo de Trabalho constituído pela Portaria nº 1.050 – PREF, de 10 de outubro de 2007,

Decreta:

Art. 1º. Este Decreto regulamenta a Lei nº 14.459, de 3 de julho de 2007, que acrescenta o item 9.3.5 à Seção 9.3 – Instalações Prediais do Anexo I da Lei nº 11.228, de 25 de junho de 1992 (Código de Obras e Edificações), e dispõe sobre a instalação de sistema de aquecimento de água por energia solar nas novas edificações do Município de São Paulo.

§ 1º. A instalação a que se refere o *caput* deste artigo deverá ser projetada e executada conforme as Normas Técnicas Oficiais vigentes, que estabelecem os requisitos para o Sistema de Aquecimento Solar – SAS, considerando os aspectos de concepção, dimensionamento, arranjo hidráulico, especificação de componentes, instalação e manutenção, onde o fluido de transporte é a água.

§ 2º. O SAS é composto por coletor solar, reservatório térmico, aquecimento auxiliar, acessórios e suas interligações hidráulicas que funcionam por circulação natural ou forçada.

Art. 2º. É obrigatória a instalação do SAS nas novas edificações do Município de São Paulo destinadas às categorias de uso residencial e não residencial.

Art. 3º. A obrigatoriedade estabelecida no art. 2º deste Decreto aplica-se, na categoria de uso não residencial, às seguintes atividades de comércio, de prestação de serviços públicos e privados, e industriais:

I – hotéis, motéis e similares;

II – clubes esportivos, casas de banho e sauna, academias de ginástica e lutas marciais, escolas de esportes e estabelecimentos de locação de quadras esportivas;

III – clínicas de estética, institutos de beleza, cabeleireiros e similares;

IV – hospitais, unidades de saúde com leitos e casas de repouso;

V – escolas, creches, abrigos, asilos e albergues;

VI – quartéis;

VII – indústrias, se a atividade setorial específica demandar água aquecida no processo de industrialização ou, ainda, quando disponibilizar vestiários para seus funcionários;

VIII – lavanderias industriais, de prestação de serviço ou coletivas, em edificações de qualquer uso, que utilizem em seu processo água aquecida.

Art. 4º. Sem prejuízo do estabelecido no art. 2º deste Decreto, é igualmente obrigatória a instalação do SAS nas edificações, novas ou não, isoladas ou agrupadas horizontal ou verticalmente ou superpostas, da categoria de uso residencial, ou integrantes de conjunto de instalações de usos não residenciais, que incluam a construção de piscina de água aquecida.

§ 1º. Para os fins deste Decreto, consideram-se piscinas todos os reservatórios de água para finalidades de lazer, terapêuticas e de práticas esportivas, com capacidade superior a 5 m^3 (cinco metros cúbicos).

§ 2º. O SAS específico para a piscina é composto por coletor solar, aquecimento auxiliar, acessório e suas interligações hidráulicas que funcionem por circulação natural ou forçada.

§ 3º. O disposto neste artigo aplica-se somente às piscinas, novas ou existentes, que venham a receber um sistema de aquecimento.

Art. 5º. Nas novas edificações destinadas ao uso residencial, unifamiliar ou multifamiliar, que tenham um número de banheiros igual ou superior a 4 (quatro) por unidade habitacional deverá ser instalado o sistema de aquecimento solar completo.

Parágrafo único. Para efeito de aplicação deste Decreto, define-se:

I – banheiro, o aposento dotado de vaso sanitário, possuindo ou não, em suas instalações, aquecimento de água sanitária por alguma fonte de energia;

II – água sanitária, a água potável utilizada para consumo humano;

III – água de piscina, a água tratada para uso exclusivo de abastecimento da piscina.

Art. 6º. Nas novas edificações destinadas ao uso residencial unifamiliar ou multifamiliar, que possuam até 3 (três) banheiros por unidade habitacional, deverá ser executada toda a infraestrutura (sistema de instalação hidráulica, prumadas, respectiva rede de distribuição e suporte estrutural adequado) que permita a instalação do reservatório térmico e das placas coletoras de energia solar.

Parágrafo único. O disposto no *caput* deste artigo não se aplica à hipótese em que o uso do SAS for tecnicamente inviável, nos termos do art. 12 deste Decreto.

Art. 7º. As instalações hidráulicas e os equipamentos de aquecimento de água por energia solar deverão ser dimensionados para atender, no mínimo, a 40% (quarenta por cento) de toda a demanda anual de energia necessária para o aquecimento de água sanitária e água de piscinas, de acordo com a Metodologia de Avaliação da Contribuição Solar constante do Anexo Único deste Decreto, atendendo às Normas Técnicas Oficiais.

§ 1º. Para efeito de comprovação das exigências da Lei nº 14.459, de 2007, e deste Decreto, os equipamentos solares devem apresentar obrigatoriamente a etiqueta do Instituto Nacional de Metrologia, Normalização e Qualidade Industrial – INMETRO, de acordo com os regulamentos específicos aplicáveis do Programa Brasileiro de Etiquetagem – PBE.

§ 2º. A Prefeitura do Município de São Paulo poderá exigir o cumprimento de outras normas técnicas ou recomendações normativas de projeto e instalação de sistemas relacionados com o SAS.

Art. 8º. O somatório das áreas de projeção dos equipamentos, constituídos pelas placas coletoras e reservatórios térmicos, não será computável para efeito do cálculo do coeficiente de aproveitamento básico e máximo previsto na Legislação de Parcelamento, Uso e Ocupação do Solo – LPUOS.

Parágrafo único. A área de projeção mencionada no *caput* deste artigo refere-se ao resultado da aplicação dos parâmetros contidos no Anexo Único deste Decreto.

Art. 9º. Para a obtenção de Alvará de Aprovação e/ou Execução, deverá constar, nas peças gráficas, nota técnica declarando o atendimento à Lei nº 14.459, de 2007, e a este Decreto, bem como indicação da implantação e dimensões dos equipamentos a serem instalados (altura para efeito de gabarito, largura e inclinação).

Art. 10. Na relação de documentos exigidos para a obtenção de licenças perante a Prefeitura, que não necessitem da entrega de peças gráficas, deverá constar declaração por parte do engenheiro responsável pela obra atestando o atendimento das disposições previstas na Lei nº 14.459, de 2007, e neste Decreto.

Art. 11. Em qualquer das hipóteses a que se referem os arts. 9º e 10, deverá, ainda, ser apresentada, pelo responsável técnico da obra, a respectiva Anotação de Responsabilidade Técnica – ART do Sistema de Aquecimento Solar projetado e/ou instalado.

Art. 12. A obrigatoriedade da instalação de Sistema de Aquecimento Solar não se aplica a edificações onde se comprove ser tecnicamente inviável alcançar as condições para aquecimento de água por energia solar.

§ 1º. O enquadramento na situação prevista no *caput* deste artigo deverá ser comprovado mediante Parecer Técnico, acompanhado de estudos técnicos conclusivos elaborados por profissional habilitado, demonstrando a inviabilidade de atendimento à exigência legal, consoante os parâmetros estabelecidos no Anexo Único integrante deste Decreto.

§ 2º. A documentação prevista no § 1º deste artigo deverá ser apresentada à Prefeitura no momento da solicitação das licenças, devendo ser juntada ao processo administrativo pertinente.

§ 3º. Os estudos técnicos deverão considerar o emprego da melhor tecnologia disponível, nos termos das recomendações técnicas do INMETRO e das normas técnicas vigentes, e deverão apresentar parecer definitivo, com conclusões objetivas, bem como identificar claramente a obra a que se referem.

§ 4º. Quando dos pedidos de licenças, o responsável técnico deverá apresentar declaração quanto à inviabilidade de implantação do SAS, acompanhada do recolhimento de ART específica para o referido estudo de inviabilidade.

§ 5º. Para efeitos deste Decreto, consideram-se critérios técnicos que tornem inviável a implantação do SAS os fatores que reduzam a fração solar a valores inferiores aos exigidos para contribuição solar, na conformidade do disposto no art. 7º deste Decreto, decorrentes de:

I – sombreamento do local de implantação dos coletores solares por edificações e/ou obstáculos externos existentes que não fazem parte da edificação;

II – sombreamento sobre a área coletora, obtido por meio do método de carta solar, avaliado no dia 6 (seis) de abril nos horários de 9h (nove horas), 12h (doze horas) e 15h (quinze horas), nas seguintes condições:

a) se for maior do que 60% (sessenta por cento), em pelo menos um desses horários, não será possível a utilização do SAS;

b) se estiver entre 30% (trinta por cento) e 60% (sessenta por cento), em pelo menos um desses horários, o SAS deve ser instalado, mas com ajuste das baterias de coletores e acionamento independente do sistema de circulação de água;

c) se estiver abaixo de 30% (trinta por cento), em pelo menos um desses horários, o SAS deve ser instalado;

III – limitações derivadas da aplicação da Legislação de Uso e Ocupação do Solo e do Código de Obras e Edificações, que evidenciem a impossibilidade de dispor de toda a superfície de coletores solares necessária ao atendimento das disposições da Lei nº 14.459, de 2007, e deste Decreto.

Art. 13. Decreto específico, a ser editado no prazo de 180 (cento e oitenta) dias, definirá, para as novas edificações destinadas às Habitações de Interesse Social – HIS, as normas de implantação, os procedimentos pertinentes e os prazos para atendimento às disposições da Lei nº 14.459, de 2007.

Art. 14. Aplicam-se as disposições da Lei nº 14.459, de 2007, e deste Decreto aos projetos de novas edificações protocolizados a partir de 180 (cento e oitenta) dias da data de publicação deste Decreto.

Art. 15. Este Decreto entrará em vigor na data de sua publicação.

Prefeitura do Município de São Paulo, aos 21 de janeiro de 2008, 454º da fundação de São Paulo.

Gilberto Kassab, Prefeito – DOM de 22.1.2008

Anexo Único integrante da Lei nº 49.148, de 21 de janeiro de 2008

METODOLOGIA DE AVALIAÇÃO DA CONTRIBUIÇÃO SOLAR (FRAÇÃO SOLAR)

Passo 1: estimar o volume diário de água quente a ser consumida pela edificação;

Passo 2: calcular a quantidade de energia necessária para aquecer o volume diário;

$E = V.Cp*(t_2-t_1)*30/3600$	(1)

Onde:

E – demanda de energia por dia em kWh/mês

V – volume diário de água quente a ser aquecida em litros

Cp – calor específico da água constante de 4,18 kJ/kg°C

t_2 – temperatura da água quente requerida para o uso específico, em °C

t_1 – temperatura de água fria igual a 20,2°C (média histórica da temperatura média do Município de São Paulo)

Passo 3: determinar a produção de energia dos coletores solares no Município de São Paulo

A produção de energia dos coletores solares será determinada a partir da consulta à tabela vigente de *Sistemas e Equipamentos para Aquecimento Solar de Água* do INMETRO – Instituto Nacional de Metrologia, Normalização e Qualidade Industrial. Esta tabela é atualizada constantemente e lista todos os produtos brasileiros etiquetados.

Para calcular a Produção Média Mensal de Energia em kWh de qualquer coletor solar no Município de São Paulo:

$Pme_{(sp)} = 0{,}65 \text{ X } Pme_{(\text{tabela do INMETRO})}$	(2)

Onde:

$Pme_{(sp)}$ – Produção Média Mensal de Energia Específica no Município de São Paulo, em kWh/mês.m²

$Pme_{(\text{tabela do INMETRO})}$ – Produção Média Mensal de Energia Específica dos coletores solares publicados na *tabela de sistemas e equipamentos para aquecimento solar de água* do INMETRO, em kWh/mês.m²

Passo 4: determinação da área de coletores solares necessária para atendimento da Contribuição Solar (fração solar) segundo requisito desta Lei:

$AC = F_{cd} \text{ x } CS \text{ x } E/Pme_{(SP)}$	(3)

Onde:

AC – área de coletores solares em m²

F_{cd} – Fator de correção para desvio do Norte Geográfico indicado na Tabela 1

CS – Contribuição Solar (fração solar)

E – demanda de energia mensal em kWh/mês

$Pme_{(SP)}$ – Produção Média Mensal de Energia Específica do coletor solar no Município de São Paulo em kWh/mês.m²

Os coletores solares devem ser orientados para o Norte Geográfico. Quando não for possível a orientação ideal, deve-se aplicar um fator de correção para desvios do Norte Geográfico de acordo com a Tabela 1 abaixo.

Tabela 1 – Fator de correção para desvio do Norte Geográfico

Desvio do Norte Geográfico [para Leste ou Oeste]	Fcd
Até 30°	1
De 31 a 60°	1,13
De 61 a 90°	1,16

Exemplo: Um edifício residencial possui 10 andares com 4 apartamentos por andar e a água quente será utilizada somente para o banho. Considerando um consumo de água quente por pessoa de 70 litros a 45°C e uma média de 3 moradores por apartamento temos:

V = 40 apartamentos * 3 pessoas/apartamentos * 70 litros por pessoa = **8400 litros a 45°C**

Utilizando a equação (1):

$$E = 8400 \times 4{,}18 \times (45 - 20{,}2) \times 30 / 3600 = 7256{,}48 \text{ kWh/mês}$$

Considerando um coletor com Pme de 80,7 kWh/mês.m^2, segundo a *tabela de sistemas e equipamentos para aquecimento solar de água* do INMETRO, determinamos sua Produção Média Mensal de Energia Específica do coletor solar na cidade de São Paulo utilizando a equação (2), sendo:

$$Pme_{(SP)} = 0{,}65 \times 80{,}7 = 52{,}45 \text{ kWh/mês.m}^2$$

Para determinação da área coletora necessária para atender 70% da demanda de energia mensal, considerando um desvio de 45° do Norte Geográfico aplicamos a equação (3), sendo:

$$AC = 1{,}13 \times 0{,}7 \times 7256{,}48 \text{ I } 52{,}45$$
$$AC = 109{,}43 \text{ m}^2$$

Supondo que o coletor possua uma área de 2 m^2:

Quantidade de coletores = 109,43 / 2 = 54,7 coletores
55 coletores

Conclusão: para atendimento da demanda de 8.400 litros de água por dia seriam necessários 118,26 m^2 de determinado coletor solar para atendimento a contribuição solar de 70%.

DECRETO Nº 50.008, DE 9 DE SETEMBRO DE 2008

Acrescenta o item 3.B.6 à Seção 3.B do Anexo 3, integrante do Decreto nº 32.329, de 23 de setembro de 1992, que regulamenta a Lei nº 11.228, de 25 de junho de 1992 – Código de Obras e Edificações – COE.

Gilberto Kassab, Prefeito do Município de São Paulo, no uso das atribuições que lhe são conferidas por lei,

Considerando o disposto no art. 49 da Lei nº 14.141, de 27 de março de 2006, que permite a utilização da via eletrônica para formação, instrução e decisão de processos administrativos;

Considerando o objetivo de reestruturar, implantar e simplificar procedimentos em benefício do cidadão, com o apoio da Secretaria Especial de Desburocratização,

Decreta:

Art. 1º. A Seção 3.B do Anexo 3, integrante do Decreto nº 32.329, de 23 de setembro de 1992, que regulamenta a Lei nº 11.228, de 25 de junho de 1992 – Código de Obras e Edificações – COE, passa a vigorar acrescida do item 3.B.6, com a seguinte redação:

- *Alteração já efetuada no corpo do Decreto.*

Art. 2º. Este Decreto entrará em vigor na data de sua publicação.

Prefeitura do Município de São Paulo, aos 9 de setembro de 2008, 455º da fundação de São Paulo.

Gilberto Kassab, Prefeito – DOM de 10.9.2008

DECRETO Nº 53.289, DE 13 DE JULHO DE 2012

Estabelece procedimento para a expedição, por via eletrônica, do Certificado de Conclusão de que trata a Lei nº 11.228, de 25 de junho de 1992 (Código de Obras e Edificações – COE), altera o § 2º do art. 8º do Decreto nº 41.633, de 23 de janeiro de 2002, e revoga os dispositivos legais que especifica.

Gilberto Kassab, Prefeito do Município de São Paulo, no uso das atribuições que lhe são conferidas por lei,

Considerando a necessidade de aperfeiçoar os processos municipais destinados à expedição de documentos para o licenciamento de obras e edificações;

Considerando o disposto no art. 49 da Lei nº 14.141, de 27 de março de 2006, que permite a utilização da via eletrônica para formação, instrução e decisão de processos administrativos;

Considerando o trabalho elaborado pelos Grupos de Ação Executiva, constituídos pelas Portarias nº 641/07-PREF, nº 1.093/07-PREF e nº 1.136/09-PREF, com o objetivo de implantar o Sistema de Licenciamento de Construções – SLC;

Considerando as disposições relativas aos direitos e responsabilidades do Município, do proprietário ou do possuidor do imóvel e dos profissionais atuantes em projeto e construção, constantes do Capítulo 2 do Anexo I da Lei nº 11.228, de 25 de junho de 1992;

Considerando, por fim, os procedimentos a serem observados na fiscalização de obras particulares no Município de São Paulo, instituídos pelo Decreto nº 38.058, de 15 de junho de 1999, e pelo Decreto nº 41.534, de 20 de dezembro de 2001, alterado pelo Decreto nº 53.142, de 14 de maio de 2012,

Decreta:

Capítulo I – Das Disposições Gerais

Art. 1º. O procedimento para a expedição, por via eletrônica, do Certificado de Conclusão de que trata a Lei nº 11.228, de 25 de junho de 1992 (Código de Obras e Edificações – COE), fica estabelecido na conformidade deste Decreto.

Art. 2º. O Certificado de Conclusão eletrônico é documento hábil para a comprovação da regularidade da edificação, nos termos do art. 209 da Lei nº 13.885, de 25 de agosto de 2004, e será válido acompanhado das peças gráficas vistadas no processo de Alvará de Execução, Alvará de Aprovação e Execução ou de Alvará de Licença para Residências Unifamiliares, inclusive para fins de registro no competente Cartório de Registro de Imóveis.

Art. 3º. O Certificado de Conclusão de obra regularmente licenciada somente será concedido se for comprovado o atendimento aos seguintes requisitos:

I – o pedido deverá estar devidamente instruído com todos os documentos necessários, além de terem sido prestadas as declarações estabelecidas no art. 8º deste Decreto;

II – inexista pendência de multas incidentes sobre a obra;

III – inexista ação fiscalizatória de embargo ou interdição, nos termos da Lei nº 11.228, de 1992, relativa à obra objeto do pedido.

Art. 4º. Na hipótese de alteração da direção técnica da obra ou serviço não comunicada anteriormente, a expedição do Certificado de Conclusão dar-se-á concomitantemente à aceitação de comunicação de assunção de responsabilidade profissional, recolhida a taxa correspondente prevista na tabela integrante do Anexo II da Lei nº 11.228, de 1992.

Art. 5º. O § 2º do art. 8º do Decreto nº 41.633, de 23 de janeiro de 2002, passa a vigorar com a seguinte redação:

"Art. 8º. (...)

§ 2º. A expedição do Certificado de Conclusão de obras edilícias poderá englobar o Certificado de Conclusão de movimento de terra referido no art. 7º deste Decreto." (NR)

Capítulo II – Dos Procedimentos

Seção I – Da Expedição Eletrônica do Certificado de Conclusão

Art. 6º. A expedição eletrônica do Certificado de Conclusão será realizada por meio do Portal da Prefeitura do Município de São Paulo na Internet, mediante informação do número do Alvará de Execução ou de Aprovação e Execução ou de Licença para Residências Unifamiliares.

Art. 7º. O pedido de expedição eletrônica de Certificado de Conclusão será iniciado pelo dirigente técnico da obra, a quem caberá prestar todas as informações e as declarações necessárias, bem como encaminhar, por via eletrônica, os documentos relativos ao pedido.

§ 1º. Ao término da solicitação, será gerado um número de protocolo para acompanhamento do pedido.

§ 2º. O proprietário deverá acessar o sistema para verificação e aceitação das informações e declarações prestadas pelo responsável técnico.

§ 3º. A inveracidade ou a inexatidão das informações e declarações prestadas sujeitará os envolvidos ao disposto no art. 11 deste Decreto.

§ 4º. O dirigente técnico e o proprietário deverão identificar-se por meio de "senha web", a ser obtida na Secretaria Municipal de Finanças, a partir da orientação constante do portal eletrônico referido no art. 6º deste Decreto.

§ 5º. Não serão aceitos pedidos de expedição de Certificado de Conclusão que não atendam aos requisitos estabelecidos neste Decreto.

§ 6º. A emissão de número de protocolo não gera qualquer direito ao proprietário ou ao responsável técnico, nem mesmo em caráter provisório.

Art. 8º. O dirigente técnico deverá declarar, expressamente, que:

I – foram cumpridas eventuais obrigações impostas por ocasião da emissão dos Alvarás de Execução ou de Aprovação e Execução ou de Licença para Residências Unifamiliares, através de ressalvas, condicionantes para a expedição do Certificado de Conclusão;

II – o declarante e o proprietário estão cientes de que a obra objeto do Certificado de Conclusão, mesmo após a expedição do documento, poderá ser vistoriada pela Prefeitura, com a finalidade de constatar a conformidade da obra com os termos da declaração prestada;

III – o declarante e o proprietário estão cientes de que a constatação de qualquer irregularidade resultará na anulação do Certificado de Conclusão, sem direito a qualquer indenização;

IV – o declarante e o proprietário conhecem as obrigações e penalidades previstas na legislação em vigor e firmam o pedido sob as penas do art. 299 do Código Penal.

Parágrafo único. Além das declarações previstas no *caput* deste artigo, o dirigente técnico deverá declarar:

I – para o Certificado de Conclusão de edificação nova, reforma ou reconstrução, assim como de residência unifamiliar licenciada nos termos da seção 3.10 do Código de Obras e Edificações, que:

a) a obra está executada:

1. de acordo com o projeto aprovado, concluída parcial ou totalmente, e em condições de higiene e habitabilidade; ou

2. com pequenas alterações, não sujeitas à nova licença, conforme os itens 3.9.2 e 3.10.6.1 da Lei nº 11.228, de 1992, e os itens 3.J.2 e 3.L.6 do Decreto nº 32.329, de 23 de setembro de 1992, concluída parcial ou totalmente, e em condições de higiene e habitabilidade;

b) que as fundações, as estruturas e as instalações hidráulicas, elétricas e de gás foram executadas de acordo com os projetos técnicos específicos, nominando os responsáveis técnicos pelos projetos e pela execução e informando o número da respectiva Anotação ou Registro de Responsabilidade Técnica (ART ou RRT), de cada profissional;

c) que os projetos referidos na alínea "b" deste inciso e os arquivos de ensaio estarão à disposição, a qualquer tempo, para exame dos órgãos competentes;

II – para o Certificado de Conclusão de movimento de terra, muro de arrimo e Estação Rádio-Base – ERB: que a obra ou serviço foi executado de acordo com o projeto aprovado;

III – para o Certificado de Conclusão de demolição: que a demolição está totalmente concluída.

Art. 9º. O dirigente técnico deverá encaminhar, por via eletrônica, os documentos cuja apresentação tenha sido exigida através de ressalva constante do alvará que licenciou a obra ou serviço.

§ 1º. Os arquivos digitais deverão atender as condições de formato e tamanho que estarão especificadas no ato do pedido.

§ 2º. Nos casos em que tenha sido solicitada a apresentação do Auto de Vistoria do Corpo de Bombeiros – AVCB, do Termo de Recebimento e Aceitação Parcial – TRAP ou do Termo de Recebimento e Aceitação Definitivo – TRAD, será suficiente a informação do número do documento em campo específico.

§ 3º. Para as obras que tenham sido objeto de emissão de Termo de Compromisso Ambiental – TCA pela Secretaria Municipal do Verde e do Meio Ambiente, deverá ser informado, também em campo específico, o número do respectivo termo.

Art. 10. Será dado prosseguimento à análise do pedido de Certificado de Conclusão somente após a aceitação, pelo proprietário do imóvel, de todas as declarações do dirigente técnico, na forma prevista no § 2º do art. 7º deste Decreto.

Parágrafo único. Na ocasião da aceitação das declarações do dirigente técnico, o proprietário deverá declarar, por via eletrônica, que todas as declarações são verdadeiras, sob as penas do art. 299 do Código Penal.

Seção II – Da Anulação e da Perda da Eficácia do Certificado de Conclusão

Art. 11. O Certificado de Conclusão será declarado nulo, por despacho do Subprefeito, no âmbito de competência das Subprefeituras, ou do Diretor do Departamento de Aprovação das Edificações, no âmbito de competência da Secretaria Municipal de Habitação, quando constatada uma das seguintes hipóteses:

I – obra ou serviço executado em desconformidade com a planta aprovada anteriormente à emissão do Certificado de Conclusão;

II – ausência ou descumprimento de quaisquer requisitos que fundamentaram a sua emissão.

Parágrafo único. Ocorrendo a hipótese prevista no art. 299 do Código Penal, o Subprefeito ou o Diretor do Departamento de Aprovação de Edificações noticiará o fato à autoridade policial competente, mediante ofício instruído com as cópias das informações necessárias, bem como ao Conselho Regional do profissional responsável pela execução, para aplicação das penalidades cabíveis.

Art. 12. O Certificado de Conclusão perderá sua eficácia como documento comprobatório da regularidade da edificação caso ocorram alterações de ordem física no imóvel em relação às condições regularmente aceitas pela Prefeitura.

Parágrafo único. No caso previsto no *caput* deste artigo, será emitido Auto de Irregularidade para a totalidade da área construída, que será registrado no Cadastro de Edificações do Município – CEDI e no Cadastro Imobiliário Fiscal, a cargo, respectivamente, da Secretaria Municipal de Habitação e da Secretaria Municipal de Finanças.

Art. 13. A anulação do Certificado de Conclusão eletrônico e a emissão do Auto de Irregularidade, nas hipóteses referidas nos arts. 11 e 12 deste Decreto, serão realizadas no mesmo processo administrativo que ensejou a emissão do documento comprobatório de regularidade da edificação, mediante a reativação do processo eletrônico, com a impressão dos documentos constantes do sistema para a devida instrução, análise e decisão da autoridade competente.

§ 1º. Em qualquer hipótese, o interessado deverá ser intimado para o exercício do contraditório, de acordo com as disposições do art. 46 e seguintes da Lei nº 14.141, de 27 de março de 2006, alterada pela Lei nº 14.614, de 7 de dezembro de 2007.

§ 2º. Contra a decisão que declarar a anulação e a perda da eficácia do Certificado de Conclusão e determinar a emissão do Auto de Irregularidade será admitido um único recurso, sem efeito suspensivo, dirigido ao Prefeito, no caso de decisão do Subprefeito, ou ao Secretário Municipal de Habitação, no caso de decisão do Diretor do Departamento de Aprovação das Edificações, no prazo de 15 (quinze) dias contados da data da publicação da decisão recorrida no Diário Oficial da Cidade.

§ 3º. O disposto neste artigo aplica-se também aos requerimentos de Certificado de Conclusão formalizados por meio de processo físico, anteriormente à data da publicação deste Decreto.

Capítulo III – Do Gerenciamento do Sistema

Art. 14. O sistema eletrônico de expedição de Certificado de Conclusão será gerido pela Secretaria Municipal de Coordenação das Subprefeituras e pela Secretaria Municipal de Habitação, no âmbito de suas competências.

§ 1º. Serão criados, nas Secretarias envolvidas, Núcleos de Apoio à Emissão do Certificado de Conclusão Eletrônico, que atuarão na análise do pedido, operação do sistema e indicação dos requisitos legais a serem atendidos pelos interessados, quando indispensáveis à emissão do documento requerido.

§ 2º. Compete ao Núcleo de Apoio da Secretaria Municipal de Habitação gerenciar o sistema eletrônico de emissão do Certificado de Conclusão para:

I – edificação nova, reforma e reconstrução de habitação de interesse social e de mercado popular;

II – atividades e serviços de caráter especial de propriedade pública;

III – usos industriais Ind-1a com área de construção acima de 750,00 m² (setecentos e cinquenta metros quadrados), Ind-1b, Ind-2 e Ind-3, independentemente da área de construção.

§ 3º. Compete ao Núcleo de Apoio da Secretaria Municipal de Coordenação das Subprefeituras gerenciar o sistema eletrônico de emissão do Certificado de Conclusão para edificação nova, reforma e reconstrução de todas as categorias de uso, exceto para as referidas no § 2º deste artigo.

Capítulo IV – Das Disposições Finais

Art. 15. A partir da data da publicação deste Decreto não será mais aceito o protocolamento de requerimentos para expedição de Certificado de Conclusão nas Praças de Atendimento ou Unidades de Protocolo da Prefeitura.

Parágrafo único. Os pedidos em análise, protocolados até a data da publicação deste Decreto e ainda sem despacho decisório em última instância, continuam regidos pelas normas anteriormente em vigor.

Art. 16. A formulação de requerimento ou a expedição de Certificado de Conclusão por via eletrônica implica desistência do requerimento idêntico feito por meio de processo administrativo físico para a mesma obra ou serviço.

Parágrafo único. Constatada a hipótese prevista no *caput* deste artigo, será indeferido o requerimento em curso, por desistência do interessado.

Art. 17. À emissão do Certificado de Conclusão eletrônico não se aplicam as disposições previstas no art. 9º do Decreto nº 32.329, de 1992.

Art. 18. Este Decreto entrará em vigor na data de sua publicação, ficando revogados:

I – o *caput* da Seção 3.J, o subitem 3.J.2.3 e o item 3.J.4, ambos da mesma seção, do Decreto nº 32.329, de 1992;

- *Alterações já efetuadas no corpo do Decreto.*

II – os arts. 8º a 10 e 12 a 14 do Decreto nº 38.058, de 15 de junho de 1999;

- *Alterações já efetuadas no corpo do Decreto.*

III – o § 2º do art. 4º do Decreto nº 24.714, de 7 de outubro de 1987, com a redação dada pelo Decreto nº 24.757, de 14 de outubro de 1987.

- *Alteração já efetuada no corpo do Decreto.*

Prefeitura do Município de São Paulo, aos 13 de julho de 2012, 459º da fundação de São Paulo.

Gilberto Kassab, Prefeito – DOM de 14.7.2012

DECRETO Nº 53.415, DE 17 DE SETEMBRO DE 2012

Estabelece os procedimentos para a expedição por via eletrônica do Alvará de Aprovação de Edificação Nova ou Reforma, Alvará de Execução de Edificação Nova ou Reforma e Alvará de Licença para Residência Unifamiliar, previstos na Lei nº 11.228, de 25 de junho de 1992, e do Alvará de Desdobro de Lote e Alvará de Remembramento de Lote, de que trata a Lei nº 9.413, de 30 de dezembro de 1981.

Gilberto Kassab, Prefeito do Município de São Paulo, no uso das atribuições que lhe são conferidas por lei,

Considerando a necessidade de aperfeiçoar os processos municipais destinados à expedição de documentos para o licenciamento de obras, edificações e desdobro e remembramento de lotes;

Considerando o disposto no art. 49 da Lei nº 14.141, de 27 de março de 2006, que admite a utilização da via eletrônica para a formação, instrução e decisão de processos administrativos;

Considerando o trabalho elaborado pelos Grupos de Ação Executiva, constituídos pelas Portarias nº 641/07-PREF, nº 1.093/07-PREF e nº 1.136/09-PREF, com o objetivo de implantar o Sistema de Licenciamento de Construções – SLC,

Decreta:

Art. 1º. Os procedimentos para a expedição por via eletrônica do Alvará de Aprovação de Edificação Nova ou Reforma, Alvará de Execução de Edificação Nova ou Reforma e Alvará de Licença para Residência Unifamiliar, previstos na Lei nº 11.228, de 25 de junho de 1992 (Código de Obras e Edificações – COE), e do Alvará de Desdobro de Lote e Alvará de Remembramento de Lote, de que trata a Lei nº 9.413, de 30 de dezembro de 1981, ficam estabelecidos na conformidade deste Decreto.

Art. 2º. O preenchimento do pedido e o acompanhamento do processo relativo à expedição dos alvarás especificados no art. 1º deste Decreto serão realizados exclusivamente por meio do Portal da Prefeitura do Município de São Paulo na Internet.

Art. 3º. O pedido será instruído pelo interessado e analisado frente à legislação municipal, conforme a natureza do pedido, observadas as normas edilícias municipais, em especial as estabelecidas no Código de Obras e Edificações – COE e nas Leis de Parcelamento, Uso e Ocupação do Solo – LPUOS, sem prejuízo do atendimento, por parte do autor do projeto e do dirigente técnico da obra, das disposições estaduais e federais aplicáveis à matéria.

Art. 4º. O pedido de expedição eletrônica dos documentos de que trata este Decreto será iniciado por técnico habilitado, indicado pelo proprietário do imóvel, cabendo-lhe prestar as informações e declarações necessárias, bem como encaminhar, por via eletrônica, os documentos relativos ao pedido.

§ 1º. Ao término da solicitação, será gerado um número de protocolo para acompanhamento do pedido.

§ 2º. O proprietário deverá acessar o sistema para verificação e aceitação das informações e declarações prestadas pelo técnico.

§ 3º. O técnico e o proprietário deverão identificar-se por meio da "senha web", a ser obtida na Secretaria Municipal de Finanças, segundo a orientação constante do Portal da Prefeitura do Município de São Paulo na Internet.

§ 4º. A emissão do número de protocolo não gerará qualquer direito, incluindo o de início de obras, nem mesmo em caráter provisório.

§ 5º. O disposto neste artigo aplica-se também ao possuidor nas hipóteses em que, nos termos da legislação específica, lhe for conferido o direito de formular os pedidos de que trata este Decreto.

Art. 5º. Em um único processo eletrônico para o mesmo imóvel somente será possível a análise de pedidos que englobem:

I – Alvará de Aprovação de Edificação Nova ou Reforma e Movimento de Terra e/ou Muro de Arrimo;

II – Alvará de Execução de Edificação Nova ou Reforma e Movimento de Terra e/ou Muro de Arrimo;

III – Alvará de Execução de Edificação Nova ou Reforma e Demolição ou Reconstrução;

IV – Alvará de Licença para Residência Unifamiliar e Movimento de Terra e/ou Muro de Arrimo, Demolição ou Reconstrução.

§ 1º. Os pedidos para análise de Alvará de Aprovação e de Alvará de Execução deverão ser apresentados separadamente, correspondendo, cada protocolo eletrônico, a um só documento.

§ 2º. Por opção do interessado, poderá ser requerida a expedição de Alvará de Licença para Residência Unifamiliar, como procedimento alternativo ao Alvará de Aprovação e ao Alvará de Execução.

§ 3º. Quando houver alteração de projeto envolvendo mudança de categoria de uso, subcategoria de uso ou tipologia, o pedido inicial será indeferido, devendo ser protocolado novo pedido, com o recolhimento dos valores devidos.

Art. 6º. Será indeferido sumariamente o pedido que apresentar irregularidade grave, destacando-se, dentre outras, por implicarem necessidade de reformulação total do projeto:

I – categoria ou subcategoria de uso não conforme na zona de uso;

II – largura e classificação da via inferior à exigida para a categoria de uso pretendida, em função da zona de uso;

III – lote com frente para via de circulação não oficial;

IV – frente e área mínima do lote inferiores às exigidas pela Lei de Uso e Ocupação do Solo – LUOS;

V – não apresentação dos elementos mínimos necessários à compreensão do projeto ou pedido;

VI – falta de título de propriedade ou posse, nos termos da legislação específica.

- *Art. 6º com redação dada pelo Decreto nº 53.860, de 25.4.2013.*

Art. 7º. O processo que apresentar elementos incompletos ou incorretos ou necessitar esclarecimento ou complementação da documentação exigida por lei será objeto de um único comunicado ("comunique-se") para que todas as falhas sejam sanadas.

§ 1º. O proprietário e o profissional atuante no processo eletrônico serão notificados, por meio de publicação no Diário Oficial da Cidade e por via eletrônica, para acessar o Portal da Prefeitura do Município de São Paulo na Internet a fim de tomar conhecimento do teor do "comunique-se".

§ 2º. Ao profissional habilitado, responsável pelo pedido, fica assegurado o atendimento pessoal, por parte do técnico municipal encarregado da respectiva análise, para esclarecimento de eventuais dúvidas técnicas decorrentes do "comunique-se".

§ 3º. Havendo ou não o acesso do interessado ao sistema, o comunicado considerar-se-á efetuado pela publicação constante do *Diário Oficial da Cidade*.

§ 4º. O prazo para atendimento do "comunique-se" será de 30 (trinta) dias contados da data da publicação da notificação no Diário Oficial da Cidade, prorrogável por igual período, a pedido do interessado por via eletrônica, nos termos do subitem 4.1.1.1 do Capítulo 4 do Anexo I do COE, do subitem 4.A.7.4 da Seção 4.A do Anexo 4 do Decreto nº 32.329, de 23 de setembro de 1992, e do art. 12 do Decreto nº 52.114, de 4 de fevereiro de 2011.

§ 5º. A autoridade imediatamente superior poderá deferir sucessivas prorrogações de prazo desde que a justificativa apresentada seja relevante.

§ 6º. O não atendimento do "comunique-se" dentro do prazo estabelecido acarretará o indeferimento do pedido.

Art. 8º. O prazo para formalização de pedido de reconsideração de despacho ou de recurso será de 30 (trinta) dias contados da data da publicação da decisão recorrida, nos termos do item 4.1.2 do Capítulo 4 do Anexo I do COE, do subitem 4.A.8.1 da Seção 4.A do Anexo 4 do Decreto nº 32.329, de 1992, e do art. 4º do Decreto nº 52.114, de 2011.

Art. 9º. Os prazos para apreciação dos pedidos de Alvará de Aprovação e de Alvará de Execução de que trata este Decreto serão de, no máximo, 20 (vinte) dias e 10 (dez) dias, respectivamente, e de Alvará de Licença para Residência Unifamiliar de, no máximo, 30 (trinta) dias.

§ 1º. Os prazos para apreciação dos pedidos de que trata o *caput* deste artigo, quando relativos a edifício público da Administração Direta, a habitação de interesse social ou que necessite anuência de outros órgãos, serão de, no máximo, 90 (noventa) dias, 30 (trinta) dias e 120 (cento e vinte) dias, respectivamente, ressalvados os casos excepcionais, devidamente motivados.

§ 2º. Os prazos previstos neste artigo ficarão suspensos durante a pendência de atendimento, pelo interessado, das exigências feitas em "comunique-se", bem como durante o aguardo de informações ou pareceres de outros órgãos.

Art. 10. O prazo para apreciação do pedido de Alvará de Desdobro de Lote ou de Alvará de Remembramento de Lote será de, no máximo, 45 (quarenta e cinco) dias.

Parágrafo único. O prazo previsto no *caput* deste artigo ficará suspenso durante a pendência de atendimento, pelo interessado, das exigências feitas em "comunique-se", bem como durante o aguardo de informações ou pareceres de outros órgãos.

Art. 11. Na hipótese de estar o expediente em condições de deferimento e sendo constatado, pelo sistema eletrônico, divergência dos valores inicialmente recolhidos, em razão de alteração de área para maior, será gerada e emitida guia de arrecadação para pagamento dos valores devidos.

§ 1º. O proprietário deverá recolher o valor devido no prazo de 30 (trinta) dias contados da data de sua notificação.

§ 2º. Não recolhido o valor devido, o pedido será indeferido e o débito correspondente inscrito no Cadastro Informativo Municipal – CADIN, na forma da lei.

Art. 12. O despacho decisório será publicado, em seu inteiro teor, no Diário Oficial da Cidade e encaminhado, por via eletrônica, ao proprietário ou possuidor e ao dirigente técnico.

Parágrafo único. Após a emissão do despacho de deferimento, ao proprietário ou possuidor e ao dirigente técnico será disponibilizada, no sistema eletrônico, a impressão do documento e das referidas peças gráficas, dos quais constará o código que permitirá a verificação de sua autenticidade perante o órgão emissor.

Art. 13. O sistema eletrônico de expedição dos documentos de que trata este Decreto será gerido pela Secretaria Municipal de Coordenação das Subprefeituras e pela Secretaria Municipal de Habitação, no âmbito de suas competências.

Art. 14. A disponibilização do sistema eletrônico para a análise dos pedidos e expedição das licenças emitidas pelas demais Secretarias envolvidas no processo de análise será feita de forma gradual, em função da implantação do cronograma do processo eletrônico.

Art. 15. A partir da data da publicação deste Decreto não será aceito protocolamento de pedido de Alvará de Aprovação de Edificação Nova ou Reforma, Alvará de Execução de Edificação Nova ou Reforma, Alvará de Licença para Residência Unifamiliar, Alvará de Desdobro de Lote, Alvará de Remembramento de Lote e Alvará de Remembramento e Desdobro de Lote nas praças de atendimento ou unidades de protocolo da Prefeitura.

§ 1º. Os pedidos em análise, protocolados até a data da publicação deste Decreto e ainda sem despacho decisório em última instância, continuarão regidos pelas normas anteriormente vigentes.

§ 2º. Os pedidos de revalidação, apostilamento e projeto modificativo de documentos não emitidos por meio eletrônico deverão ser protocolados nas praças de atendimento ou unidades de protocolo da Prefeitura, os quais observarão os procedimentos aplicáveis antes da edição deste Decreto.

Art. 16. Aos processos de que trata este Decreto serão aplicadas, subsidiariamente, as disposições do Decreto nº 52.114, de 2011, e do Decreto nº 32.329, de 1992, à exceção, quanto ao último, das normas previstas no *caput* e nos subitens 4.A.5.1 e 4.A.6.1 da Seção 4.A, bem como no *caput* da Seção 4.B, todos de seu Anexo 4.

Art. 17. Fica expressamente revogada a Seção 4.D – Procedimentos Especiais – Polo Gerador de Tráfego – do Anexo 4 do Decreto nº 32.329, de 1992, observadas as disposições da Lei nº 15.150, de 6 de maio de 2010, e do Decreto nº 51.771, de 10 de setembro de 2010.

Art. 18. Este Decreto entrará em vigor na data de sua publicação.

Prefeitura do Município de São Paulo, aos 17 de setembro de 2012, 459º da fundação de São Paulo.

Gilberto Kassab, Prefeito – DOM de 18.9.2012

DECRETO Nº 53.570, DE 28 DE NOVEMBRO DE 2012

Altera o inciso III do art. 28 do Decreto nº 32.329, de 23 de setembro de 1992, que regulamenta a Lei nº 11.228, de 25 de junho de 1992 – Código de Obras e Edificações.

Gilberto Kassab, Prefeito do Município de São Paulo, no uso das atribuições que lhe são conferidas por lei,

Considerando a nova interpretação dada à matéria pela Procuradoria Geral do Município e pela Secretaria Municipal dos Negócios Jurídicos no sentido de que o art. 3º da Lei nº 9.668, de 29 de dezembro de 1983, não foi revogado pelo Código de Obras e Edificações, de modo a constituir infração a existência de edificação concluída sem o respectivo Certificado de Conclusão ou documento equivalente;

Considerando que, ao fixar as multas decorrentes da prática da infração prevista no mencionado art. 3º, a Tabela III, anexa à referida lei, utiliza-se do conceito constante de seu art. 5º;

Considerando que o art. 28 do Decreto nº 32.329, de 23 de setembro de 1992, explicita os dispositivos legais revogados nos termos do art. 19 do COE, incluindo, em seu inciso III, os aludidos arts. 3º e 5º;

Considerando, finalmente, os elementos incorporados ao processo administrativo nº 2012-0.268.450-1,

Decreta:

Art. 1º. O inciso III do art. 28 do Decreto nº 32.329, de 23 de setembro de 1992, passa a vigorar com a seguinte redação:

- *Alteração já efetuada no corpo do Decreto.*

Art. 2º. Este Decreto entrará em vigor na data de sua publicação.

Prefeitura do Município de São Paulo, aos 28 de novembro de 2012, 459º da fundação de São Paulo.

Gilberto Kassab, Prefeito – DOM de 29.11.2012

DECRETO Nº 53.860, DE 25 DE ABRIL DE 2013

Estabelece, no âmbito de competência da Secretaria Municipal de Habitação, os procedimentos para a expedição por via eletrônica do Alvará de Aprovação de Edificação Nova ou Reforma e do Alvará de Execução de Edificação Nova ou Reforma, previstos na Lei nº 11.228, de 25 de junho de 1992, bem como altera o Decreto nº 53.415, de 17 de setembro de 2012.

Fernando Haddad, Prefeito do Município de São Paulo, no uso das atribuições que lhe são conferidas por lei,

Considerando o relevante interesse público e social das funções públicas de licenciamento de obras e edificações exercidas pela Administração Municipal;

Considerando a necessidade de garantir agilidade, transparência, eficiência, segurança, legalidade, impessoalidade e tratamento isonômico a essas funções;

Considerando a necessidade de aperfeiçoamento do Sistema de Licenciamento Eletrônico de Construções – SLC, especialmente no que tange à análise e decisão de projetos complexos e/ou que exijam anuência de outros órgãos;

Considerando o desempenho do Sistema de Licenciamento Eletrônico de Construções – SLC e a avaliação de que sua implantação deve ocorrer por meio de etapas,

Decreta:

Art. 1º. No âmbito de competência da Secretaria Municipal de Habitação, os procedimentos para a expedição por via eletrônica do Alvará de Aprovação de Edificação Nova ou Reforma e do Alvará de Execução de Edificação Nova ou Reforma, previstos na Lei nº 11.228, de 25 de junho de 1992, ficam estabelecidos na conformidade deste Decreto, alterado o Decreto nº 53.415, de 17 de setembro de 2012.

Art. 2º. A partir da data da publicação deste Decreto, os pedidos dos Alvarás referidos no art. 1º deste Decreto poderão, a critério do interessado, ser protocolados por via eletrônica, no Portal da Prefeitura do Município de São Paulo na Internet, apenas nos casos que atendam conjuntamente às seguintes condições:

I – enquadramento nas seguintes categorias, subcategorias e tipologias de uso do solo, previstas no Decreto nº 45.817, de 4 de abril de 2005:

a) R2h, na tipologia conjunto residencial vila;

b) R2v, na tipologia edifício residencial, constituído por unidades habitacionais agrupadas verticalmente em até 2 (dois) blocos ou torres de edifícios;

c) nR1 e nR2, com área construída total superior a 1.500 m² (mil e quinhentos metros quadrados);

II – pedidos cuja decisão não dependa do exame e manifestação de órgãos colegiados de outras Secretarias Municipais, de órgãos estaduais ou federais.

Parágrafo único. No âmbito de competência da Secretaria Municipal de Habitação, não poderão ser protocolados por via eletrônica os pedidos de Alvará de Desdobro de Lote e Alvará de Remembramento de Lote, de que trata a Lei nº 9.413, de 30 de dezembro de 1981.

Art. 3º. Nos casos que não atendem às condições para o licenciamento eletrônico estabelecidas no art. 2º deste Decreto, a análise e decisão dos pedidos já protocolados com base no Decreto nº 53.415, de 2012, terá prosseguimento por meio de documentação em papel.

§ 1º. Nos casos que atendem às condições para o licenciamento eletrônico estabelecidas no art. 2º deste Decreto, a análise e decisão dos pedidos já protocolados com base no Decreto nº 53.415, de 2012, poderá, por opção do interessado, ter prosseguimento por meio de documentação em papel.

§ 2º. Em qualquer dos casos previstos neste artigo, o interessado terá o prazo de 30 (trinta) dias contados a partir da data da publicação da correspondente notificação no *Diário Oficial da Cidade*, para a apresentação da documentação em papel perante o órgão competente.

Art. 4º. A partir da data da publicação deste Decreto, a anexação da Ficha Técnica do imóvel será sempre exigida no protocolamento por via eletrônica dos pedidos de Alvarás para as categorias, subcategorias e tipologias de uso do solo referidos no inciso I do art. 2º deste Decreto.

Art. 5º. Para análise e decisão dos pedidos de competência da Secretaria Municipal de Habitação, o art. 6º do Decreto nº 53.415, de 2012, passa a vigorar com a seguinte redação:

- *Alteração já efetuada no corpo do Decreto.*

Art. 6º. Não se aplica o *caput* do art. 15 do Decreto nº 53.415, de 2012, aos pedidos de competência da Secretaria Municipal de Habitação.

Art. 7º. A Secretaria Municipal de Habitação e a Secretaria Municipal de Coordenação das Subprefeituras ficam responsáveis pela implantação das próximas etapas do Sistema de Licenciamento Eletrônico de Construções – SLC, incluindo a integração dos órgãos colegiados e demais Secretarias Municipais ao Sistema, quando couber.

Art. 8º. Fica criado o Grupo Técnico de Gestão do Sistema de Licenciamento Eletrônico de Construções – SLC, com a finalidade de dar continuidade à implantação do Sistema.

Parágrafo único. O Grupo Técnico será integrado por representantes da Secretaria Municipal de Habitação, da Secretaria Municipal de Coordenação das Subprefeituras e da Empresa de Tecnologia da Informação e Comunicação do Município de São Paulo – PRODAM-SP, sendo coordenado pela Secretária Especial de Licenciamentos.

Art. 9º. Este Decreto entrará em vigor na data de sua publicação.

Prefeitura do Município de São Paulo, aos 25 de abril de 2013, 460º da fundação de São Paulo.

Fernando Haddad, Prefeito – DOM de 26.4.2013

DECRETO Nº 53.942, DE 28 DE MAIO DE 2013

Regulamenta a Lei nº 15.649, de 5 de dezembro de 2012, que introduz alterações na Lei nº 11.228, de 25 de julho [junho] *de 1992, no que tange à previsão de vagas destinadas a bicicletas em estacionamentos, bem como no conceito e parâmetros de "Jirau".*

Fernando Haddad, Prefeito do Município de São Paulo, no uso das atribuições que lhe são conferidas por lei,

Decreta:

Art. 1º. Nos espaços de estacionamento, as vagas destinadas a bicicletas, calculadas de acordo com o item 13.3.4 do Capítulo 13 do Anexo I da Lei 11.228, de 25 de julho *[junho]* de 1992, com as alterações introduzidas pela Lei nº 15.649, de 5 de dezembro de 2012, deverão atender às seguintes condições:

I – localização em bolsões isolados das vagas de veículos automotores, como automóveis e motocicletas;

II – facilidade de acesso, com localização no piso mais próximo do logradouro público e acesso garantido aos usuários do estacionamento;

III – instalação de suportes para prender as bicicletas, com distância mínima de 0,75 m (setenta e cinco centímetros) entre eles;

IV – comprimento mínimo de 1,80 m (um metro e oitenta centímetros), em espaço com pé direito mínimo de 2,00 m (dois metros).

Parágrafo único. Poderão ser aceitas configurações e dimensões diversas das estabelecidas no *caput* deste artigo de acordo com a solução adotada no projeto.

Art. 2º. O disposto no art. 1º deste Decreto aplica-se aos pedidos de Alvará de Aprovação e Execução de edificação nova, de reforma ou de aprovação de projeto modificativo protocolados a partir da publicação deste Decreto.

Parágrafo único. Nos pedidos de reforma e de projeto modificativo o número de vagas destinadas a bicicletas será calculado em relação ao acréscimo de área computável solicitado.

Art. 3º. Ficam isentas do atendimento das disposições deste Decreto as edificações:

I – localizadas no alinhamento de vias públicas e que não possuam área com acesso para estacionamento;

II – localizadas em vias nas quais o tráfego de bicicletas é proibido pelo órgão municipal de trânsito;

III – que não possuam área de estacionamento.

Art. 4º. O conceito de Jirau constante do inciso VIII do Anexo 1 e o item 13.C.2 da Seção 13.C do Anexo 13, ambos do Decreto nº 32.329, de 23 de setembro de 1992, passam a vigorar com a seguinte redação:

- *Alterações já efetuadas no corpo do Decreto.*

Art. 5º. Este Decreto entrará em vigor na data de sua publicação, revogada a nota (1) do Desenho 1.II – Conceitos do Anexo 18 do Decreto nº 32.329, de 1992.

- *V. Decreto nº 55.131, de 20.5.2014, que substitui o Desenho 1.II – Conceitos, do Anexo 18.*

Prefeitura do Município de São Paulo, aos 28 de maio de 2013, 460º da fundação de São Paulo.

Fernando Haddad, Prefeito – DOM de 29.5.2013

DECRETO Nº 54.202, DE 9 DE AGOSTO DE 2013

Altera os Anexos 1 e 3 do Decreto nº 32.329, de 23 de setembro de 1992, para o fim de regulamentar os arts. 1º a 5º da Lei nº 15.831, de 24 de junho de 2013, que inclui, no Código de Obras e Edificações – Lei nº 11.228, de 25 de junho de 1992, o conceito de Projeto Simplificado, e dá providências correlatas.

Fernando Haddad, Prefeito do Município de São Paulo, no uso das atribuições que lhe são conferidas por lei,

Decreta:

Art. 1º. O Anexo 1 do Decreto nº 32.329, de 23 de setembro de 1992, passa a vigorar com a seguinte alteração:

- *Alteração já efetuada no corpo do Decreto.*

Art. 2º. As Seções 3.C, 3.G e 3.L do Anexo 3 do Decreto nº 32.329, de 1992, passam a vigorar com as seguintes alterações:

- *Alterações já efetuadas no corpo do Decreto.*

Art. 3º. As peças gráficas apresentadas na forma de Projeto Simplificado deverão adotar a legenda do desenho constante do Anexo Único integrante deste Decreto.

Art. 4º. Os interessados poderão optar pela apresentação de Projeto Simplificado nos pedidos protocolados antes de 25 de junho de 2013, data da publicação da Lei nº 15.831, de 24 de junho de 2013, ainda sem despacho decisório em última instância recursal, cujo objeto se enquadre em uma das hipóteses previstas no subitem 3.G.1.1 da Seção 3.G do Anexo 3 do Decreto nº 32.329, de 1992.

Art. 5º. A obrigatoriedade de apresentação de peças gráficas na forma de Projeto Simplificado, nos termos deste Decreto, estende-se aos pedidos de Auto de Regularização de edificação cuja análise e decisão sejam de competência das Subprefeituras, formulados com base na Lei nº 8.382, de 13 de abril de 1976, alterada pela Lei nº 9.843, de 4 de janeiro de 1985.

Parágrafo único. É obrigatória a indicação do responsável técnico pela regularização, o qual atestará a adequação do pedido à Legislação de Obras e Edificações e de Uso e Ocupação do Solo vigente à data da conclusão da obra.

Art. 6º. Este Decreto entrará em vigor na data de sua publicação.

Prefeitura do Município de São Paulo, aos 9 de agosto de 2013, 460º da fundação de São Paulo.

Fernando Haddad, Prefeito – DOM de 10.8.2013

Anexo Único integrante do Decreto nº 54.202, de 9 de agosto de 2013

LEGENDA – PROJETO SIMPLIFICADO		
ÁREA A CONSTRUIR		
COMPUTÁVEL	NÃO COMPUTÁVEL (ESTACIONAMENTO)	NÃO COMPUTÁVEL (OUTROS)
ÁREA EXISTENTE REGULAR		
A MANTER COMPUTÁVEL	A MANTER NÃO COMPUTÁVEL (ESTACIONAMENTO)	A MANTER NÃO COMPUTÁVEL (OUTROS)
A DEMOLIR COMPUTÁVEL	A DEMOLIR NÃO COMPUTÁVEL (ESTACIONAMENTO)	A DEMOLIR NÃO COMPUTÁVEL (OUTROS)
ÁREA EXISTENTE IRREGULAR		
A REGULARIZAR COMPUTÁVEL	A REGULARIZAR NÃO COMPUTÁVEL (ESTACIONAMENTO)	A REGULARIZAR NÃO COMPUTÁVEL (OUTROS)
A DEMOLIR COMPUTÁVEL	A DEMOLIR NÃO COMPUTÁVEL (ESTACIONAMENTO)	A DEMOLIR NÃO COMPUTÁVEL (OUTROS)
PAREDES BAIXAS, MUROS, PEITORIS	PROJEÇÕES DE ELEMENTOS CONSTRUTIVOS	

DECRETO Nº 54.213, DE 14 DE AGOSTO DE 2013

Dispõe sobre a transferência de parte das atribuições das Secretarias Municipais de Licenciamento – SEL e de Habitação – SEHAB, para as Subprefeituras, e dá providências correlatas; altera dispositivos dos Decretos nº 32.329, de 23 de setembro de 1992, e nº 49.969, de 28 de agosto de 2008.

Fernando Haddad, Prefeito do Município de São Paulo, no uso das atribuições que lhe são conferidas por lei,

Considerando a criação da Secretaria Municipal de Licenciamento – SEL pela Lei nº 15.764, de 27 de maio de 2013, com a transferência para o novo órgão de competências anteriormente consignadas à Secretaria Municipal de Habitação – SEHAB;

Considerando as disposições da Lei nº 13.399, de 1º de agosto de 2002, que autorizam o Executivo a transferir atribuições das Secretarias para as Subprefeituras;

Considerando, por fim, a necessidade de fixar competências para o recebimento, instrução, análise e decisão dos pedidos relativos ao licenciamento e controle de obras, edificações e funcionamento de atividades,

Decreta:

Art. 1º. Ficam transferidas da Coordenadoria de Edificação de Uso Residencial – RESID, da Coordenadoria de Serviços e Uso Institucional – SERVIN, da Coordenadoria de Edificação de Uso Comercial e Industrial – COMIN e da Coordenadoria de Parcelamento do Solo e de Habitação de Interesse Social – PARHIS, todas da Secretaria Municipal de Licenciamento – SEL, para as Coordenadorias de Planejamento e Desenvolvimento Urbano – CPDU, das Subprefeituras, as atribuições, previstas na Lei nº 15.764, de 27 de maio de 2013, de recebimento, análise e decisão dos pedidos relativos às seguintes categorias de uso:

I – R1;

II – R2h, nas tipologias casas geminadas e casas superpostas;

III – nR1 e nR2 com área total da edificação de até 1.500,00 m² (mil e quinhentos metros quadrados), excluídos:

a) usos industriais Ind-1b, Ind-2 e Ind-3;

b) postos de abastecimento, lavagem e troca de óleo de veículos;

c) depósitos de botijões de gás e de combustíveis, inflamáveis, inseticidas, resinas e similares;

d) consulados e representações diplomáticas;

e) Polos Geradores de Tráfego;

IV – usos industriais Ind-1a com área total da edificação de até 750 m² (setecentos e cinquenta metros quadrados).

§ 1º. As atribuições transferidas às Coordenadorias de Planejamento e Desenvolvimento Urbano – CPDU, das Subprefeituras, nos termos deste artigo, abrangem os pedidos referentes a:

I – Alvará de Aprovação e de Execução de edificação nova, reforma, reconstrução ou de projetos modificativos;

- *Inciso I com redação dada pelo Decreto nº 55.036, de 15.4.2014.*

II – Diretrizes de Projeto;

III – Comunicação de pequena reforma, em qualquer tipo de edificação, independentemente da área construída, com ou sem mudança de uso, incluindo ou não a implantação de mobiliário;

- *Inciso III com redação dada pelo Decreto nº 55.036, de 15.4.2014.*

IV – Auto de Regularização de edificação;

V – Alvará de Aprovação, Execução e Funcionamento dos Equipamentos do Sistema de Segurança em edificações novas;

VI – Alvará de Aprovação para Movimento de Terra, incluindo todos os pedidos desvinculados da aprovação ou execução de edificações ou parcelamento do solo;

VII – Certificado de Conclusão;

VIII – Certificado de Mudança de Uso;

IX – Alvará de Remembramento e/ou Desdobro econômico de lote;

X – Alvará de Remembramento e/ou Desdobro de lote com qualquer área, com ou sem edificação, ou ainda quando houver pedido conjunto de aprovação ou regularização de edificação, desde que:

a) o terreno não se caracterize como gleba, conforme disposto nos arts. 204 e 205 da Lei nº 13.885, de 25 de agosto de 2004;

b) a edificação se mantenha sem qualquer intervenção ou se enquadre nas categorias de uso e limites estabelecidos no *caput* deste artigo;

XI – Alvará de Demolição sem limitação de área.

- *Inciso XI acrescido pelo Decreto nº 55.036, de 15.4.2014.*

§ 2º. A emissão do Certificado de Conclusão, referida no inciso VII do § 1º deste artigo, fica transferida para as Coordenadorias de Planejamento e Desenvolvimento Urbano – CPDU, das Subprefeituras, independentemente do enquadramento nas categorias de uso e limites estabelecidos no *caput* deste artigo, excluindo-se apenas:

a) Habitação de Interesse Social – HIS e Habitação do Mercado Popular – HMP;

b) atividades do grupo usos especiais;

c) usos industriais Ind-1a com área de construção acima de 750,00 m² (setecentos e cinquenta metros quadrados), Ind-1b, Ind-2 e Ind-3.

§ 3º. Em Zonas Especiais de Interesse Social – ZEIS, as atribuições transferidas às Coordenadorias de Planejamento e Desenvolvimento Urbano – CPDU, das Subprefeituras, nos termos deste artigo, ficam limitadas:

a) aos lotes regulares com área de até 250 m² (duzentos e cinquenta metros quadrados) em ZEIS-1, ZEIS-2 e ZEIS-4;

b) aos lotes regulares com área de até 500 m² (quinhentos metros quadrados) em ZEIS-3.

§ 4º. Para fins de aplicação do disposto no § 3º deste artigo, entende-se por lote regular aquele que possui matrícula no Cartório de Registro de Imóveis ou esteja inserido em loteamento aprovado e aceito, ou regularizado pela PMSP ou ainda inscrito no CRI.

§ 5º. Excetuam-se das disposições deste artigo e permanecem na competência da Secretaria Municipal de Licenciamento – SEL todos os pedidos relativos a Habitação de Interesse Social – HIS e Habitação do Mercado Popular – HMP.

Art. 2º. Ficam transferidas para as Coordenadorias de Planejamento e Desenvolvimento Urbano – CPDU, das Subprefeituras, as seguintes atribuições da Coordenadoria de Atividade Especial e Segurança de Uso – SEGUR, da Secretaria Municipal de Licenciamento – SEL, previstas na Lei nº 15.764, de 2013:

I – examinar e decidir pedidos de Auto de Verificação de Segurança (AVS), bem como expedir o respectivo documento, para edificações existentes que necessitem de adaptação, na conformidade do Anexo 17 do Decreto nº 32.329, de 23 de setembro de 1992, e alterações, que se enquadrem:

a) na categoria de uso R2v, com altura até 27,00 m (vinte e sete metros);

b) nas categorias de uso e limites estabelecidos no *caput* do art. 1º deste Decreto, desde que tenham até 3 (três) andares;

II – examinar e decidir pedidos de Alvará de Aprovação, Execução e Funcionamento dos Equipamentos do Sistema de Segurança em edificações novas que se enquadrem nas categorias de uso e limites referidos no inciso I do *caput* deste artigo;

III – examinar e decidir pedidos de Certificado de Manutenção do Sistema de Segurança para edificações que se enquadrem nas categorias de uso e limites referidos no inciso I do *caput* deste artigo;

IV – examinar e decidir pedidos de Certificado de Acessibilidade, de acordo com a legislação pertinente, para as edificações, estabelecimentos e atividades referidos no inciso I do *caput* deste artigo.

Parágrafo único. Fica atribuída competência às Coordenadorias de Planejamento e Desenvolvimento Urbano, das Subprefeituras, para executar vistorias técnicas para a verificação da segurança de uso e condições de acessibilidade nos casos referidos neste artigo.

Art. 3º. Permanecem na Secretaria Municipal de Licenciamento – SEL todas as competências e atribuições previstas na Lei nº 15.764, de 2013, não referidas nos arts. 1º e 2º deste Decreto.

Art. 4º. Ficam transferidas para as Coordenadorias de Planejamento e Desenvolvimento Urbano – CPDU, das Subprefeituras, as atribuições da Secretaria Municipal de Habitação – SEHAB previstas na Lei nº 15.764, de 2013, e legislação correlata, de análise e deliberação sobre regularização de parcelamento de lotes com área total inferior a 20.000 m² (vinte mil metros quadrados), desde que não apresente qualquer das seguintes situações:

I – destinação de áreas públicas e/ou abertura irregular de vias;

II – estejam vinculados à aprovação ou regularização de edificação de competência da Secretaria Municipal de Licenciamento – SEL;

III – o requerente ou responsável seja a Companhia Metropolitana de Habitação Urbana de São Paulo – COHAB/SP, a Companhia de Desenvolvimento Habitacional e Urbano do Estado de São Paulo – CDHU ou a Prefeitura do Município de São Paulo.

Parágrafo único. As atribuições transferidas às Coordenadorias de Planejamento e Desenvolvimento Urbano – CPDU, das Subprefeituras, nos termos deste artigo, abrangem a análise dos pedidos de Regularização de Parcelamento do Solo e a emissão do respectivo auto de regularização.

Art. 5º. Permanecem na competência das Subprefeituras:

I – as ações referentes à denúncia e contenção de loteamentos irregulares, tais como:

a) vistorias e elaboração de laudos técnicos;

b) comunicações ao Ministério Público, Delegacias de Polícia, proprietários, Cartórios de Registro de Imóveis, Coordenadoria de Regularização Fundiária da SEHAB, para fins de cadastro, e a outros órgãos julgados necessários;

c) orientação à população;

II – providências para realização de depósitos judiciais por munícipes adquirentes de lotes irregulares, nos termos do art. 38 da Lei Federal nº 6.766, de 19 de dezembro de 1979, e da previsão contida no art. 4º, inciso IV, do Decreto Municipal nº 28.607, de 21 de março de 1990, relativa ao Programa de Regularização de Lote e Depósito Judicial.

Art. 6º. As atribuições conferidas pelos Decretos nº 51.876, de 22 de outubro de 2010, e nº 52.896, de 4 de janeiro de 2012, ao Diretor do Departamento de Regularização de Parcelamento do Solo e ao Departamento de Regularização de Parcelamento do Solo ficam transferidas, respectivamente, ao Coordenador de Regularização Fundiária e à Coordenadoria de Regularização Fundiária da SEHAB.

Art. 7º. As atribuições conferidas pelo Decreto nº 49.498, de 16 de maio de 2008, ao Superintendente de Habitação Popular e à Superintendência de Habitação Popular ficam transferidas, respectivamente, ao Coordenador de Regularização Fundiária e à Coordenadoria de Regularização Fundiária da SEHAB.

Art. 8º. Os arts. 6º, 9º e 12 do Decreto nº 32.329, de 23 de setembro de 1992, com modificações posteriores, passam a vigorar com as seguintes alterações:

- *Alterações já efetuadas no corpo do Decreto.*

Art. 9º. As instâncias de despacho previstas no art. 91 da Lei nº 15.764, de 2013, relativas às Subprefeituras, referem-se aos pedidos de parcelamento do solo, previstos na Lei nº 9.413, de 30 de dezembro de 1981, e de licenciamento de obras e edificações, previstos na Lei nº 11.228, de 25 de junho de 1992 – Código de Obras e Edificações, e alterações posteriores, observada a transferência de atribuições estabelecida neste Decreto.

Art. 10. Os arts. 14, 15 e 20 do Decreto nº 49.969, de 28 de agosto de 2008, com modificações posteriores, passam a vigorar com as seguintes alterações:

*"**Art. 14.** As licenças referidas no art. 3º deste Decreto serão expedidas:*

I – no caso de Auto de Licença de Funcionamento, pelas Subprefeituras, por meio da respectiva Coordenadoria de Planejamento e Desenvolvimento Urbano – CPDU;

II – no caso de Alvará de Funcionamento e Alvará de Autorização para eventos públicos e temporários, pela Secretaria Municipal de Licenciamento, por meio da Coordenadoria de Atividade Especial e Segurança de Uso – SEGUR.

Parágrafo único. Os eventos públicos e temporários promovidos ou organizados pela Administração Direta Municipal poderão ser autorizados diretamente pelo titular da Pasta à qual esteja vinculado o órgão responsável por sua promoção ou organização, após análise conclusiva dos técnicos nela lotados." (NR)

*"**Art. 15.** (...)*

Parágrafo único. Sem prejuízo da imediata aplicabilidade deste Decreto, as Subprefeituras poderão estabelecer, de forma complementar e mediante portaria do Subprefeito, a ser publicada no Diário Oficial da Cidade, requisitos específicos para a concessão de Auto de Licença de Funcionamento, em áreas definidas de seu território, para atividades ou conjuntos de atividades que possam comprometer o bem-estar da população ou a segurança urbana." (NR)

*"**Art. 20.** (...)*

§ 3º. No âmbito da Secretaria Municipal de Licenciamento – SEL, as autoridades administrativas competentes para apreciação e decisão dos pedidos de Alvará de Funcionamento e de Alvará de Autorização são as seguintes:

I – Diretor de Divisão;

II – Coordenador de SEGUR;

III – Secretário Municipal de Licenciamento.

§ 4º. O despacho do Subprefeito e do Secretário Municipal de Licenciamento, bem como o decurso do prazo recursal, encerram definitivamente a instância administrativa. (...)." (NR)

Art. 11. As transferências de atribuições previstas neste Decreto não abrangerão os processos em análise protocolados anteriormente à data de sua publicação, independentemente da instância recursal alcançada.

Art. 12. As dúvidas relacionadas com a aplicação deste Decreto serão decididas, no âmbito de suas competências, pela Comissão de Edificações e Uso do Solo – CEUSO ou pela Comissão de Avaliação de Empreendimentos Habitacionais de Interesse Social – CAEHIS, vinculadas à Secretaria Municipal de Licenciamento – SEL.

Art. 13. Este Decreto entrará em vigor na data da sua publicação, revogados o art. 1º do Decreto nº 36.161, de 24 de junho de 1996, o Decreto nº 42.461, de 2 de outubro de 2002, e o Decreto nº 48.379, de 25 de maio de 2007.

Prefeitura do Município de São Paulo, aos 14 de agosto de 2013, 460º da fundação de São Paulo.

Fernando Haddad, Prefeito – DOM de 15.8.2013

DECRETO Nº 55.036, DE 15 DE ABRIL DE 2014

Introduz alterações no Decreto nº 32.329, de 23 de setembro de 1992, que regulamenta o Código de Obras e Edificações, e estabelece providências correlatas; altera os Decretos nº 54.213, de 14 de agosto de 2013, e nº 44.667, de 26 de abril de 2004.

Fernando Haddad, Prefeito do Município de São Paulo, no uso das atribuições que lhe são conferidas por lei,

Considerando a necessidade de simplificar e agilizar os procedimentos administrativos para o licenciamento das obras e edificações, bem como de modernizar a emissão dos documentos de controle da atividade edilícia visando permitir uma fiscalização mais célere e eficaz;

Considerando a importância de viabilizar a implementação do Programa Minha Casa, Minha Vida no Município de São Paulo,

Decreta:

Art. 1º. As Seções 3.F, 3.H e 3.I do Anexo 3 do Decreto nº 32.329, de 23 de setembro de 1992, passam a vigorar com as seguintes alterações:

- *Alterações já efetuadas no corpo do Decreto.*

Art. 2º. Para fins de atendimento do disposto no art. 201, Lei nº 13.885, de 25 de agosto de 2004, o Departamento de Controle da Qualidade Ambiental, da Secretaria Municipal do Verde e do Meio Ambiente, não solicitará a elaboração de novo laudo técnico conclusivo de avaliação de risco de investigação do terreno para o uso existente ou pretendido quando referido laudo já tenha sido apresentado à Companhia Ambiental do Estado de São Paulo – CETESB.

Art. 3º. A emissão do Laudo de Avaliação Ambiental Prévio – LAP e a assinatura do Termo de Compensação Ambiental – TCA independem da prévia manifestação da Secretaria Municipal de Licenciamento ou das Subprefeituras, cabendo-lhes, conforme a competência, a verificação da compatibilidade entre o projeto aceito pela Secretaria Municipal do Verde e do Meio Ambiente e aquele em aprovação.

Art. 4º. Nos pedidos de emissão dos documentos para controle da atividade de obras e edificações e nos pedidos de licença de parcelamento de solo, não será necessária a apresentação de Anotação de Responsabilidade Técnica – ART ou Registro de Responsabilidade Técnica – RRT dos profissionais atuantes.

Art. 5º. Caberá a cada órgão municipal envolvido no licenciamento de edificações e parcelamento do solo a análise dos aspectos referentes exclusivamente à matéria de sua competência.

Parágrafo único. Caberá à Secretaria Municipal de Licenciamento e às Subprefeituras, de acordo com suas competências, a análise dos aspectos referentes à titularidade do imóvel, regularidade das construções existentes, índices urbanísticos estabelecidos para o projeto, comprovação do pagamento de outorga onerosa e de adesão à Operação Urbana Consorciada, Código de Obras e Edificações e legislação correlata, bem como outros assuntos pertinentes ao projeto e à compatibilização das análises setoriais.

Art. 6º. O art. 1º do Decreto nº 54.213, de 14 de agosto de 2013, passa a vigorar com as seguintes alterações:

- *Alterações já efetuadas no corpo do Decreto.*

Art. 7º. O art. 5º e o § 3º do art. 85 do Decreto nº 44.667, de 26 de abril de 2004, modificado pelo Decreto nº 54.556, de 5 de novembro de 2013, passam a vigorar com as seguintes alterações:

*"**Art. 5º.** Os novos empreendimentos envolvendo parcelamento, uso e ocupação do solo em ZEIS (EZEIS) deverão observar os índices e parâmetros estabelecidos, para HIS e HMP, no Quadro 1 do Anexo 1 deste Decreto.*

Parágrafo único. No caso de demolição de edificação usada como cortiço, as HIS produzidas nos termos do disposto no art. 3º deste Decreto deverão ser destinadas à população moradora." (NR)

*"**Art. 85.** (...)*

§ 3º. No caso de EHIS promovido no âmbito do Programa Minha Casa, Minha Vida – PMCMV e operado pela Caixa Econômica Federal – CEF, em conformidade com a Lei Federal nº 11.977, de 7 de julho de 2009, o Alvará de Loteamento para fins de Execução

de Obras poderá ser expedido com autorização expressa para o registro no Cartório de Registro de Imóveis, desde que: (...)." (NR)

Art. 8º. Os sistemas eletrônicos de licenciamento de aparelhos de transporte e de emissão de Alvará de Autorização para estande de vendas deverão entrar em funcionamento no prazo de 90 (noventa) dias contados da data da entrada em vigor deste Decreto.

Art. 9º. Este Decreto entrará em vigor na data de sua publicação, revogados os arts. 6º e 8º do Decreto nº 44.667, de 2004.

Prefeitura do Município de São Paulo, aos 15 de abril de 2014, 461º da fundação de São Paulo.

Fernando Haddad, Prefeito – DOM de 16.4.2014

DECRETO Nº 55.131, DE 20 DE MAIO DE 2014

Introduz alteração no conceito de Jirau previsto no inciso VIII do Anexo I do Decreto nº 32.329, de 23 de setembro de 1992, modificado pelo Decreto nº 53.942, de 28 de maio de 2013.

Fernando Haddad, Prefeito do Município de São Paulo, no uso das atribuições que lhe são conferidas por lei,

Considerando a necessidade de clarear e uniformizar conceitos e critérios de análise, com vistas à maior eficiência nas funções de licenciamento;

Considerando que o Decreto nº 53.942, de 28 de maio de 2013, não regulamentou as destinações possíveis de ocupação do Jirau,

Decreta:

Art. 1º. O conceito de Jirau previsto no inciso VIII do Anexo I do Decreto nº 32.329, de 23 de setembro de 1992, modificado pelo Decreto nº 53.942, de 28 de maio de 2013, passa a vigorar com a seguinte redação:

- *Alteração já efetuada no corpo do Decreto.*

Art. 2º. O Desenho 1.II – Conceitos do Anexo 18 do Decreto nº 32.329, de 1992, fica substituído pelo desenho constante do Anexo Único deste Decreto.

Art. 3º. Este Decreto entrará em vigor na data de sua publicação.

Prefeitura do Município de São Paulo, aos 20 de maio de 2014, 461º da fundação de São Paulo.

Fernando Haddad, Prefeito – DOM de 21.5.2014

Anexo (Desenho 1-II – Conceitos)

- *Alteração já efetuada no corpo do Decreto.*

Este livro foi impresso pela Psi7 para a Edipro
em fonte Arial sobre papel Offset 75 g/m².